海南乡村振兴之路

金 丹 侯媛媛 吴 恙 阚应波 等 著

中国农业出版社

北 京

图书在版编目（CIP）数据

海南乡村振兴之路/金丹等著. —北京：中国农
业出版社，2024.2
ISBN 978-7-109-31751-2

Ⅰ.①海… Ⅱ.①金… Ⅲ.①农村-社会主义建设-
研究-海南 Ⅳ.①F327.66

中国国家版本馆 CIP 数据核字（2024）第 046459 号

中国农业出版社出版
地址：北京市朝阳区麦子店街 18 号楼
邮编：100125
责任编辑：张潇逸 边 疆
版式设计：杨 婧 责任校对：吴丽婷
印刷：北京中兴印刷有限公司
版次：2024 年 2 月第 1 版
印次：2024 年 2 月北京第 1 次印刷
发行：新华书店北京发行所
开本：700mm×1000mm 1/16
印张：15
字数：270 千字
定价：78.00 元

　　本书出版得到了中央级公益性科研院所基本科研业务费专项（1630072022001）、海南省哲学社会科学规划课题"海南乡村建设中的农民参与和责任分担机制研究"［HNSK(YB)‑21‑06］项目的资助，得到了中央级公益性科研院所基本科研业务费专项（1630072022002）、海南省热带作物信息技术应用研究重点实验室的支持。

《海南乡村振兴之路》著作人员

主　著　金　丹　侯媛媛　吴　恙　阚应波
副主著　孙爱花　赵松林　仲天娇

　　党的十九大报告指出，农业农村农民问题是关系国计民生的根本性问题，必须始终把解决好"三农"问题作为全党工作重中之重。海南高度重视乡村振兴工作，把"三农"工作摆在海南全面深化改革开放和中国特色自由贸易港建设全局的突出位置，举全省之力推进乡村振兴，在乡村产业振兴、农村集体经济发展、乡村治理、乡村人才振兴及城乡融合等方面取得了一定成绩。本书尝试着从实地调研的角度深度挖掘海南乡村产业高质量发展的实践做法、城乡融合的实践模式、农村集体经济的运营模式、乡村治理的模式与经验、乡村人才振兴的经验与做法等，并对乡村产业高质量发展、城乡融合发展、农村集体经济发展、乡村人才振兴等问题进行了深入分析，提出相关对策建议，期待为海南乡村振兴工作尽绵薄之力。

　　2021—2022 年中国热带农业科学院乡村振兴研究和"揭榜挂帅"项目团队，通过对海南 82 个乡镇 109 个村庄进行实地调研，收集了大量的案例和访谈资料，形成了系列研究报告，助力海南乡村振兴工作。

　　产业振兴是根本，农业产业本身具有弱质型特点，产业单一和低复杂度是中国与发达经济体产生差距的根本原因①。因此海南乡村产业高质量发展急需加强，需要对乡村产业聚集度进行分析，对优势区域、潜力区域、劣势区域、实力区域进行分类，梳理海南乡村产业发展的现状、成效与问题等，为乡村产业高质量发展提供精准的对策建议。加快城乡融合步伐，是促进城乡要素自由流动和带动农村经济发展的有效路径，通过构建城乡融合评价指标体系，从空

---

　　① 刘守英等，中国乡村振兴之路——理论、制度与政策［M］. 北京：科学出版社，2021.

间融合、经济融合以及社会融合三个方面，分析海南城乡融合的综合发展水平，为海南城乡融合如何做找到"答案"。海南农村集体经济发展的影响因素是什么，以及海南农村集体经济怎么发展，关系到乡村振兴的实现，需要从利益联结机制等角度出发，提出相关对策建议。乡村治理是国家治理的基石，总结和发现海南乡村治理的典型模式与经验，辐射和带动更多的乡村治理示范村显得十分重要。人才振兴是乡村振兴的重要依靠力量，如何使产业下沉至乡村，城乡融合是基本路径，将农村劳动力和人才吸纳进产业链的各个环节显得非常必要。乡村振兴示范村和示范镇（简称"乡村振兴示范村镇"）建设是推进乡村振兴工作的重要抓手，乡村振兴示范村镇建设方案是否可行、组织保障是否有力等都关系到海南乡村振兴之路是否顺畅。

本书尝试着从七个章节对海南乡村振兴之路进行书写，具体章节内容如下：

第一章乡村产业高质量发展与乡村振兴，由侯媛媛主笔完成。主要从乡村产业高质量发展现状入手，阐述乡村产业高质量发展的成效，总结乡村产业高质量发展的实践经验与模式，找出海南乡村产业高质量发展中存在的问题，最终提出乡村产业高质量发展的路径选择，为谋划乡村产业高质量发展提供思考。

第二章乡村振兴中的农民主体性研究，由金丹主笔完成。主要从农民参与乡村建设的实态分析入手，对乡村建设行动中农民参与的影响因素进行分析，总结农民参与乡村建设行动的典型模式，最终提出乡村建设中农民参与和责任分担机制如何建构，为乡村建设中农民不参与或者少参与乡村建设提供借鉴与思考。

第三章乡村治理与乡村振兴，由吴恙主笔完成。主要从乡村治理的实态分析入手，结合中国热带农业科学院科技信息研究所热区乡村治理与建设课题组在海南13个市县82个乡镇的调查问卷和实地访谈，总结乡村治理中的典型模式与经验，针对乡村治理现代化进程中面临的挑战和机遇，提出多元主体协同治理、制度供给、推进乡风文明建设以及数据赋能等发展路径。

第四章乡村人才建设与乡村振兴，由金丹主笔完成。分析了乡村人才建设的现状，总结出乡村人才振兴的典型案例。同时，针对海南乡村人才外流严重、制度环境有待提升、乡村本土人才培育有待加强、农村公共服务和基础设施建设滞后等问题，从加强基层党组织建设、完善人才引进机制、完善人才评价体系、提升高素质农民培训质量等方面提出乡村人才振兴的对策建议。

第五章乡村振兴中的示范村镇建设，由金丹主笔完成。首先从乡村振兴示范村镇创建的进展入手，接下来对乡村振兴示范村镇创建过程中存在的问题进行分析，总结出乡村振兴示范村镇创建的典型做法，最后提出乡村振兴示范村镇创建的对策建议，为促进乡村振兴示范村镇全面创建提供参考。

第六章农村集体经济与乡村振兴，由吴恙主笔完成。主要从农村集体经济发展的实态出发，总结消除农村集体经济"空壳村"的举措和模式，分析农村集体经济发展的影响因素。针对农村集体经济"空壳村"面临的困境与挑战，提出强化村级党组织建设、构建乡村人才体系、完善利益联结机制、加大对村级集体经济发展的政策支持以及特色产业错位发展等路径。

第七章城乡融合与乡村振兴，由侯媛媛主笔完成。主要从城乡融合发展现状入手，通过构建城乡融合评价指标体系，从空间融合、经济融合以及社会融合三个方面，分析城乡融合的综合发展水平。并总结国内外城乡融合的实践经验与模式，找出乡村振兴过程中城乡融合发展存在的问题，最终提出城乡融合发展的路径选择。

著　者

2023 年 11 月 26 日

目录
MULU

前言

第一章 乡村产业高质量发展与乡村振兴

第一节 乡村产业高质量发展的现状

一、海南农业产业发展现状

（一）农林牧渔业总产值不断增长

海南农业开发潜力较大，经济结构中农业一直占据着重要地位。新中国成立 70 余年来，海南农业农村社会经济发展取得了显著成就。海南建省前的 1987 年，海南农林牧渔业总产值达到 41.26 亿元，是 1952 年的 16 倍。海南建省后，特别是党的十八大以来，以习近平同志为核心的党中央，坚持把解决好"三农"问题作为全党工作重中之重，持续加大强农惠农富农政策力度，建立健全城乡融合发展体制机制，全面深化农业供给侧结构性改革，稳步实施乡村振兴战略[①]，农业农村发展日新月异。海南实现了由自给自足的传统农业向优质高效的热带特色现代农业跨越。2021 年海南全省农林牧渔业总产值 2 014.79 亿元。2013—2021 年海南农林牧渔业总产值及增长率见图 1-1。

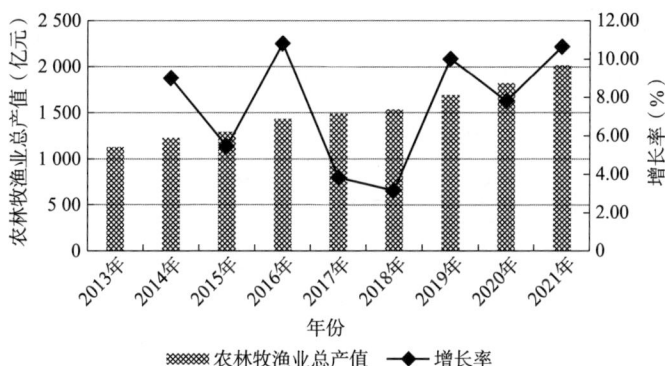

图 1-1 2013—2021 年海南农林牧渔业总产值及增长率

（数据来源：历年《海南统计年鉴》）

---

① ［新中国 70 年］农村经济持续发展 乡村振兴迈出大步. 中国日报网，2019-08-07.

新中国成立伊始，海南农业基础条件落后，生产力不足，刀耕火种，广种薄收，1949 年海南的粮食总产量仅 37.99 万吨。海南建省前的 1987 年，粮食产量 133.50 万吨，肉类产量 10.74 万吨，人均粮食产量 217 千克、肉类产量 17 千克。海南农业一直到建省之前始终处于以种粮、捕捞、植胶和畜禽散养等传统小农经济为主的格局中，生产能力弱，主要农产品产量低，供给能力不足，农业发展较为缓慢。建省办经济特区后，国家连续出台多项鼓励发展的惠农政策，不断深化农业经济改革，海南在稳定发展粮食生产的同时，加大农业基础设施建设力度，增强防御自然灾害能力，增加农业生产投入，农业科技含量、生产能力大幅度提高。2021 年，全省粮食产量 146.03 万吨，蔬菜产量 588.92 万吨，肉类总产量 66.06 万吨，水产品总产量 166.96 万吨，海南热带主要农产品产量实现跨越式增长，供给能力大幅提升，真正成为全国人民的"菜篮子""果盘子"。

2021 年，海南农林牧渔业总产值 2 014.79 亿元，比 2020 年增长 10.64%。从内部行业看，农业产值 1 049.56 亿元，比 2020 年增长 19.98%。粮食播种面积 27.14 万公顷，比 2020 年增长 0.25%；粮食产量 146.03 万吨，比 2020 年增长 0.39%。蔬菜（含菜用瓜）收获面积 394.35 万亩*，比 2020 年增长 1.5%；蔬菜产量 588.92 万吨，比 2020 年增长 2.8%。水果收获面积 310.98 万亩，比 2020 年增长 4.4%；水果产量 525.52 万吨，比 2020 年增长 6.0%。林业产值 118.25 亿元，比 2020 年下降 2.39%。橡胶产量 608.09 万吨，比 2020 年增长 2.8%。牧业产值 327.65 亿元，比 2020 年下降 8.24%。肉类总产量 66.06 万吨，比 2020 年增长 2.8%。渔业产值 435.16 亿元，比 2020 年增长 11.35%。水产品总产量 166.96 万吨，比 2020 年增长 0.1%。农林牧渔专业及辅助性活动产值 84.17 亿元，比 2020 年增长 9.06%（表 1 - 1）。

表 1 - 1　2021 年海南农林牧渔业主要产品产量及其增长速度

产品名称	单位	绝对数	比上年增减（%）
粮食	万吨	146.03	0.39
蔬菜（含菜用瓜）	万吨	588.92	2.80
水果	万吨	525.52	6.00
其中：香蕉	万吨	116.02	2.70
菠萝	万吨	45.08	−3.50

* 亩为非法定计量单位，1 亩＝1/15 公顷。——编者注

（续）

产品名称	单位	绝对数	比上年增减（%）
芒果	万吨	82.99	8.50
龙眼	万吨	6.07	−0.30
橡胶（干胶）	万吨	35.22	4.60
椰子	亿个	2.02	−4.90
胡椒	万吨	4.23	2.60
槟榔	万吨	27.88	−1.60
肉类总产量	万吨	66.06	2.80
其中：猪肉	万吨	30.52	45.80
禽肉	万吨	32.29	−2.40
禽蛋产量	万吨	5.02	3.70
水产品总产量	万吨	166.96	0.10
其中：海水产品	万吨	130.29	0.00
淡水产品	万吨	36.68	0.40

数据来源：2021 年海南省国民经济和社会发展统计公报。

（二）区域生产新格局基本形成

在优化资源配置和产业政策的引导下，农产品逐步向优势产区集中，主要农产品区域化生产格局基本形成。其中：瓜菜主产区为乐东县、澄迈县、文昌市、海口市，产量占全省的 39.9%；芒果主产区为三亚市、乐东县、东方市，产量占全省的 89.0%；香蕉主产区为澄迈县、昌江县、乐东县、临高县，产量占全省的 68.4%；水产养殖主要分布在文昌市、儋州市、澄迈县，产量占全省的 54.3%；海水养殖和捕捞主要分布在临高县、儋州市，产量占全省的54.8%；肉猪和禽类发展迅速，养殖区主要在儋州市、澄迈县、海口市、文昌市，肉类产量占全省的 45.3%（表 1-2）。

表 1-2　2018 年海南农产品生产格局

指标	主产区	占比（%）
瓜菜	乐东县、澄迈县、文昌市、海口市	39.9
芒果	三亚市、乐东县、东方市	89.0
水产养殖	文昌市、儋州市、澄迈县	54.3
海水养殖和捕捞	临高县、儋州市	54.8
肉猪和禽类	儋州市、澄迈县、海口市、文昌市	45.3

数据来源：新中国成立 70 周年海南经济社会发展成就系列报告之十二。

在推进产业结构调整的过程中，海南采取了有力的措施，特别是对于低效作物如甘蔗的调减，以及冬季瓜菜、热带水果等特色高效农业的积极发展。这些努力使海南逐渐形成了以瓜菜、水果、水产、橡胶和生猪为代表的五大优势特色产业，为海南的农业经济注入了新的活力。值得注意的是，2021年海南热带特色高效农业的增加值达到了962.04亿元，占第一产业增加值的76.69%。这表明海南的农业经济结构变得更加合理，热带特色高效农业的优势特征也更加凸显。通过产业结构的调整，海南农业不仅实现了经济效益的提升，而且进一步增强了农业的可持续发展能力。在近10年的发展过程中，海南热带作物的种植面积持续增加。从2013年到2021年，全省热带作物的种植面积从69.1万公顷增加到75.0万公顷。这充分反映了海南农业发展的蓬勃态势，也证实了特色作物种植对于农业经济的积极推动作用。从种植业内部结构的角度来看，瓜菜、水果等高价值经济作物的播种面积比重已经达到了九成。与之相比，粮食作物的播种面积占比在这个时期从1987年的34.6%下降到了8.9%，降幅高达25.7个百分点。这一变化不仅体现了农业产业的结构性调整，也反映了海南农业向着高效、高附加值的方向转变。综合来看，海南在农业产业结构调整方面取得了显著的成就。通过调减低效作物，发展特色高效农业，构建了瓜菜、水果、水产、橡胶和生猪等五大优势特色产业。这些努力不仅在经济上取得了成果，也为农业的可持续发展打下了坚实基础。在未来，海南可以继续加强特色产业的培育，推动农业产业结构的优化，进一步提升农业经济的效益和质量。

（三）现代化步伐加快

农田水利有效灌溉面积从2011年的163 973公顷增长到2020年的198 173公顷，年均增长2.21%。化肥施用量在2015年之前逐年增加，达到135.74万吨，2016年下降到2013年水平，2021年化肥施用量下降到105.57万吨，其中：氮肥28.95万吨，占比27.42%；磷肥22.35万吨，占比21.17%；钾肥14.89万吨，占比14.10%；复合肥39.38万吨，占比37.30%。

2021年，全省农业机械总动力达到642.23万千瓦，较2011年增长了47%。高标准农田建设稳步推进，累计建成高标准农田约425万亩，主要农作物耕种收综合机械化率年均增速超过全国平均水平，农业科技进步贡献率达到60%，主要农作物良种覆盖率超过95%。绿色发展取得新进展，整省创建国家农业绿色发展先行区。南繁科技城、国家热带农业科学中心、全球动植物种质资源引进中转基地等国家重大科研平台建设按计划实施。

科技创新力度不断加大，农业生产水平持续提高。科技是第一生产力，多年来，海南强化农业科技创新，加大农业技术推广和培训力度，提高农民科技文化素质，推动农业科技成果转化应用，农业产业链不断向第二、三产业延伸融合。科技进步打破了传统农业图圄，为农业生产率和产业化水平提高提供了强劲动力。

二、海南农业产业集聚水平发展现状

海南的农业发展经历了多次历史性的转变，如今正朝着建设高水平的中国特色海南自由贸易港和热带特色高效农业的目标迈进。2021 年，海南新建高标准农田达到 2.67 万公顷，高效节水灌溉面积达到 666.67 公顷，并成功创建了 4 个国家级现代农业产业园。从 2020 年开始，海南连续 3 年入选农业农村部与财政部联合启动的全国 50 个优势特色产业集群建设项目名单[①]，这也体现了海南农业发展的持续努力和成就。然而，海南的农业产业分布仍然呈现出地域空间上的简单聚集特点，而实现农业产业集群的发展还需要经历更多的探索和努力。海南应当注重主产区的发展，实现农业的现代化、产业化和集约化。

（一）区位熵模型

区位熵（Local Quotient，LQ）又称为专门化率，用以衡量某一区域要素的空间分布情况，反映区域内某一产业部门的专业化程度，其计算公式为：

$$LQ_{ij}=(E_{ij}/E_i)/(E_j/E) \tag{1.1}$$

以 2011 年和 2020 年时间截面的 LQ 值为参考，计算 2011—2020 年海南 18 个市县农业产业的集聚变动趋势，公式为：

$$P=\frac{LQ_{i1}-LQ_{i0}}{LQ}\times100\% \tag{1.2}$$

式中，P 表示集聚度增长指数，LQ_{i1} 表示第 i 个地区 2020 年农业产业的区位熵，LQ_{i0} 表示第 i 个地区 2011 年农业产业的区位熵。

以 2020 年的 LQ 为横轴，P 为纵轴，$LQ=1$ 表示农业产业集聚度的平均水平，以（1，0）为原点，构建农业产业集群竞争态势比较分析象限图[②]，如图 1-2 所示。

① 邵惠敏．海南农业产业集群发展现状、存在问题及对策研究［J］．现代化农业，2022（9）：55-57．

② 侯媛媛，金丹，金琰，等．海南农业产业集聚水平和区域比较分析［J］．农业展望，2023，19（6）：45-52．

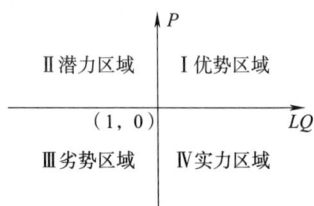

图 1-2 农业产业集聚度的竞争态势模型

(二) 农业产业区位优势空间分布

以海南 18 个市县为研究尺度，计算 2011—2020 年各地区农业产业的区位熵，结果见表 1-3。

表 1-3 2011—2020 年海南 18 个市县农业产业区位熵及集聚增长指数

地区	2011年	2012年	2013年	2014年	2015年	2016年	2017年	2018年	2019年	2020年	P值
海口市	0.264	0.257	0.242	0.227	0.223	0.226	0.210	0.207	0.210	0.217	−17.622
三亚市	0.543	0.565	0.560	0.596	0.606	0.619	0.579	0.546	0.521	0.554	2.122
五指山市	1.117	1.122	1.066	1.063	1.024	1.088	1.074	1.021	1.025	1.054	−5.649
文昌市	1.649	1.653	1.768	1.752	1.690	1.751	1.709	1.711	1.685	1.675	1.554
琼海市	1.513	1.541	1.558	1.602	1.578	1.583	1.513	1.574	1.591	1.577	4.225
万宁市	1.210	1.215	1.278	1.327	1.366	1.442	1.411	1.478	1.468	1.490	23.176
定安县	1.509	1.582	1.621	1.687	1.732	1.725	1.686	1.716	1.752	1.753	16.177
屯昌县	1.943	1.871	1.815	1.796	1.788	1.831	1.803	1.796	1.757	1.721	−11.464
澄迈县	1.141	1.269	1.171	1.167	1.334	1.261	1.214	1.270	1.280	1.264	10.799
临高县	2.686	2.900	3.020	3.060	2.964	2.981	2.975	3.123	3.054	3.011	12.107
儋州市	0.990	0.921	1.049	1.009	1.019	1.092	1.065	1.100	1.097	1.082	9.378
东方市	1.143	1.116	1.140	1.136	1.087	1.283	1.266	1.214	1.240	1.320	15.460
乐东县	2.474	2.482	2.545	2.650	2.685	2.680	2.639	2.701	2.654	2.668	7.858
琼中县	2.304	2.123	1.952	1.942	1.824	1.862	1.892	1.777	1.778	1.746	−24.240
保亭县	1.807	1.877	1.834	1.831	1.751	1.729	1.752	1.714	1.716	1.719	−4.889
陵水县	1.725	1.505	1.431	1.545	1.316	1.446	1.397	1.327	1.338	1.291	−25.143
白沙县	2.362	2.249	2.188	2.164	2.060	2.057	2.046	1.962	2.016	2.021	−14.427
昌江县	0.906	0.906	0.963	1.067	1.253	1.238	1.196	1.261	1.264	1.327	46.541

从表 1-3 可以看出，临高县、乐东县和白沙县农业产业的区位熵较大，说明这 3 个县的农业产业集聚度高，竞争力强，农业属于专业化生产部门。海口市和三亚市农业产业的区位熵较小，说明海口市和三亚市农业产业集聚度

低，竞争力弱，农业属于自给性部门。

对各地区农业产业集聚竞争情况划分为优势区域、潜力区域、劣势区域和实力区域（图 1-3）。

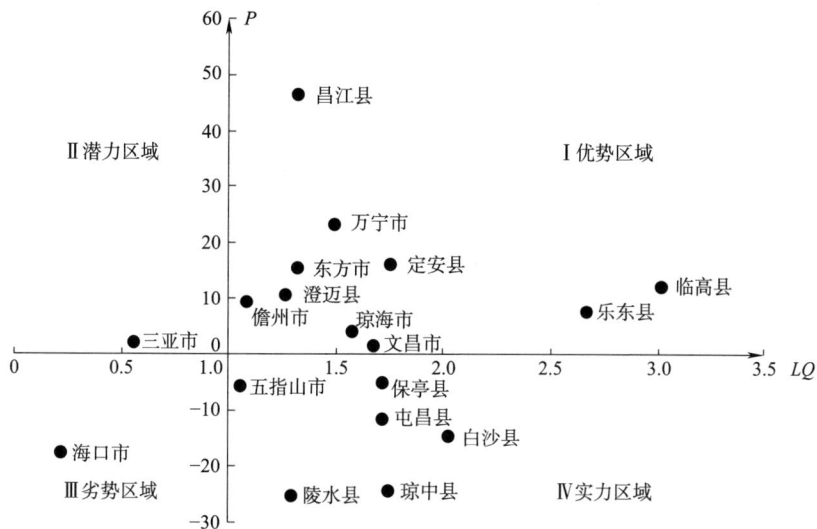

图 1-3 2011—2020 年海南 18 个市县农业产业集聚竞争态势比较分析

1. 优势区域（$LQ>1$，$P>0$）

第 Ⅰ 象限表示具有竞争优势的区域，这个区域包括昌江县、万宁市、东方市、定安县、澄迈县、儋州市、琼海市、文昌市、乐东县和临高县 10 个市县，集中分布在海南西北及东南地区。

2020 年临高县的农业产业集聚度达到 3.011，远高于其他地区。临高县 2020 年农业产业集聚度相对于 2011 年增长 12.1%。临高县土地肥沃，水利灌溉条件好，发展农业生产条件十分优越，是海南的农业大县和渔业大县，是全国商品粮基地县之一，盛产粮、糖、油、鱼、猪、盐和热带水果。乐东县素称"鱼米之乡"，2020 年乐东县农业产业集聚度达到 2.668，仅次于临高县。作为海南的农业大县，乐东县以高标准设施建设与先进成果转化为核心，做大南繁产业，鼓励和吸引南繁科技产业集聚，打造种业开放发展新高地。乐东县通过不断优化种植业结构，稳步发展优势产业。

2. 潜力区域（$LQ<1$，$P>0$）

第 Ⅱ 象限表示具有竞争潜力的区域，三亚市处于该区域。2020 年三亚市的农业产业集聚度为 0.554，与 2011 年基本持平，集聚度增长指数为 2.122。"十三五"期间，三亚市农业产值持续增加，从 2016 年的 102.16 亿元增长到

2020 年的 121 亿元。农村常住居民人均可支配收入从 2016 年的 13 360 元增长到 2020 年的 18 389 元,同比增长 8%。三亚市基本形成以南繁为核心,以冬季瓜菜、热带水果、常年蔬菜、热带花卉、休闲农业(渔业)、畜牧业等为主导的复合型农业产业结构。三亚市积极发展南繁产业,截至 2020 年底,南繁科技城完成固定资产投资 20.27 亿元,教育配套项目、医疗配套项目、文化配套项目、科研院所项目有序推进,招商入库企业 62 家。初步搭建起以中国科学院海南种子创新研究院、中国农业科学院等国内顶级农业科研单位牵头,以中国热带农业科学院、三亚南繁科学技术研究院等单位为支撑,中化系(中国种子集团有限公司总部南迁)、中信系(隆平高科海外平台、中信农业产业基金)等国内农业领军企业为主体的产业发展格局。

3. 劣势区域($LQ<1$,$P<0$)

第Ⅲ象限劣势区域内仅有海口市 1 个城市。海口市从 2011 年至 2020 年,10 年间农业产业集聚度均低于 0.3,且有逐渐降低的趋势。这主要是由于海口市作为海南的省会城市,不以传统农业为主要发展对象,第二、三产业占据主导地位,农业竞争力较弱。2020 年海口市第一产业占比为 4.46%,第二产业占比为 15.05%,第三产业占比为 80.5%,第一、二、三产业对经济增长的贡献率分别为 2.8%、1.9% 和 95.3%。海口市是以第三产业为主的产业经济结构,旅游业、现代服务业、高新技术产业发展较好,第一产业发展处于劣势。

4. 实力区域($LQ>1$,$P<0$)

第Ⅳ象限代表着具备一定实力的区域,这个区域包括五指山市、保亭县、屯昌县、白沙县、陵水县和琼中县 6 个市县。这些地区在研究阶段内的农业产业集聚度均大于 1.0,这一数值表明这些地区的农业产业集聚程度高于全省平均水平,具备明显的竞争优势。然而,值得注意的是,这些地区 2020 年的集聚度相对于 2011 年的集聚度出现了降低,导致其竞争优势有所减弱。其中,陵水县的降幅最为显著,达到 25.16%;其次是琼中县,降幅为 24.22%。这一现象可能受多种因素的影响。一方面,可能是因为全省范围内其他地区的农业产业也在不断发展壮大,导致了竞争态势的加剧。另一方面,外部环境的变化、市场需求的波动以及政策调整等也可能对这些地区的农业产业发展产生了影响。此外,2020 年全球范围内均受到了新冠疫情的影响,可能对农业产业的生产、供应链以及市场需求造成了一定程度的冲击,从而影响了这些地区的农业产业集聚度。尽管这些地区的农业产业集聚度在研究期间有所降低,但它们依然是海南农业产业的有力支撑点。这些地区的农业产业集聚度高于全省平均水平，说明它们在该领域具备相对优势和潜力。针对这一情况，地方政府和相关部门可以进一步优化产业政策，鼓励创新，提升产业附加值，以保持和提升这些地区的农业产业竞争力。同时，通过加强区域合作，促进农业产业链的协同发展，也可以在一定程度上弥补单个地区农业产业集聚度降低的影响。综上所述，虽然具备实力的区域的农业产业集聚度在研究期间有所下降，但这并不影响它们在海南农业产业发展中的重要地位。通过进一步的政策支持和合作，这些地区仍然可以在海南的农业产业发展中发挥重要作用，为实现乡村振兴战略目标作出贡献。

三、海南农业科技创新发展现状

海南农业科技创新能力在近年来得到了显著提升，成为推动海南农业发展和农业现代化的重要力量。在科研机构和平台建设方面，注重机构和平台的建设，海南省农业科学院、海南大学等科研机构和农业科技示范园区等平台不断发展壮大，为农业科技创新提供了良好的基础和支撑。在优质农业品种培育方面，注重培育适应本地气候和市场需求的优质农业品种。通过引进、繁育和筛选，海南已取得了一批高产、抗逆性强的新品种，如荔枝、椰子、菠萝等热带水果，以及蔬菜、花卉等作物品种。在农业生产技术创新方面，积极探索和应用现代农业生产技术，如温室大棚、滴灌、水肥一体化等。这些技术的应用提高了农产品的产量和品质，有效改善了农业生产环境和资源利用效率。在农业科技示范推广方面，重视农业科技示范推广，通过建设示范基地、推广科技成果和培训农民等方式，将先进的农业科学技术推广到田间地头，有助于提高农民的技术水平和农业生产效益。在科技创新支持政策方面，制定了一系列科技创新支持政策，包括资金扶持、科技项目评审和技术服务等。在智能农业方面，积极推动智能农业技术的应用，包括物联网、大数据、人工智能等。通过传感器、自动化设备和数据分析等技术手段，实现农业生产的精准化管理和智能化决策，提高生产效率和资源利用效率。智能农业在海南的温室蔬菜种植、设施农业和水产养殖等领域得到了广泛应用。在生态农业方面，积极推动生态农业的发展，注重生态系统保护和农业可持续发展的结合。通过生态种植、有机农业和绿色农业等方式，减少农业对环境的影响，保护生态资源，提高农产品的品质和安全性。生态农业在海南的有机农产品和特色农产品生产中得到了广泛应用。这些政策鼓励和支持企业、科研机构和农民参与农业科技创新，促进了科技成果的转化和应用。

海南在农业科技创新的有力支撑下，一系列新品种、新技术的应用推广显著提高了热带作物产量、改善了品质、增强了抗性和提高了生产效率，推动了热带农业产业快速发展。海南主要农作物良种覆盖率稳步提升，由"十五"期间的不足 80% 提升到"十二五"期间的 95% 左右。热研 7 - 33 - 97、热垦 628 等橡胶品种，华南 205、华南 5 号等木薯品种，以及文椰 3 号椰子新品种等具有自主知识产权的新品种应用推广，提高了主要热带作物产量，改善了产品品质。同时，一系列新技术的应用，进一步提升了热带农业生产效率。2006 年"中国橡胶树主栽区割胶技术体系改进及应用"获国家科技进步奖二等奖，特别是近年来，气刺短割线割胶和超低频割胶技术在产业中进行示范应用，已成为应对当前天然橡胶市场持续低迷的主要技术措施之一。应用橡胶树自根幼态无性系繁育技术体系，可使年体细胞胚增殖系数达到 10 000 以上，装袋成活率达到 98%，该技术在广东、海南、云南垦区进行推广，提高产量 20% 左右；应用推广木薯复合快繁技术，可比传统繁殖法快 30～300 倍，新品种的推广时间从 8～10 年缩短到 3～5 年，极大地提高木薯新品种的推广速度；香蕉组培苗繁育技术、甘蔗脱毒种苗生产技术等在香蕉、甘蔗等产业发展中发挥了重要作用，实现了香蕉、甘蔗脱毒种苗的工厂化育苗，使优良品种能够快速和规模化应用。

热带农业新技术新成果的应用推广，在热带特色高效农业产业发展中发挥了引领、带动与支撑作用。根据统计，2019 年海南农业对全省经济增长的贡献率为 9.1%，高出全国平均水平（3.8%）5.3 个百分点。热带特色高效农业发展迅猛，连续 5 年位居海南"十二大"重点产业第二位，产业增加值从 2014 年的 597.89 亿元增加到 2019 年的 785 亿元，年均增幅保持在 6.0% 左右。同时，海南农业劳动生产率、土地产出率和农村居民可支配收入等均呈现逐年提升趋势，农业劳动生产率、土地产出率分别从 2013 年的 3.4 万元/人和 8.75 万元/公顷增加到 2019 年的 4.8 万元/人和 16.1 万元/公顷，农村居民可支配收入也由 2013 年的 8 343 元增加到 2019 年的 15 113 元，年均增长率保持在 11.6% 左右。

海南农业科技创新发展的努力在提高农业生产效率、优化农产品结构、推动农业可持续发展等方面取得了积极成果。未来，海南可以进一步加大对农业科技创新的投入，加强科技人才培养和科研机构建设，推动农业科技与农业生产深度融合，实现农业高质量发展。

四、海南乡村产业品牌发展现状

海南是中国的热带岛屿，拥有丰富的自然资源和适宜农业发展的气候条件，因此在品牌农产品建设方面具有很大的潜力。自 2021 年开始，海南积极推进地理标志运用促进工程，旨在推动本地产业的增量发展和存量挖掘，塑造独具地域特色的品牌。在过去的一段时间里，海南紧密围绕地理标志认证，积极推进相关项目，取得了令人瞩目的成果。通过强化地理标志运用，不仅帮助已有的产业焕发了新的生机，还鼓励了新兴产业的涌现。通过为产品赋予地理标志，海南成功地将产品与特定的地理环境、传统工艺和文化特色相结合，从而打造出独具魅力的区域品牌，为产品增色添彩。值得一提的是，海南地理标志产品的认证不仅是一个符号，更是产品质量的有力保证。通过认证，产品的质量和安全得到了更严格的监管和保障，进一步增强了消费者的信心。这也为市场主体提供了更多的商机，吸引了更多企业和个体加入地理标志产品的生产和经营。在乡村振兴的推动下，地理标志助推效应逐渐显现。通过地理标志产品的推广，海南乡村经济得到了新的推动，产业结构日益优化，农村的面貌也在逐步改变。这不仅为农村居民提供了更多的就业机会，也为农村居民创造了更多的增收渠道，实现了农村经济的多元化发展。综上所述，自 2021 年以来，海南在地理标志运用促进工程方面取得了显著进展。通过认证地理标志产品，海南不仅提升了产品质量和安全，也吸引了更多的市场主体积极参与，为乡村振兴注入了新的动力。这一举措不仅为海南的产业发展带来了新的契机，也为乡村经济的繁荣增添了新的色彩。

地理标志保护产品由国家质量监督检验检疫总局批准实施，依据的法律法规有《中华人民共和国产品质量法》《中华人民共和国标准化法》《中华人民共和国进出口商品检验法》《地理标志产品保护规定》等①。澄迈苦丁茶于 2006 年获得了地理标志产品保护，福山咖啡于 2009 年获得了地理标志产品保护。根据最新统计数据，截至 2022 年，海南已成功打造了 116 个地理标志产品，其中包括 12 个地理标志保护产品和 104 件地理标志商标。这一成果的区域分布主要聚焦在海口市、保亭县、儋州市、东方市、乐东县、陵水县、澄迈县、万宁市等 8 个地区。这些地理标志产品的产业分布呈现出多样性，主要分为水果类、畜禽水产类、蔬菜类、粮油类、药材类以及其他杂项类等不同类别，其中：水果类占比最大，达到 36.21%；其次是畜禽水产类，占比 23.28%；紧随其后的是蔬菜类、粮油类、药材类和其他杂项类，各自占据不同比例。自 2021 年以来，海南地理标志产品的增加非常可观，新增了 18 件地理标志商

---

① 毕素梅，金侠鸾，盖玉洁.海南农产品地理标志品牌建设研究——基于海南 42 项农产品地理标志的分析 [J].热带农业科学，2023，43 (2)：123-129.

标，这体现了海南在强化地理标志认证方面的积极态度和持续努力。海南共有220家地理标志专用标志用标主体，而在2021年以来，更是新增了185家地理标志专用标志用标主体，这占据了历年来总数的84.09%。这一数字反映出越来越多的市场主体开始重视地理标志，以其为品牌的核心，为产品的质量和地域特色建立了强大的支持。在这些地理标志产品中，不少已经崭露头角，形成了市场上的独特优势。例如，"海口火山荔枝""三亚芒果""定安粽子"等产品，都有10家以上的用标市场主体参与。这说明这些产品在市场上的知名度和影响力不断增强，受到了消费者的青睐。此外，海南成功打造的116个地理标志产品中，有39个地理标志产品的年产值已经突破亿元大关，这展现出了这些产品在市场上的巨大商业潜力。同时，也有10个地理标志产品的年产值已经达到10亿元以上，这不仅证明了海南地理标志产品的市场影响力，更为当地农村的经济发展注入了强大的动力。综上所述，海南在地理标志认证领域取得了显著的成就。116个地理标志产品的成功打造，不仅丰富了当地的产品种类，还提升了产品质量和市场竞争力。随着越来越多的市场主体参与，这些地理标志产品将继续为海南乡村振兴和农村经济发展注入新的活力。

第二节　乡村产业高质量发展的成效

一、海南农业产业结构持续优化

（一）农林牧渔业内部结构变化

从内部结构上看，2011年以来，农业、渔业的占比不断上升。按现价计算，2021年农业占比为52.09%，较2011年上升了12.08个百分点；渔业占比达到21.60%，较2011年上升了1.19个百分点。林业和畜牧业的比重逐年下降，林业比重下降较大，下降了10.24个百分点，而畜牧业下降了4.41个百分点。农林牧渔服务业比重逐年缓慢上升（图1-4）。

2011年以来，海南农业产业结构的变化一方面与"五基地一区"的建设密不可分，另一方面也反映了海南一直以来注重充分发挥热带特色农业优势、加强海水产品生产。

（二）种植业结构调整

海南农业从传统的大田种植逐渐向高效特色种植和设施农业转变。传统的稻米、蔬菜等作物种植逐渐减少，而热带水果、花卉、香料等高附加值的特色

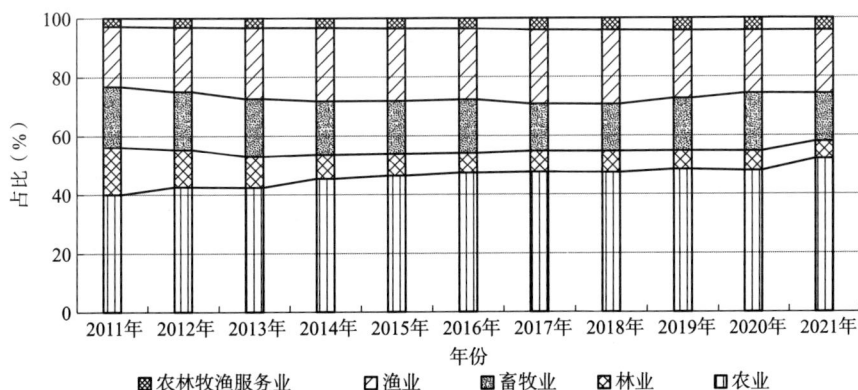

图 1-4　2011—2020 年海南农业产业内部结构

（数据来源：历年《海南统计年鉴》）

农产品种植得到了发展。海南发展了一系列的示范园区和农民专业合作社，推动种植业规模化、集约化和标准化发展。

1. 粮食作物产业逐年下降

海南粮食作物主要有水稻、番薯、大豆等，油料作物主要是花生、大豆等。2000 年以来，海南粮食作物播种面积和产量在波动中呈下降趋势，由2000 年的 54.56 万公顷下降到 2021 年的 27.14 万公顷。粮食作物面积最大的是水稻。虽然粮食作物的种植面积在逐年下降，水稻、番薯和大豆的种植面积也在逐年下降，但水稻种植面积在粮食作物内部的比重从 2000 年的 72.59% 上升到 2021 年的 83.5%。水稻产量 2000—2005 年下降明显，但由于单位面积产量的增长，2006—2010 年产量略微平稳，2011 年之后逐渐回升，2016 年由于统计数据的修正，产量下降到 130.67 万吨，2021 年水稻产量又下滑到127.11 万吨（表 1-4）。

表 1-4　2000—2021 年海南主要粮食作物生产量

单位：万吨

年份	粮食作物	水稻	番薯	大豆
2000 年	212.20	162.34	40.22	1.67
2001 年	207.59	159.21	38.84	1.56
2002 年	203.48	155.37	38.89	1.57
2003 年	205.01	149.92	37.47	1.61
2004 年	190.74	152.13	36.78	1.30
2005 年	153.02	110.56	34.77	0.99
2006 年	186.70	144.39	33.36	1.05

（续）

年份	粮食作物	水稻	番薯	大豆
2007 年	177.66	136.39	32.56	0.42
2008 年	183.87	143.84	30.68	0.76
2009 年	188.25	145.93	31.60	0.79
2010 年	180.43	138.47	30.36	0.76
2011 年	188.04	144.14	30.48	0.89
2012 年	199.50	155.60	29.95	0.74
2013 年	190.90	149.62	26.65	0.70
2014 年	186.60	155.21	28.58	0.73
2015 年	184.02	153.29	28.52	0.70
2016 年	146.10	130.67	13.41	0.59
2017 年	138.11	123.23	13.11	0.67
2018 年	147.12	130.70	14.57	0.64
2019 年	144.96	126.50	16.77	0.62
2020 年	145.47	126.25	17.11	1.04
2021 年	146.03	127.11	17.56	0.49

数据来源：历年《海南统计年鉴》。2015 年以前的数据来自当年统计年鉴。2016 年后的数据，由于 2019 年统计年鉴对于前三年数据的修订，有所调整。

2. 经济作物结构优化

海南利用独特热作资源，大力发展橡胶、椰子、咖啡、槟榔、胡椒、冬季瓜菜等热带经济作物，打破长期以来以粮食、糖料、甘蔗为主的农业产业结构，开始多元化发展，热带特色高效农业逐步成为海南农业农村经济持续快速增长的重要支柱。海南逐步建设全国最大的南繁育种基地、天然橡胶生产基地、热带名优水果基地、冬季瓜菜生产基地和海水养殖基地。

2000 年以来，海南主要热带经济作物中甘蔗、油料的种植面积逐年下降，水果、蔬菜和瓜类的种植面积呈上升趋势，其中蔬菜和瓜类在 2013 年之后面积和产量趋于稳定。总体看来，海南热带经济作物生产面积从 2000 年的 42.93 万公顷增加到 2021 年的 54.59 万公顷（表 1-5）。

表 1-5 2000—2021 年海南经济作物结构变化

单位：万公顷

年份	热带经济作物	水果	茶叶	油料	甘蔗	蔬菜	瓜类
2000 年	42.93	13.92	0.33	5.41	6.82	14.89	1.56
2005 年	47.48	16.34	0.15	5.03	5.55	18.18	2.23

（续）

年份	热带经济作物	水果	茶叶	油料	甘蔗	蔬菜	瓜类
2010 年	52.19	17.36	0.12	4.07	6.01	21.46	3.17
2011 年	53.43	17.52	0.11	4.04	6.05	22.49	3.22
2012 年	54.53	17.98	0.10	3.97	6.24	22.95	3.29
2013 年	54.88	17.11	0.12	4.04	6.43	23.94	3.24
2014 年	54.89	16.34	0.13	4.04	6.19	24.88	3.31
2015 年	54.71	16.02	0.14	4.01	4.55	26.40	3.59
2016 年	53.23	15.80	0.17	4.00	3.23	26.78	3.25
2017 年	53.72	16.53	2.10	3.30	2.12	26.31	3.36
2018 年	51.54	17.07	0.19	3.16	2.08	25.77	3.27
2019 年	51.46	17.14	0.16	3.16	1.85	25.65	3.48
2020 年	52.74	17.84	0.22	3.07	1.79	25.90	3.92
2021 年	54.59	19.10	0.23	3.05	1.67	26.29	4.25

数据来源：历年《海南统计年鉴》。2017 年后的数据，由于 2021 年统计年鉴对于前三年数据的修订，有所调整。

天然橡胶干胶产量下降。海南橡胶产量约占全国橡胶总产量的 41%。海南的天然橡胶生产主要集中在海南西部、中部，全省多个地区均有橡胶种植。海南天然橡胶的年末面积在 2013 年之前总体上呈现逐年增加趋势，2013—2017 年基本保持在 54 万公顷，2018 年、2019 年维持在 52 万公顷，2021 年下降至 51.26 万公顷。产量上，2000—2004 年产量逐年上升，2005 年受"达维"强台风的影响产量下降 22.5%，之后的年份有所下滑，在 2013 年达到峰值 42.08 万吨。2015 年之后，受胶价影响，农民割胶积极性下滑，产量保持在 35 万吨水平，2021 年干胶产量下降到 34.56 万吨。

槟榔面积产量双增。槟榔是海南农业重要的经济支柱产业和农民收入的重要来源。槟榔种植面积逐年上升，从 2000 年的 2.69 万公顷增加到 2021 年的 17.30 万公顷，增长 5.4 倍。产量也从 2000 年的 3.6 万吨增加到 2021 年的 27.62 万吨，增长 6.7 倍。海南东部的主要槟榔产区是琼海市、万宁市和陵水县，中部主产区是屯昌县、琼中县和五指山市，西部主产区是白沙县、东方市和儋州市[1]。

椰子面积下降。从 2000 年开始，海南椰子种植面积呈现下降趋势，从

---

[1] 卢琨，李国胜. 中国槟榔产业现状及其发展对策分析 [J]. 热带农业工程，2010，34（3）：34-37.

2000 年的 4.44 万公顷下降到 2017 年的 3.14 万公顷,之后逐步恢复到 2021 年的 3.63 万公顷。椰子产量基本保持在 2.1 亿个左右。

(三)养殖业持续升级

海南养殖业也在不断升级和优化。传统的畜牧业逐渐向有机养殖、高效养殖和水产品无公害养殖转变。海南积极引进高品质的畜禽种源,推动优质肉禽的养殖发展。同时,海南还加强对养殖业的环境保护和污染治理,提高养殖业的可持续发展水平。

生猪产量恢复增长。海南生猪存栏量和出栏量在 2014 年之前呈逐年上涨趋势,2014 年生猪年末存栏量和出栏量均达到近 20 年来最高值,分别为443.78 万头和 588.53 万头。2015 年之后缓慢下跌,受非洲猪瘟影响,2019年生猪存栏量同比下跌 57.41%;2020 年出栏量 262.26 万头,同比下降46.7%。2021 年海南生猪生产较快恢复,出栏量增长 45.76%,生猪存栏、能繁殖母猪存栏比 2020 年末分别增长 24.9%、14.1%。

家禽业发展迅速。2021 年,家禽出栏量约 1.81 亿只,同比下降2.38%;禽肉产量 32.29 万吨,禽肉占全省肉类总产量的 48.88%,禽蛋总产量 5.02 万吨。在整个海南范围内,大约有 80 家种禽场和 1.1 万家规模养禽场。更具体地说,其中有 203 家规模肉鸡养殖场,每年的出栏数量达到5 万只以上,这一规模占据了全省年总出栏量的 78%。同时,在规模蛋鸡养殖领域,海南有 52 家养殖场,其年存栏数量超过 1 万只,这一规模占全省年总存栏量的 58%。这不仅体现了海南养禽业的生产能力,也为肉鸡市场提供了大量的优质产品。海南在禽畜养殖领域的发展取得了一定的成就。通过种禽场和规模养禽场的建设,以及规模肉鸡和蛋鸡养殖场的存在,海南不仅在生产能力上有了显著提升,也为农村经济发展和市场需求的满足提供了重要支撑。

牛羊肉缺口较大。2021 年全省肉牛存栏量为 48.12 万头,仅为 2010 年牛存栏量的 33.2%;出栏量为 22.41 万头,与 2010 年持平。2021 年牛肉产量2.13 万吨,比 2010 年上涨 4.02%,占全省肉类总产量的 3.2%。2021 年与2010 年相比,海南牛年末存栏量减少 2/3,出栏量基本保持在 20 万头左右,牛肉产量基本在 2 万吨。2010 年以来羊出栏量保持在 80 万~89 万头,2021年全省山羊年出栏量为 79.61 万头,羊肉产量 1.11 万吨,羊肉占全省肉类总产量的 2.12%。消费方面,肉牛年缺口量在 10 万头以上,肉羊年缺口量在 40万只以上。

二、海南农产品电商发展迅速

海南农产品电商发展起步比较晚，但发展比较快。2014—2016 年，农产品网络销售年均增速达 40%；2017—2020 年农产品网络零售额分别是 48.06亿元、62.3 亿元、85.19 亿元、115.55 亿元，分别占当年农业总产值的比例[①]为 3.2%、4.0%、5.0%、6.3%；2017—2020 年农村居民人均农产品网络零售额分别为 864 元、1 110 元、1 525 元、2 068 元，平均增速 34%。2018 年，生鲜食材（菠萝蜜、芒果等）网络零售额达 48.8 亿元，占全年农产品网络零售额的 78.3%，农产品网络零售额同比增长 29.63%；农产品加工食品，如休闲零食（糖果巧克力、饼干、蛋糕及蜜饯果干等）、茶叶冲饮（冲饮谷物、咖啡等）的网络零售额分别为 40.2 亿元、29.8 亿元。2019 年，农产品网络零售额同比增长 36.74%，其中，热带水果的网络零售额在 2019 年农产品网络零售额中排名第一位，海南的菠萝蜜、椰子、荔枝、芒果、莲雾、火龙果等热带新鲜水果深受消费者喜爱，椰子肉干、芒果干等水果干销量也不错，茶叶冲饮、水产品的网络零售额在 2019 年农产品网络零售额中分别排名第二、三位。2020 年，农产品网络零售额同比增长 35.64%，低于 2019 年同比增长率，主要原因可能是受 2020 年新冠疫情影响。

2020 年三亚市红土坎村被评为"淘宝村"，是海南仅有的唯一"淘宝村"。海南现有白沙县、定安县、屯昌县、澄迈县、临高县、琼中县、五指山市、乐东县 8 个国家电子商务进农村综合示范县。其中，白沙县已建立较为完善的县域电商生态体系，电子商务产业园成功运营，建成农村淘宝电商服务站 40 个，微商服务比较成功，在乡村振兴工作中发挥着重要作用。定安县、屯昌县、澄迈县 3 个示范县已经建成电商运营服务中心 3 个、镇级服务站 12 个、村级服务站 200 多个，村级电商服务站点覆盖率达 70%以上。乐东县村级电商服务站点覆盖率达 90%以上，但是很多村级电商服务站点仅在基础设施和硬件上能够进行农产品线上交易，大多数是虚设，使用率较低。

海南也在积极打造省内电商品牌，目前发展较好的品牌有永兴荔枝、定安粽子、白沙绿茶、三亚芒果、陵水圣女果等。另外，在海南农产品电商起步阶段，阿里巴巴以及京东集团等电子商务巨头的触角曾伸到了海南，如阿里巴巴的淘宝以及京东的"海南馆"均进驻过海南，阿里巴巴的农村淘宝研究院和淘

---

① 2017—2020 年海南农业总产值分别为 1 488.86 亿元、1 535.73 亿元、1 689.40 亿元、1 821 亿元，农村人口分别为 556.03 万人、561.09 万人、558.66 万人、558.7 万人。

宝大学培训过一批海南的干部、商户。虽然目前电子商务在海南发展较为迅速，但是仍处于起步阶段，仍有许多问题亟待解决。

三、农业生产经营模式多样化

新型农业经营主体苗壮成长。海南着力培育发展各类新型农业经营主体，摸索创新新型农业经营主体与困难户共担模式，带动农民增收致富，农民专业合作社、家庭农场、龙头企业等数量快速增加，规模日益扩大。2018 年，海南全省农民专业合作社达到 1.85 万个，家庭农场 1 296 个，高素质农民人数达到 7 950 人。新型农业经营主体在推动农业规模化、集约化、商品化生产经营方面发挥了重要的辐射带动作用，成为引领现代农业发展的主力军。

农村土地流转稳步推进。国家土地流转制度的日益完善，进一步盘活了农村土地，提高了土地流动性，土地流转形式日趋多元化，增强了农户及企业的土地流转参与意愿，为农业规模化经营、乡村振兴注入新动力，成为提高农民收入和加快推进农业产业化经营的重要力量。

农业新模式快速发展。随着乡村振兴的不断推进和农业资源的深度开发，农业休闲观光、采摘、农事体验、乡村旅游等新业态快速发展。近年来海南积极推进休闲农业与乡村旅游星级创建行动，2018 年共带动 1.57 万户农户参与共享农庄建设。截至 2021 年底，全省共创建共享农庄试点 200 家，接待游客 200 多万人次，营业总收入超过 8.5 亿元。从休闲农业效益看，2018 年全省乡村旅游共接待游客 1 024.64 万人次，休闲农业和乡村旅游营业收入达 29.3 亿元，新兴农业业态逐渐成为农户多渠道增收和实施乡村振兴战略的重要抓手。

四、乡村振兴持续推进

海南农村地形既有平原，也有山地、丘陵和缓冲地带，具备各类代表性乡村。经过美丽海南百镇千村建设、美丽乡村建设、"三清两改一建"农村人居环境整治和厕所革命、共享农庄建设、农村"五网"基础设施建设、农村文明大行动等工程，海南乡村村容村貌明显改观。

精准扶贫成效明显。截至 2021 年初，海南通过扎实的工作和坚定的决心，15.21 万户、64.97 万人的建档立卡贫困人口已经全部实现脱贫。不仅如此，600 个贫困村（其中包括 67 个深度贫困村）全部摆脱了贫困的困扰，5 个贫困县（其中包括 1 个深度贫困县）也成功摘掉了贫困的帽子。在这个过程中，海南不仅关注贫困人口的基本生活需求，而且更加注重提高他们的生活质量。每一位贫困群众都可以安心饮用安全水源，居住在稳固安全的房屋内。尤其值得骄傲的是，在贫困学生的教育方面，实现了"全上学"的目标，确保每个贫困学子都能够接受良好的义务教育。同时，对于贫困群众的健康问题，海南也进行了有力的保障，无论是常见慢性病还是重大疾病，都能够得到及时有效的医疗救治。海南还积极实施了"两不愁三保障"政策，确保贫困地区的群众不愁吃、不愁穿，同时有基本的医疗保障、住房保障和安全保障。这不仅提升了他们的生活品质，也增强了他们的幸福感和安全感。在农村地区，不仅关注了农民经济收入的提升，更注重了农民生活条件的改善。耐用消费品拥有量翻倍增长，每百户农户拥有汽车、洗衣机、电冰箱、移动电话、计算机比重分别为10.5辆、62.3台、95台、296.0部、11.8台，分别比2015年增长69.35%、164.0%、70.25%、25.58%、1.72%。炊用柴草的农户比重为19.1%，比2015年降低59.2个百分点。这反映了农民在物质生活水平上的显著提升。综合来看，海南在脱贫攻坚中取得了显著的成就，既关注贫困人口的基本需求，更关心他们的全面发展。通过各项政策和措施，成功地实现了建档立卡贫困人口全部脱贫，使贫困村摆脱贫困束缚，贫困县顺利实现摘帽。

在海南，贫困群众的收入正在经历着显著的增长。贫困群众的人均纯收入从过去的4 448.30元，已经跃升至目前的12 732.96元以上，年均增幅高达23.41%。这是一项引人注目的成就，充分体现了海南在脱贫攻坚上所取得的重要进展。为实现贫困群众收入的大幅增长，海南采取了一系列有力的产业扶贫措施，使12.6万户贫困户受益。通过产业扶贫，在62家省级扶贫龙头企业的带动下，成功帮助4万多户约15万人脱离了贫困。同时，致富带头人在创办和领办项目方面也发挥了重要作用，共开展了2 287个项目，惠及了10.92万人。就业扶贫也成为贫困群众脱贫致富的有效途径。海南实施了就业扶贫措施，共有3.08万户贫困户通过就业脱贫，同时还建成了252个就业扶贫车间和基地。这不仅为贫困劳动力提供了就业机会，还在护林、护路、清洁卫生等领域开发了3.89万个扶贫公益专岗，35.85万贫困劳动力中已有29.99万人实现了就业。不仅如此，为了进一步保障贫困人口的基本生活需求，海南还广泛开展了普惠性生态直补，惠及了10.9万建档立卡贫困人口。同时，着重照顾了15.2万残疾人，每月发放两项补贴，助力他们走出困境。此外，还将2.75万户、6.87万人纳入低保或特困人员保障范围，确保了最低生活保障的全面落实。综上所述，海南在扶贫攻坚中取得的成就是不可忽视的。通过产业扶贫、就业扶贫、生态保障等一系列有力举措，贫困群众的收入显著增长，贫困面减少，脱贫的步伐加快。这不仅是贫困群众脱贫致富的喜人成果，更是海南扶贫事业的生动写照。

贫困地区基础设施建设不断加强，公共服务极大改善。2019 年，海南贫困地区农民所在自然村实现村村通道路和电。能接收有线电视信号、通宽带、能便利乘坐公共汽车的自然村占比分别为 95.4%、94.9%、60.4%，分别比 2014 年提高 52.3 个、72.8 个、27.5 个百分点。2021 年，具备条件的自然村全部通硬化路。

贫困地区农村教育和医疗水平明显提高。近年来，海南不断加大教育、医疗扶贫的投入力度，特别是教育补贴和大病救助、医疗保险等医疗扶贫措施提升了贫困地区农村教育和医疗水平。海南贫困地区农户所在自然村能便利地就读幼儿园、小学的比重分别为 87.6%、90.8%，比 2014 年分别提高了 62.6 个、46.8 个百分点；拥有卫生站的行政村比重比 2014 年提高了 0.5 个百分点，达到 81.5%。连续 4 年定期播出夜校节目 210 期，平均每期有 56.2 万人次收看，所有贫困家庭长期接受感恩励志教育和技能培训。

五、农民生活水平稳步提高

2021 年末，海南农村常住居民人均可支配收入为 18 076 元，按名义价格算比 2020 年增长 11.0%。其中：工资性收入 7 546 元，占比 41.75%；经营净收入 7 072 元，占比 39.12%；财产净收入 259 元，占比 1.43%；转移净收入 3 199 元，占比 17.70%。农村居民家庭恩格尔系数为 41.6%（图 1-5）。

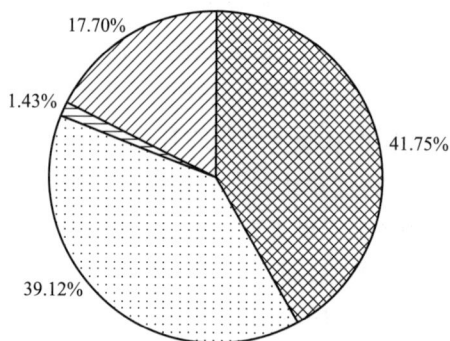

☒工资性收入 ☐经营净收入 ▤财产净收入 ▥转移净收入

图 1-5 2021 年海南农村居民人均可支配收入及构成

（数据来源：《海南统计年鉴》）

2013—2021 年，农村居民人均可支配收入从 8 343 元增长为 18 076 元，年平均增长速度为 10.15%（按名义价格计算），其中：工资性收入从 2 979 元增长为 7 546 元，占总收入比重从 35.71% 上涨为 41.75%；经营净收入从

4 443 元上升为 7 072 元，占总收入比重从 53.25％下降为 39.12％；财产净收入从 212 元增长为 259 元，占总收入比重从 2.54％下降为 1.43％；转移净收入从 709 元增长为 3 199 元，占总收入比重从 8.50％上涨为 17.70％（图 1-6、表 1-6）。

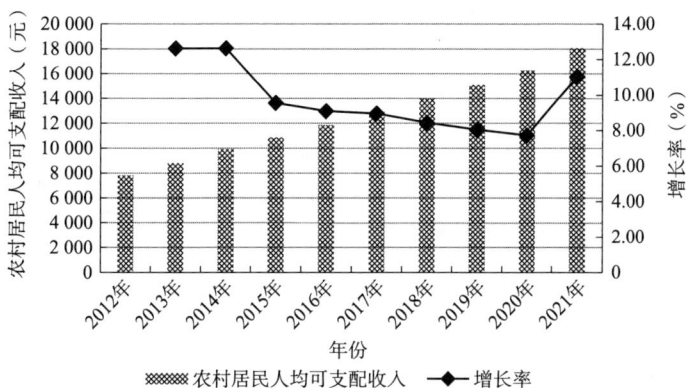

图 1-6 2012—2021 年海南农村居民人均可支配收入

（数据来源：历年《海南统计年鉴》）

表 1-6 2013 年和 2021 年海南农村居民人均可支配收入对比

年份	工资性收入	经营净收入	财产净收入	转移净收入
2013 年	2 979 元（35.71％）	4 443 元（53.25％）	212 元（2.54％）	709 元（8.50％）
2021 年	7 546 元（41.75％）	7 072 元（39.12％）	259 元（1.43％）	3 199 元（17.70％）

数据来源：《海南统计年鉴》。

2021 年末，海南农村居民全年人均消费支出 18 076 元，其中：食品烟酒 6 448 元，占比 35.67％；衣着 432 元，占比 2.39％；居住 2 879 元，占比 15.93％；医疗保健 1 265 元，占比 7.00％；生活用品及服务 676 元，占比 3.74％；教育文化娱乐 1 789 元，占比 9.90％；交通通信 1 738 元，占比 9.61％；其他商品及服务 261 元，占比 1.44％。

2020 年末，海南农村居民年末人均生活用房面积为 34.59 平方米。2021 年末，每百户中有耐用消费品洗衣机 62.3 台，有电冰箱 95.0 台，有空调机 101.3 台，有摩托车 75.2 台，有汽车 10.5 台，有移动电话 296.0 台，有彩色电视机 100.3 台，有计算机 11.8 台。

第三节　乡村产业高质量发展的实践经验与模式

一、国外乡村产业高质量发展的经验与模式

（一）日本农业"六次产业化"发展经验与模式

1. 基本情况

日本作为典型的岛屿国家，陆地面积约为 38 万平方千米，山地面积约占国土面积的 71%，平原面积小，人均耕地面积仅为 0.04 公顷。大约有 270 座火山，其中 30% 以上是活火山。同时，由于地处亚欧板块和太平洋板块交界处，地震活动频繁。特殊的地理位置以及恶劣的自然条件使得日本农业发展基础薄弱，资源匮乏。为解决耕地面积小、地理位置分散等问题，日本采取了零碎土地耕作方式。

2. 发展经验

在日本，农业"六次产业化"战略的实施已经展现出了引人注目的成功之处。这一策略以农业生产为核心，将第二产业和第三产业有机结合，通过延伸农业产业链条，构建起多方共赢的合作格局，有效地解决了农业经济效益不足、要素集聚困难、产业协同率低等问题，为农村经济的繁荣发展开辟了新的道路。

农业"六次产业化"，简而言之，就是将农业生产作为核心，逐步延伸到第二产业和第三产业，形成了第一、二、三产业的融合互动，从而构建了完整的产业链条。这个理念可以用"1＋2＋3＝6"或"1×2×3＝6"来表达，因此被称为"六次产业化"[①]。

在这一战略中，有几个关键方面值得我们深入探讨。首先，农业"六次产业化"战略强调多渠道增加产地农产品的附加值。这意味着不是停留在传统的农产品生产阶段，而是将农产品进一步加工、包装，甚至加入创意元素，使其具有更高的附加值和市场竞争力。这种策略不仅能够为农民带来更多的收益，也能够满足消费者对高品质、创新性产品的需求。其次，农业"六次产业化"战略在日本推动了与城市相适应的观光农业的兴起。观光农业将农场打造成旅游景点，吸引城市居民前来参观、体验农业生产过程，甚至亲手采摘农产品。这不仅丰富了城市居民的休闲活动，还为农民创造了增收的机会。观光农业的

---

① 王瑞峰，李爽. 乡村产业高质量发展"十大典型"案例研究［J］，农业经济与管理，2022 (2)：24-36.

兴盛也在一定程度上缓解了农村人才外流的问题，吸引了更多年轻人投身到农业产业中。

除了以上几点，农业"六次产业化"战略还注重产业链的纵向延伸和横向协同。这种协同不是简单的产业连接，而是更强调各个产业之间的相互促进和优势互补。通过建立农业生产、加工、销售等多个环节的合作关系，不仅可以实现资源共享，还能够提高整个产业链的附加值，实现全产业链的协同增效。

综合而言，日本的农业"六次产业化"战略为我们提供了一个有益的借鉴。在我国，农村产业的发展面临着诸多挑战和机遇，通过将农业与第二、三产业巧妙结合，构建多元化的产业格局，将会为我国农村经济的高质量发展提供强大动力。在这一过程中，我们可以借鉴日本的经验，探索适合我国国情的农业产业发展模式，为农村产业的蓬勃兴起创造更加有利的条件。

（二）韩国农村"产业多元化"发展经验与模式

1. 基本情况

韩国国土面积约为10万平方千米，2016年末农户数106.8万户，农业人口249.6万人，约占总人口的5％。韩国农业资源禀赋稀缺，耕地面积仅有国土面积的17％左右，人均耕地面积约0.05亩，远低于欧美发达国家，农产品大多依赖进口。韩国耕地面积稀少，人口众多，粮食产量严重不足。20世纪中期韩国农业发展落后，大部分农民处于饥寒交迫的状态，社会动荡不安。1970年韩国以提升国民生活水平为宗旨，展开了"新村运动"，改变了韩国乡村落后萧条的状况，有效拉动了国民经济的增长，获得了巨大的经济、社会效益。

2. 发展经验

为了促进韩国农村产业发展，韩国采取了"产业多元化"发展模式。韩国的农村"产业多元化"主要表现在产业融合的横向水平发展、纵向垂直发展以及农工商一体化发展上。横向发展和纵向发展是促进农村产业升级的两个关键方向，它们在不同层面推动着农业的多元化和综合化发展。一方面，横向发展致力于提升农村农业的整体发展水平。这一发展路径强调的是农业内在质量和外在规模的提升。通过引入先进技术、创新农业管理方式，以及培育高质量的农产品品牌，农村农业在这一方向上逐步实现了从传统农业向现代农业的转变。同时，横向发展也推动了农业规模扩大，使得农业生产更加高效、稳定，进一步拓展了农产品的品类，从而满足了多样化的市场需求。另一方面，纵向发展旨在促进农村产业的深度融合和提高附加值。这一方向关注的是农业产业链的延伸和农村产业的协同发展。在初期，农村产业融合通过将第一产业、第二产业和第三产业有机结合，构建了包括农业生产、加工、销售和服务等在内的完整产业链和价值链。这样的纵向发展使得农产品的附加值逐步提升，农村经济也获得了新的增长点。此外，农工商一体化发展作为纵向发展的高级阶段，更加强调不同产业之间的紧密耦合和互动。在这一模式下，农业、工业和商业三者不再孤立运行，而是相互促进、相互渗透。通过发展第二产业和第三产业，特别是农村工业和商业的快速发展，有力地推动了第一产业的升级。农民可以通过参与农村工业和商业活动，实现农业经济的进步、农村生活环境的改善以及自身收入的提升，从而实现了农村产业的全面一体化发展。

韩国发展休闲农业的经典表现形式是"周末农场"和"观光农园"。位于江原道旌善郡的大酱村，以合作经营为突破口，创意性地吸引游客的好奇心，利用当地原生材料、采用传统手艺规模性制作特产大酱，并且将所生产的大酱打造为养生产品，迎合现代大众的消费理念。游客在亲临大酱村休闲度假的同时，还可以深入了解当地的文化风俗，促进文化交流。以 3 000 个大酱缸为背景的大提琴演奏会是大酱村发展休闲农业的一大招牌，是大酱村乡村旅游的一大独特创意。另外，绿茶冥想体验、赤脚漫步树林以及美味健康的大酱拌饭，增加了游客的体验性，在体现了乡村旅游就地取材、地域特色浓郁的同时，又满足了游客修身养性的市场需求，成功地吸引了大量客源。大酱村的休闲农业以"奇"为突破口，以韩国泡菜、大酱拌饭为核心招牌，突出乡土气息，在维持原有乡村文化的同时更向游客展现了其独特的魅力。

以本土经营、特色发展为特点，韩国农业企业和组织可以尽快融入当地生产、加工和流通环节，形成区域品牌。

二、海南乡村产业高质量发展的经验与模式

（一）琼海市博鳌镇"一村一品"特色产业发展模式

1. 基本情况

琼海市共有 12 个镇，博鳌镇为其中之一。博鳌镇面积为 86.75 平方千米，辖 17 个行政村，是海南著名的"十大文化名镇"之一，是国际会议组织——博鳌亚洲论坛永久性会址所在地。博鳌镇山岭起伏、植被茂盛，聚江、河、湖、海、山、岭、泉、岛屿八大地理地貌为一体，风景优美。因此，博鳌镇依托会展旅游和自然风光进行论坛小镇和田园小镇的打造，在美丽乡村和特色小镇建设的道路上取得了丰硕的成果。此次主要调研了博鳌镇的留客村和沙美村。留客村为行政村莫村辖下的一个自然村，约有 400 多年的历史，北临万泉河，南靠龙潭岭，风光秀美，是琼海市有名的侨村，也是琼海市乡村振兴示范

点之一。沙美村是博鳌镇的一个行政村，位于博鳌镇南面，处于三江入海口之地，地理位置优越。2017 年 10 月，沙美村启动美丽乡村建设，大力实施乡村振兴战略。经过几年的建设，沙美村充分结合自身特色资源优势，发展热带高效农业、旅游业、民宿等农村特色产业，让村民实现在家门口致富的梦想。

2. 发展经验

（1）立足当地资源禀赋，推进"一村一品"发展模式。在博鳌镇整体推进田园特色小镇和论坛小镇建设背景下，留客村和沙美村都立足于本村特色资源，开展"农业＋旅游项目"建设工程。留客村以其原有的国家级文物保护古宅——蔡家古宅为核心，深入挖掘村庄独特的文化资源，结合农业生产，打造集海南侨乡风味与休闲生态农业体验于一身的特色村庄。沙美村拥有良好的生态环境和区位资源，在美丽乡村政策实施的契机下，立足当地自然风光，打造"椰林水韵""饮水思源""滨海长廊""耕读传家""山海在望""金牛泉涌"等"沙美六景"，大力发展独具海南风情的乡村旅游业，推动农业从传统种养方式向农旅结合发展转型。

（2）通过"企业＋村集体＋农民"合作发展模式，推动产业发展。留客村和沙美村的发展均采取了"企业＋村集体＋农民"合作模式，依托固有的自然风光或国家重点文物保护古宅，以旅游产业为核心，推进农旅结合产业发展。

留客村从当地产业布局入手，依托区域资源优势，主动完善和发展休闲生态产业，并通过建设民俗文化板块来推动旅游产业的建设。海南八方留客旅游文化开发有限公司以资金和技术入股，农民以房产、宅基地、农业技术以及健康的劳动力入股，共同成立房产合作社、产业合作社以及劳务合作社。各合作社所承担的功能不同：房产合作社负责民宿、客栈、农家乐以及非遗工坊的打造；产业合作社负责特色农产品种植、家禽水产饲养以及热带水果种植等，主要涉及热带特色农业的发展；劳务合作社负责劳务培训、招聘以及标准薪酬体系建立等。村民的收益来源包括 4 个部分，分别为房产土地固定租金、农作物供应基地模式、年终 5% 盈利分红、优先就业及产业扶植模式。目前，留客村乡村旅游区项目正处于一期建设期，八方留客公司投入近 1 亿元资金，用于住房、道路、农田等美化和改造，二期规划的重点是民宿打造，预计 2025 年前完成全部建设。在项目完工之前，留客村的产业发展仍以种植业和渔业为主。根据市场行情，主要种植槟榔、火龙果；依托境内的万泉河，很多村民会进行捕鱼、捕螺等渔业生产活动，但是每年都会存在禁渔期。此外，留客村外出务工者也较多，主要流向酒店、旅游公司等。

沙美村的传统产业以槟榔、橡胶、水稻等热带作物为主，辅以内海捕捞，村庄整体收益不高，村民多外出务工。自 2017 年以后，在美丽乡村建设背景下，沙美村迎来了转型机遇，依托当地自然资源和生态环境，向乡村旅游、观光产业转型，成功打造了"沙美六景"，发展农家餐饮、民宿体验等乡村特色产业。在产业转型过程中，沙美村共流转土地 788 亩，主要流转给北京市新发地农产品股份有限公司进行绿色蔬菜的种植，剩余 592 亩土地由村民自行支配。政府帮助村民进行房屋农田改造，并投入超过 1 亿元资金，支持沙美村乡村旅游项目建设。

（3）以产业振兴为重点的同时，文化振兴和生态振兴并进。留客村和沙美村在发展特色产业的同时，并没有忽视文化振兴和生态振兴，注重当地独特传统文化的挖掘和良好生态环境的保护，将"绿水青山就是金山银山"理念践行到底，处理好经济发展、文化传承以及生态保护三者之间的关系。

（二）海口市石山镇互联网"1+2+N"发展模式

1. 基本情况

石山镇位于海口市秀英区西南部，是海南"十大文化名镇"之一，也是海南首个互联网农业小镇，总面积 135.53 平方千米，常住人口约 9.87 万人，下辖 11 个村民委员会（以下简称"村委会"）和 1 个居民委员会（以下简称"居委会"），共 86 个村民小组，此次调研的施茶村便是石山镇的 1 个行政村。施茶村生态环境宜人，辖区内拥有被称为海口"绿肺"的火山口地质公园和美社、美富、博抚、儒黄、春藏、吴洪、国群、官良 8 个村民小组，是省级文明生态村和五星级美丽乡村。近年来，随着乡村振兴战略的推进，石山镇施茶村坚持以产业振兴为引领，生态振兴、文化振兴、人才振兴、组织振兴并驾齐驱，在特色小镇产业发展建设方面取得了优异的成果。

2. 发展经验

（1）以"互联网＋"战略为核心，创建互联网农业小镇发展模式。2015 年初，时任国务院总理李克强提出"互联网＋行动"计划，海南迅速抓住机遇，以"互联网＋"战略作为海口市经济发展的核心引擎，于同年启动了石山镇互联网农业小镇建设项目，并投入 4 329 万元建设基础设施。基于石山镇优美的生态环境、浓郁的火山风情等本土特色，创建了"1+2＋N"互联网农业特色小镇发展模式。与此同时，石山镇还积极探索建立了集综合管理和大数据于一体的镇级运营中心和 12 个村级服务中心，其中首个村级服务中心就设在施茶村辖下的美社村民小组。

（2）立足当地特色农业，打造农业产业园区，进行全产业链建设。施茶村地处火山熔岩地区，土壤层稀薄，十分缺水，农业生产条件十分艰苦。施茶村党支部带领村民尝试种植蘑菇、金银花等，但效益都不理想。2015年经过学习借鉴，基于当地火山石资源丰富的特点，施茶村开始引进石斛项目，积极探索"企业＋合作社＋农民"的发展模式。企业以技术和资金入股，占股50%，农民以土地入股，以合作的形式大力发展石斛产业，并建成了独具特色的火山石斛产业园区。2020年石斛种植面积达到800多亩，培育金钗石斛种苗900万株，驯化成功8 500万株，石斛种苗产值近亿元。施茶石斛产业园区功能多样，包括石斛育苗、种植、观赏、加工品销售等，形成了完整的产业链。在石斛种植过程中，借助360°全景摄像系统和水肥一体化系统等互联网技术，实现种植全过程的信息化管理；在园区内设置大屏显示系统，为游客展示石斛生长过程及各种药用价值等科普信息；在园区内还设置石斛加工品的展示区，以线下销售和线上销售相结合的方式，提升石斛产品的价值链。

除引进的石斛项目之外，施茶村借助互联网技术，还大力发展施茶黑豆产业园区、石山壅羊公社养殖园区、石山鸽子养殖专业合作社园区、荔枝和黄皮采摘园区等一批具有现代农业特色的农业产业园，形成了集种植、养殖、旅游、加工、销售等功能为一体的全产业生态链。

（3）重视产品营销，构建多渠道销售模式。石山镇施茶村重视农产品营销策略，以"线上＋线下"销售策略为核心，采取3种方式构建农产品销售渠道。第一，依托互联网运营中心，和淘宝、京东、天猫商城等多个电商平台开展合作，推广特色农产品。第二，培养极具本地特色的电商平台，成功打造了"海岛生活""火山公社"等一批集产品销售和乡村旅游导游等功能为一体的网上销售平台。仅2018年线上交易额就达468万元，为当地农民带来了切切实实的增收。第三，注重线下销售，通过在产业园区设置交易区和开展各种文化活动等方式，增加产品销量，提高产品价值链。

（4）注重品牌建设，大力实施农产品品牌战略。一方面，石山镇深刻认识到品牌建设的重要性，针对特色农产品开展了国家农产品地理标志及地理标志证明商标的申报认证建设工作。2017年，石山壅羊、石山黑豆成功申报国家级地理标志产品，荣获中华人民共和国农产品地理标志证明商标。2019年火山荔枝通过审核，获得地理标志证明商标，数十家相关企业取得相关农产品地理标志证明商标的授权，大大提高了石山农产品知名度。在此基础上，石山镇继续致力于特色农产品的打造，注重农产品质量安全，提高产品品质，积极准备其他特色农产品申报地理标志农产品工作。另一方面，借助互联网推广效应，成功举办了"石山文化节""火山口嘉年华""壅羊活动文化节"等线下农产品推广活动，积极营销，打造农产品品牌。

第四节　乡村产业高质量发展存在的问题

一、产业结构布局不合理

特色产业规模不大，"小而全"的问题比较突出，区域性主导产业相对较少[1]，低效产业仍占较大规模。从品种结构上看，表现为"四多四少"特点：一般作物多，名、优、特、新作物少；集中上市的作物多，能全年供应的作物少；初级产品多，加工增值产品少；低档次产品多，高质量、高附加值、高科技含量的产品少。这一结构特征直接影响海南农产品国内销售和出口市场的开拓。

2021年海南农业面积超过10万亩的产业15个，分别为：天然橡胶、椰子、菠萝、香蕉、荔枝、龙眼、芒果、胡椒、益智、槟榔、瓜菜、甘蔗、水稻、番薯、花生（表1-7）。

表1-7　2021年海南主要热带农产品纯利润排名

产业	规模（万亩）	亩产（千克）	生产成本（元/亩）	综合价格（元/千克）	纯利润（元/亩）
胡椒	31.60	139	2 650	50.0	4 300
香蕉	44.91	2 424	3 000	2.6	3 302
槟榔	259.46	230	1 200	40.0	8 000
菠萝	22.98	2 230	2 500	3.0	4 190
瓜菜	394.35	1 600	2 400	3.5	3 200
芒果	99.25	910	2 900	6.5	3 015
龙眼	14.87	580	2 500	9.0	2 720
益智	25.68	45	2 700	60.0	2 400
荔枝	32.31	711	2 800	7.0	2 177
椰子	54.48	504[1]	190	2.4	1 019
花生	44.60	160	800	8.0	480
番薯	59.52	1 300	800	1.0	500
甘蔗	25.14	3 912	1 811	0.5	145
水稻	339.92	369	810	2.7	186
天然橡胶	768.92	57	800	12.4	−93.2

①椰子的综合价格单位为"元/个"。

---

① 孙铁玉，林宇环，于志华. 海南热带特色高效农业与精准扶贫融合发展研究［J］. 当代农村财经，2019（3）：2-14.

从表1-7中可以看出，亩均收入高于5 000元的产业仅有槟榔；亩均收入1 000～5 000元的产业9个，分别是荔枝、芒果、菠萝、龙眼、益智、椰子、瓜菜、胡椒；亩均收入500元以下的产业5个，分别是花生、番薯、甘蔗、水稻、天然橡胶，面积达到1 238.10万亩，占这15种作物种植面积的55.82%。大多数种植面积超过10万亩的作物，亩均纯收入都保持在1 000～3 000元。

效益低于500元的低效产业中，水稻和天然橡胶在2017年被划为生产功能区和生态保护区，要保证150万亩水稻生产功能区、840万亩天然橡胶生产保护区地块的划定，完成"两区"建设任务。普通水稻效益较低，亩均效益186元左右，近年来三亚市等地种植高端水稻品种，亩均产量比普通水稻高出100千克，卖价高出2～3倍；此外，海南西北部地区发展制种业，亩均效益比普通水稻高出数倍。

除规模10万亩以上的大宗产业外，海南近年来还发展了一批新兴特色产业，包括珍珠番石榴、一人一口莲雾、榴莲蜜、哈密瓜、圣女果、琼中绿橙、福橙、地瓜、蜜柚、火龙果、雪茄等，亩均效益均在5 000元以上。但这些产业目前规模不大，需进一步研究市场前景、分析市场容量，因地制宜地加以培育。

二、农村产业布局与资源禀赋不匹配

在推进海南乡村产业高质量发展的进程中，农业发展模式已经发生了显著的变化。传统农业的"低投入、低产出、低污染"特征已经逐步演变为现代农业的"高投入、高产出、高污染"特征。然而，在这一转变过程中，农业的区域布局和资源配置却出现了一系列不协调的问题，给农业可持续发展带来了一定的挑战。

首先，农业区域布局在整合农业生产要素方面存在一定的困难。随着农业发展模式的转变，农业生产对于土地、水资源等要素的需求逐渐增加，而不同区域之间的资源禀赋却存在差异。这导致了农业区域布局无法充分整合资源，影响了农业的高效生产。

其次，农业生产与地方主体功能区定位之间存在不匹配的情况。地方主体功能区划分通常是基于综合考虑的，包括生态保护、城市建设等多种因素，而农业作为其中的一个要素，需要与其他功能区的定位相匹配。然而，在实际情况中，由于发展需求的变化，农业的发展往往与地方主体功能区的定位产生冲突，影响了农业的合理发展。

此外，农业区域布局也受到了市场需求和产业链的影响。随着消费升级和产业链的扩展，不同农产品的市场需求也在发生变化，需要相应的区域布局来满足需求。然而，在现实中，农业区域布局与市场需求之间的匹配还不够精准，导致了农产品供需不平衡的问题。

总之，在推进乡村产业高质量发展的过程中，农业区域布局和资源配置的不协调问题需要得到重视和解决。通过科学规划、政策引导和产业协同，可以实现农业发展与区域资源的有效匹配，推动农业的可持续发展。

三、冷链物流基础设施落后

农林牧渔产品是鲜活产品，易腐易烂，高质量安全农林牧渔产品客观上需要全程冷链运输。但目前海南冷链物流基础设施落后，冷链运输效率亟待提高。具体来看：

第一，收获季节田间冷库库容供求基本平衡，但普遍存在季节性过剩问题。据统计，海南田间冷库容量约 50 万吨，收获季节田间冷库库容供求基本平衡，不过"半年忙碌半年闲"，高峰使用期是每年的 10 月份到翌年的 5 月份，其余时间只有少部分冷库正常运营。冷库主要是预冷冬季瓜菜和水果，用途单一，以至于利用率非常低。少部分正常运营的冷库主要是与电商合作，进行冷库租赁。

第二，田间冷库库容配置结构不合理，冷库急需换代升级。田间冷库多数分布在海口市、澄迈县、琼海市、三亚市以及万宁市，中西部地区的产业冷库较少。部分田间冷库现在还是氨制冷技术，设备老旧，耗电量大，不符合绿色经济发展需要，总的来看，在冷库制冷剂方面，以氟利昂为制冷剂的占72.1%，以氨为制冷剂的占 26.6%，使用其他制冷剂的占 1.2%；冷库温度不能调节，不能满足不同农产品预冷需求；有的田间冷库从 2004 年建成使用到现在，一直不曾升级更新过。田间冷库设备陈旧、缺乏效率，极大影响了仓储预冷能力，从而影响了农产品采摘后分拣、加工的流通效率。

第三，冷链物流配送不规范、价格高，全程冷链运输比例很低。冷链运输车辆没有形成统一集中管理，没有专业的车队。既存在私自将普通货车改装成冷运车的，也存在仍用土方法进行冷藏的，即采用冰块加棉被的冷藏方式。同时，由于全程冷链运输的费用高，导致大多数收购商还是会选择普通运输车。经过预冷的农产品，出库后直接采用普通货车运输，冷藏保鲜在运输过程中断链，产品质量得不到保障。

第四，通过预冷实现农产品增值增收的意识薄弱。海南的冬季瓜菜跟内地相比现在已经没有太大优势。随着农业结构的调整、生产方式的转变、农业集约化社会水平的提高以及瓜菜种植技术的进步和提高，我国内地的大棚种植瓜菜和海南的冬季瓜菜几乎同时上市。近年来由于种植冬季瓜菜经济效益不高，导致种植冬季瓜菜的面积有所减少。在优势不明显的情况下，如何确保产品的价值和保障种植户的收入？目前主要通过预冷以延长农产品的储藏时间、减少损耗，预冷产品主要是冬季瓜菜和热带水果，包括辣椒、毛豆、圣女果、皇帝蕉、粗加工后的槟榔、凤梨、火龙果、地瓜、苦瓜、琼中绿橙、莲雾、荔枝等，储存主要以高温库为主。冷藏冰冻食品主要是文昌鸡和海产品。但目前农产品预冷率非常低，农户通过预冷确保产品品质、实现产品增值增收的意识薄弱。

四、资源约束加剧

海南 2017 年出台了《关于加强耕地保护和改进占补平衡的实施意见》，提出到 2020 年，全省耕地保有量不少于 1 072 万亩，永久基本农田保护面积不少于 909 万亩，确保建成 477 万亩高标准农田。目前海南人均耕地面积 1.23 亩，低于全国人均耕地面积 1.51 亩的平均水平。海南现有常用耕地 658 万亩，近年来农作物播种面积稳定在 1 270 万亩左右，复种指数平均 200%，部分耕地高达 300%，而全国复种指数平均水平为 150% 以下。土地超负荷耕作以及化肥、农药的大量施用，导致地力下降。中等、低等耕地面积 465.5 万亩，占耕地总面积的 42.7%；98.2% 的耕地酸碱度低于 6.01，为酸性土壤[①]；耕地有机质平均含量仅为 2.08%，为三级水平，59.05% 的耕地有机质含量不足 2%，资源约束加剧。

同时，近年来，海南病虫害威胁日益严重，以香蕉枯萎病、槟榔黄化病、柑橘黄龙病为代表的重大病虫害大面积发生，防控形势十分严峻。香蕉枯萎病的发生蔓延，使海南香蕉种植面积从前几年的近百万亩减至 51 万亩；槟榔黄化病的发生率高达 33% 左右；琼中县绿橙产业受柑橘黄龙病的危害，收获面积从最高峰 3 万亩减至目前的 6 000 亩。

五、未能实现与第二、三产业的无缝对接

海南农业领域的发展面临着一个重要的问题，即农业生产和区域布局与其他产业（如工业、信息产业以及生产贸易性服务业）之间的协调与匹配不足。这一问题导致海南的农业体系中出现一系列不容忽视的挑战，影响着农业的可

---

① 最适宜作物生长的酸碱度为 6.2～7.2。

持续发展和整体效益。

海南的农业在产前、产中和产后环节之间存在明显的分割。这种分割表现在城乡工农之间的不同领域和地域中，导致了农业的运作不够高效。这种分割造成了农业成本的不合理上升，也限制了农业的整体效益。由于缺乏协同与匹配，农产品的生产、加工和流通环节之间存在断档，使得资源的利用不够精细化，导致了浪费与低效。

特别是在农业与信息产业的融合方面，尽管"互联网＋农业"模式被提出，但在实际生产中仍未得到广泛应用。这意味着未能充分发挥信息技术在农业中的作用，限制了农业生产的智能化、精准化水平的提升。与此同时，在农业与工业的融合方面，虽然农业机械等工业产品与农业产业链有所延伸，但相对于工业和制造业，农业的融合程度仍显不足，阻碍了农业的现代化进程。

此外，农业与生产贸易性服务业的融合也存在较大不足。尤其是农业与贸易性服务业的结合仍然滞后。在这一方面，农产品的流通、销售等环节中还存在较多中间环节，从而增加了农产品的成本，限制了农民的收益。另外，与农业生产相关的服务业也相对欠缺，影响了农业现代化的推进。

综上所述，海南农业的发展需要在协调与匹配不足的问题上下功夫，促进农业与其他产业的有机融合，实现资源优化配置，推动农业的可持续发展。这不仅需要政府的政策引导和支持，还需要各相关产业的积极参与和合作，共同推动农业产业链的优化升级。

六、农村人才匮乏

海南农村人才资源匮乏，呈现出多方面的问题。首先，在农村地区人才总量的不足是一个显著问题。人口流出和城市化进程导致了农村劳动力的减少，这对农村经济和社会发展带来了压力。人才的匮乏限制了农村产业的创新和发展，制约了农村经济的持续壮大。其次，农村人员的培训质量不高也是一个突出问题。相较于城市地区，农村地区的教育和培训资源有限，农村人才的知识和技能水平普遍较低。这限制了农村人员在农业生产和农村发展中的发挥，难以适应现代农业的需求，限制了农村产业的升级和转型。再次，部分农村人员缺乏对农业工作的热情，这也是制约农村发展的一个问题。在一些农村地区，年轻人更倾向于离开农村，追求城市的发展机会，导致了农村年轻人才的流失。同时，一些留在农村的人员可能由于就业机会的有限性，对农业工作缺乏积极性和激情，这也影响了农村产业的振兴。最后，尽管科技在现代农业中有重要作用，但科技对农村产业增长的贡献率较低。相较于城市地区，农村地区的科技创新能力相对薄弱，科技成果难以迅速转化为生产力。这限制了农村产业的技术进步和效率提升，影响了农村产业的竞争力和可持续发展①。解决农村人才匮乏问题需要全社会的共同努力，政府、教育机构、企业和农民都应发挥各自的作用，营造良好的人才培养和使用环境，推动农村产业的高质量发展。

七、农业污染形势严峻

当前，海南农业面临着严峻的污染形势，这是一个亟待解决的重要问题。农业作为海南经济的重要支柱产业，在为人们提供粮食等农产品的同时，也带来了一系列环境问题，其中农业污染问题尤为突出。

首先，农业生产过程中的化肥和农药使用不当，导致土壤和水体受到污染。农业生产需要大量的化肥和农药来提高产量，但不合理的使用会造成残留物在土壤中积累，进而影响农产品的质量和食品安全。同时，这些化肥和农药还可能通过土壤流失和水体渗漏等途径进入水环境，对水质产生不良影响，甚至威胁水生态系统的稳定。

其次，养殖业的发展也给环境带来了压力。大规模养殖业的废水和粪便排放，容易造成水体富营养化，引发水质污染和藻类过度繁殖。养殖废弃物的堆积也可能导致土壤的污染，影响土地的可持续利用。此外，养殖业的氨气和硫化氢等气体的排放，也会对周边环境和空气质量造成影响。农田灌溉和农村生活污水排放也是农业污染的重要来源。部分农田灌溉水质不达标，可能含有重金属和有机物等有害物质，进而影响农产品的品质。农村生活污水处理不完善，直接排放或未经处理排放，也会对水体造成污染，威胁水资源安全。

针对海南农业污染严峻的现状，必须采取切实有效的措施，加强环境保护和可持续农业发展。一方面，要加强农业生产的规范化管理，合理使用化肥和农药，减少对环境的负面影响。建立农业生产环境监测体系，及时掌握土壤和水体的污染情况，做出科学决策。另一方面，要推动农业生产方式的转型升级，发展有机农业和绿色农业，减少化学农药和化肥的使用，提高农产品的质量和安全性。鼓励农民采用生态农业技术，保护生态环境，实现农业可持续发展。另外，加强农村污水处理设施建设，提升农村污水处理水平，避免污水对

---

① 梁海兵. 乡村产业高质量发展的困境与优化：一个嵌入机制的分析框架［J］. 学海，2022（5）：72-81.

环境造成二次污染。推动养殖业的绿色发展，提倡养殖废弃物资源化利用，减少废弃物排放对环境的影响。

第五节　乡村产业高质量发展的路径选择

一、推动乡村产业融合发展机制创新

在推动乡村产业融合发展的过程中，需要不断创新机制体制，从延伸产业链、提升价值链、强化利益链的角度出发，为农产品的精深加工提供有力支持。特别是在就地加工方面，需要加大支持力度，以实现农产品的增值和品牌效应。此外，也需要积极推进农产品的国际化步伐，引导农村电商的发展，同时还要实施国家休闲农业和乡村旅游精品工程，以多元化的方式激发乡村产业的活力。

第一，要从产业链延伸的角度出发，推动乡村产业的融合发展。这意味着要将农产品的生产环节向上游和下游延伸，实现一体化运作。通过农产品的深加工和品牌打造，可以提高农产品的附加值，拓展市场空间。同时，要鼓励农村企业与城市企业进行合作，实现资源共享、优势互补，促进产业链的高效衔接。

第二，提升乡村产业的价值链是关键所在。这意味着要不断提升农产品的质量、技术含量和品牌知名度。通过技术创新和研发，可以推出更具市场竞争力的农产品，满足消费者多样化的需求。政府可以设立专项资金，支持农业科技创新和新品种培育，促进乡村产业升级。同时，强化乡村产业的利益链也非常重要。这意味着要确保农民能够分享产业发展的成果。政府可以制定政策，保障农民的合法权益，鼓励农村企业与农民建立利益共享机制，让农民成为产业发展的积极参与者和受益者。

第三，在农产品的就地加工方面，政府需要加大支持力度。通过为农产品加工企业提供优惠政策和资金支持，可以促使更多农产品在本地进行加工，提高附加值。这有助于增加就业机会，改善农民收入水平，同时有助于减少农产品的运输成本和风险。

第四，要加快农产品走出国门的步伐，拓展国际市场。政府可以积极引导农村电商的发展，搭建电商平台，将农产品推向更广阔的市场。同时，实施国家休闲农业和乡村旅游精品工程，通过发展农村旅游，让更多的人了解和购买农产品。

综上所述，推动乡村产业融合发展机制创新，是实现乡村振兴的重要路径之一。通过延伸产业链、提升价值链、强化利益链的方式，加快农产品精深加工，支持农产品就地加工，积极引导农村电商发展，实施国家休闲农业和乡村旅游精品工程，可以实现乡村产业的多元发展，促进农村经济的繁荣。这将为广大农民带来更多发展机会，推动乡村振兴走向成功。

二、构建乡村产业发展长效机制

在推进乡村产业发展的过程中，建立一个积极健全的乡村产业服务体系，对于实现乡村振兴战略目标具有重要意义。这一体系的建设需要充分发挥金融机构和非金融机构的作用，培育农业社会化服务组织，设立创业基金，加强科技创新和推广机制创新，从而为乡村产业的发展提供全方位的支持和保障。

第一，应当致力于加大金融机构和非金融机构在乡村产业发展中的投融资力度。金融机构作为资金的中介，可以通过发放贷款、提供信用担保等方式，为乡村产业提供资金支持。政府可以制定相关政策，鼓励金融机构向乡村产业倾斜，降低贷款利率，提高贷款额度，为农村企业和农民提供更多便利的融资渠道。同时，非金融机构如农民专业合作社、农村电商平台等也可以提供各种形式的支持，如为农产品提供销售渠道、技术支持等，促进乡村产业的全面发展。

第二，大力培育发展农业社会化服务组织，是构建乡村产业服务体系的关键一环。这些农业社会化服务组织可以协调各方资源，提供全面的服务，促进乡村产业的升级和转型。政府应当鼓励和支持农民专业合作社等的发展，为农民提供技术培训、市场开拓、产品加工等服务，帮助农民更好地参与现代农业产业链。此外，农村电商平台也可以作为一种农业社会化服务组织，将农产品推向更广泛的市场，增加农民的收入。

第三，设立创业基金，发展新型服务业，是推动乡村产业发展的创新举措之一。创业基金可以为有创业意愿的农村青年提供资金支持和创业指导，鼓励他们投身到乡村产业发展中来。政府可以设立专项基金，支持农村创业项目，还可以引导金融机构参与创业基金的设立和管理。通过创业基金的运作，可以吸引更多人才投身到乡村产业发展中，推动产业的创新和壮大。

第四，加强科技创新与推广机制创新，是乡村产业服务体系建设的关键一步。科技创新可以为乡村产业发展提供核心动力，政府可以加大对科技研发的支持力度，鼓励农村企业和科研机构合作，开展新品种培育、农业装备研发等工作。同时，要加强科技成果的推广和应用，建立科技推广示范基地，将先进的技术和经验分享给更多的农民和企业。政府可以建立奖励机制，鼓励科技人员参与乡村产业发展，将科技创新成果真正落地。

综上所述，建立一个积极健全的乡村产业服务体系，需要多方合作，充分发挥各类机构的作用。通过加大金融机构和非金融机构的投融资力度，培育农业社会化服务组织，设立创业基金，以及加强科技创新和推广机制创新，可以为乡村产业的高质量发展提供全方位的支持，实现乡村振兴的目标。这将为乡村经济注入新的活力，也将让广大农民共享发展的成果。

三、促进示范园区集聚优势资源

海南应围绕示范园区发展积极搭建合作平台，大力引资引智，促进各类优质资源向示范园区集聚，推动形成示范园区发展合力，推动乡村产业融合快速发展。

第一，深度嫁接智力资源。海南各级政府应发挥牵线搭桥作用，推动大专院校、科研院所等与示范园区企业通过组建战略联盟、结对开展研发、共建科技平台、成立合资公司等方式进行深度交流合作，积极推广应用新技术、新品种、新装备，引导农业科技在农业产业链中的转化应用，为示范园区农业机械化、产业化、智能化、可持续化发展提供技术支撑，加快"汗水型"农业向"科技型"农业转变。

第二，深度嫁接数字信息技术资源。海南各级政府应推动物联网、云计算、大数据等数字技术在示范园区的应用。推动电子商务进农村综合示范工程及"互联网＋"农产品出村进城工程在示范园区落地，加快布局农产品电子商务公共服务平台和乡村电商服务站点。发挥政府资源优势，引进农产品电商、物流和销售公司，鼓励电商企业与示范园区联合举办专题活动，部分园区领导参与"直播带货"，组织园内企业参加海南省内外招商会、博览会、交易会等，推动示范园区农产品快速走出去。

第三，深度嫁接旅游文化资源。深入推进农旅产业融合发展，结合示范园区自然生态禀赋，充分挖掘文旅资源，大力加强与外界合作，重点引进或建设适合农村乡情、符合农村定位、契合乡村主题的旅游公司，主力打造"农业＋旅游"融合发展新业态。组织开展宣传营销活动，吸引全国旅客资源。加快培育创建全国休闲农业和乡村旅游示范县、中国美丽休闲乡村、全国休闲农业与乡村旅游星级示范企业，打造一批"望得见山，看得见海，记得住乡愁"的乡村休闲农业精品景点。

四、推动乡村特色产业品牌发展

推进乡村特色产业品牌发展，是实现乡村振兴战略的重要一环。要实现这一目标，必须在机制和体制上进行创新，以激发乡村产业的潜力，提升乡村经济的活力和竞争力。在这个过程中，打造特色产业品牌、制定奖励政策、提供资金支持、整合资源、加强媒体宣传等多方面的举措，都将发挥关键作用。

第一，特色产业品牌的打造是乡村产业发展的核心策略之一。每个地区都有其独特的资源和优势，通过发掘这些特色资源，可以打造具有地域特色和文化内涵的产业品牌。这些品牌不仅能够提升农产品的附加值，还能够吸引更多的消费者和游客，推动乡村旅游和农产品销售蓬勃发展。因此，政府可以鼓励农村企业家和农民参与特色产业品牌的打造，提供专业培训和咨询，帮助他们了解市场需求和趋势，从而更好地定位自己的品牌。

第二，制定奖励政策是激励乡村产业发展的重要手段之一。政府可以通过设立奖励基金，为那些在特色产业品牌建设中取得显著成就的企业和个人提供奖励，包括财政补贴、荣誉称号等。这不仅可以鼓励更多人投身到乡村产业的发展中，还能够形成一种竞争和创新的良好氛围，推动乡村产业的不断提升和创新。

第三，提供资金支持是推动乡村产业品牌发展的关键一环。政府可以通过设立专项资金，向特色产业品牌项目提供资金支持，用于研发、生产、营销等环节。此外，还可以建立与金融机构的合作渠道，为产业品牌的发展提供贷款和融资支持，帮助企业解决资金问题。这将有效降低企业创新和发展的风险，鼓励更多的企业投身到特色产业品牌的建设中。

第四，整合资源也是推动乡村产业品牌发展的关键因素之一。政府可以发挥政策引导作用，促进不同产业、企业、科研机构、教育机构等资源的有机整合。通过建立产学研合作平台，促进技术创新和知识分享，可以加速特色产业品牌的研发和升级。同时，政府还可以加强与电商平台的合作，扩大特色农产品的销售渠道，提升品牌的知名度和影响力。

第五，媒体宣传在特色产业品牌发展过程中扮演着至关重要的角色。政府可以通过举办品牌推介活动、展览会、农产品美食节等方式，将特色产业品牌推向市场。同时，加强媒体宣传，借助互联网和社交媒体的力量，将特色产业品牌的故事传播出去，吸引更多消费者的关注和支持。

总之，推动乡村特色产业品牌发展，需要在机制和体制上进行创新，以激发乡村产业的活力和创新潜力。通过打造特色产业品牌、制定奖励政策、提供资金支持、整合资源、加强媒体宣传等多种手段，可以实现乡村产业的高质量发展，为乡村振兴注入更多的动力和活力。

五、注重乡村的基层人才建设

确保乡村产业高质量发展，需要解决乡村人才短缺问题。

第一，需要强化农村基层党组织建设，引领人才在乡村创新创业，为乡村经济发展注入新动力。加大从农村致富能手、外出务工经商人员、复员退伍军人等人中培养选拔农村带头人的力度，并注重吸引高校毕业生、机关企事业单位优秀党员干部等到乡村任职。完善集中调整优化村党组织书记队伍机制，实行县级备案培养管理制度，健全从优秀村党组织书记中选拔乡镇领导干部、考录乡镇公务员，以及招聘乡镇事业编制人员等相关制度。加强农村领导班子的教育培训，严格监督管理，全面提高农村干部工作能力，激发基层人才的潜力，打造有知识、有热情、懂农业的基层人才干部队伍。

第二，加大政策支持，扶好乡土人才。依靠当地农业领军企业作为支撑，发挥企业、家庭农场和种养大户在乡村振兴中的作用，是实现乡村产业高质量发展不可或缺的战略，有助于确保乡村人才源源不断，为乡村振兴注入强大活力。对此，可采取一系列有力的措施。首要之举是鼓励大中型涉农企业积极充当培训合作伙伴，免费为农村提供农民和技术人员的专业培训服务。此举不仅有助于提升农村劳动力的技能水平，也能为当地乡村产业的发展输送更多高素质的人才。同时，需要重点培养农村创新创业的合作伙伴，这将有助于推动乡村产业的创新升级，实现乡村经济的可持续发展。除此之外，要加强对农村人才的全面支持，这意味着在资金和服务方面进行积极的支持，以鼓励更多人才投身于乡村产业发展。为农村人才提供创业支持资金、技术咨询、市场开拓等资源，有助于降低创业风险，提升他们的创业信心。这种支持不仅要关注个人创业者，还要注重团队的培育和发展，以推动乡村产业的多元化发展。在培养农村人才的过程中，建立农村培训经费长效保障机制和社会广泛参与的办学机制至关重要。政府可以设立专项基金，用于支持农村人才培养和培训项目，确保培训资源的可持续性。同时，与高校、职业培训机构等建立合作关系，拓展培训渠道，为农村人才提供更多培训选择。此外，也应加强宣传，提高农民对培训的认知度，激发他们参与学习培训的热情。要实现乡村产业的高质量发展，人才的培养与引进是关键环节。通过鼓励企业合作、培养合作伙伴、提供支持资源等多方面的举措，可以打破人才瓶颈，为乡村振兴注入更多活力与希望。建立健全的培训机制和经费保障体系也是不可或缺的，将为农村人才的培养创造更加有利的环境，推动乡村振兴迈上新的台阶。

第三，深化乡村人才引进体制机制改革，实施更积极、更有效、更开放的人才引进政策，鼓励和引导社会各界人才投身乡村建设，推动乡村产业高质量发展。提高人才在农村服务的潜力，建立因地制宜的人才使用机制，建立人才带头人和大学生村干部示范培训基地，开展城乡、区域、校地之间人才培养合作与交流，鼓励高校大学生综合型人才和职业院校技术型人才等投身乡村产业振兴，推动城市医生、教师以及科技人员等定期服务乡村建设。同时，政府应积极鼓励与引导高校部分教授、企业老板等进入农村，充分地利用农村庄园、农村大院等农村用地，推动农村分流城市功能，建立双创基地，积极地将智创、文创、农创等行业引入乡村。这些形式不仅可以丰富乡村产业新业态，而且可以将智创、文创、农创等行业中的高级人才引进乡村，推进乡村产业高质量发展。此外，加强乡村科技人才队伍建设，全面实施乡村科技人才特聘计划。一方面，发挥高校和科研院所智力密集的优势；另一方面，建立激励机制，鼓励各类企业选派经营管理人才到地方担任专家顾问，帮助乡村发展特色优势产业。

六、加强基础设施建设

乡村产业的高质量发展需要建立在坚实的基础设施之上，这是一个不可或缺的前提条件。为了实现乡村产业的可持续发展，需要采取一系列有针对性的措施，以确保基础设施的健全和完备。

第一，为了满足乡村产业发展的需要，必须通过合理的公共资金投入加大对传统基础设施的建设力度。这包括道路、桥梁、供水、供电等基础设施的建设和改善。这些基础设施的建设将为乡村产业提供必要的支持，促进资源的流动和交换，提高生产效率，为乡村经济的高质量增长奠定坚实基础。①完善物流交通网络对于乡村产业的发展至关重要。通过优化物流交通网络，可以实现乡村产业链的畅通，促进产品流通，降低物流成本，提高运输效率。这不仅有利于推动乡村产业的内外联通，还可以将乡村特色产品快速输送到市场，拓展销售渠道，实现更大范围的产业覆盖。②健全水利和民生等生产生活环境是乡村产业发展的另一个重要方面。提供良好的水资源保障，不仅满足了农田灌溉的需求，也支持了农村的生活用水。同时，改善生产生活环境，包括环保设施建设、卫生设施提升等，可以提高乡村居民的生活质量，吸引更多的人才返乡创业，促进产业发展的多元化和可持续性。③完善能源保障供给体系对于乡村产业的稳定发展不可或缺。能源作为产业发展的重要支撑，影响着生产的进行和产业的运转。确保能源的充足供应，提高能源的利用效率，是保障乡村产业高质量发展的重要举措之一。这不仅包括电力供应，还涉及清洁能源的应用，以减少环境污染，提高生产的可持续性。在乡村支持建设太阳能分布式光伏发电、太阳能阳光大棚项目，完成天然气管道建设，推进新能源利用示范和养殖大户沼气工程等，进一步提高乡村发展的设施装备。④加强农村信息基础设施建设，提高宽带网络在乡村的覆盖率，逐步实现光纤宽带网络全覆盖，并推动5G 网络布局和商用进程。

第二，政府应通过吸引投资等方式，建设农村公共服务及硬件设施，以实现农村地区的全面发展和现代化。农村地区的基础设施建设是农村现代化进程的基石。道路、桥梁、电力、通信等基础设施的完善，直接影响到农村居民的生产、生活和交往。例如，良好的交通设施可以加速农产品的流通，降低物流成本，提高农民收入；现代化的通信设施能够拉近城乡间的信息鸿沟，让农村居民能够更便捷地获取各种信息，提高他们的生活品质。一方面，公共服务设施的建设对于农村居民的社会保障和福利保障具有重要意义。政府可以通过吸引投资，在农村地区建设医疗中心、学校、图书馆、养老院等公共服务设施，为农民提供更加便捷和优质的社会服务。这不仅能够提升农村居民的幸福感，也有助于平衡城乡发展差距，促进社会的和谐稳定。另一方面，农村基础设施和公共服务设施的建设还能够创造就业机会，带动当地经济的发展。投资兴建基础设施需要各类人员的参与，包括设计、施工、管理等方面的人才。在设计一批乡村酒店、乡村民宿、家庭旅馆、乡村花园、观光农场等时，应聘请了解乡村的专家设计出适合乡村特点的建筑与景点，避免乡村"同质化"建设。这不仅能提升区别于城市的乡村现代化的宜居功能，为外来观光者提供舒适的旅游环境，还能形成独具一格的新乡村发展格局。同时，公共服务设施的运营也需要一批专业人士。这将有助于解决农村地区就业问题，吸引更多的劳动力留在自己的家乡，从而推动农村地区的人才流动和经济发展。总而言之，政府通过吸引投资等方式来建设农村公共服务及硬件设施，不仅是农村现代化的需要，也是推动我国城乡一体化发展的关键举措。这不仅能够提升农村居民的生活品质，还有助于推动农村地区的经济增长和社会进步。

第六节　小结与探讨

本章从海南农林牧渔业总产值、区域布局、农业现代化进程三个层面对海南农业产业高质量发展现状进行了分析，采用区位熵模型探究了海南 18 个市县农业产业发展的集聚度，通过竞争态势模型进一步对农业产业发展的集聚度竞争态势进行了区划分析。研究发现，海南农业产业集聚竞争态势呈现地区间分布不平衡，空间差异比较明显的特点。进行区划分析表明，海南西北及东南地区的昌江县、万宁市、东方市、定安县、澄迈县、儋州市、琼海市、文昌市、乐东县和临高县为优势区域；三亚市为具有竞争潜力的区域，农业生产潜力有待进一步挖掘和提升；海口市为劣势区域；五指山市、保亭县、屯昌县、白沙县、陵水县和琼中县 6 个市县为实力区域，但竞争优势呈现降低的趋势。大部分地区处于农业竞争优势区域，农业仍然是海南大部分市县的优势产业。为进一步推动农业的增产增效，对于具备农业产业发展优势的地区应进一步突出产业集聚特点，并不断扩大辐射范围，带动周围地区农业的发展①。同时分析了海南农业科技创新发展现状与海南乡村产业品牌发展现状。从农业产业结构、农产品电商发展程度、农业生产经营模式、农民生活水平等多个方面总结了海南乡村产业高质量发展的成效。通过总结国内外乡村产业高质量发展的先进经验，指出海南乡村产业高质量发展主要存在产业结构布局不合理、农村产业布局与资源禀赋不匹配、冷链物流基础设施落后、资源约束加剧、农村人才匮乏、农业污染形势严峻以及未能实现与第二、三产业的无缝对接等一系列问题。提出海南应通过推动乡村产业融合发展机制创新、构建乡村产业发展长效机制、促进示范园区集聚优势资源、推动乡村特色产业品牌发展、注重乡村的基层人才建设、加强基础设施建设等措施，推动乡村产业高质量发展。

---

① 侯媛媛，金丹，金琰，等. 海南农业产业集聚水平和区域比较分析 [J]. 农业展望，2023，19 (6)：45 - 52.

▇ 第二章 乡村建设中的农民主体性研究

第一节 农民参与乡村建设的实态分析

政府引导和农民参与相结合是当下政府推进乡村建设工作的重要原则之一。从国家政策文件表述中可知，发挥政府在规划引导、政策支持、组织保障等方面作用，坚持为农民而建，尊重农民意愿，保障农民物质利益和民主权利，广泛依靠农民、教育引导农民、组织带动农民搞建设①。因而，关注农民对乡村建设的认知、参与意愿等实际情况具有重要现实意义，是农民参与国家乡村建设行动的基础，能为增进乡村建设成效提供思路与途径。

一、农民对乡村建设的认知

（一）从农民主观认知来看，农民认为乡村建设主要依靠国家推动

调查显示，在 1 361 个有效样本中，近七成即 69.1％的人认为本村的乡村建设主要依靠政府项目资金的扶持；62.5％的人认为乡村建设主要依靠国家政策的引导，实际上，政府项目承载着国家政策，从某种意义上说，项目的落地也就是国家政策的落实；46.2％的人认为乡村建设主要依靠村干部的积极工作，32.8％的人认为乡村建设主要依靠村民自身的努力，23.5％的人认为乡村建设主要依靠村庄能人的带动，21.1％的人认为乡村建设主要依靠企业和市场的带动（图 2-1）。

（二）从内外因素比较来看，农民认为乡村建设的国家推动因素所占比例要比村庄内部及社会推动因素所占比例更大

多重响应分析表明，在乡村建设推动因素的认知方面，受访者选择"国家政策的引导""政府项目资金的扶持"等国家推动因素选项的频次所占比例分别为 24.3％、26.8％，两者加总为 51.1％；选择"村干部的积极工作""村民自身的努力""村庄能人的带动"等村庄内部推动因素选项的频次所占比例分

---

① 中共中央办公厅 国务院办公厅印发《乡村建设行动实施方案》。

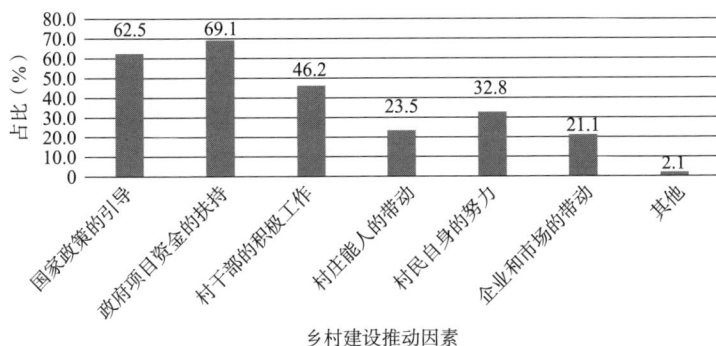

图 2-1　农民对乡村建设推动因素的认知情况

别为 18.0％、12.7％、9.1％，三者加总为 39.8％；选择"企业和市场的带动"等社会力量因素选项的频次所占比例为 8.2％（表 2-1）。

表 2-1　农民对乡村建设推动因素的认知情况

乡村建设推动因素	样本（个）	百分比（％）	个案百分比（％）
国家政策的引导	851	24.3	62.5
政府项目资金的扶持	940	26.8	69.1
村民自身的努力	446	12.7	32.8
村庄能人的带动	320	9.1	23.5
村干部的积极工作	629	18.0	46.2
企业和市场的带动	287	8.2	21.1
其他	29	0.8	2.1
合计	3 502	100.0	257.3

（三）从文化程度来看，文化程度越高的农民越认为乡村建设需要国家推动

调查表明，小学及以下、初中、高中或中专、大专及以上文化程度的农民认为乡村建设需要国家政策引导与推进的比例呈现出明显的递增特征，不同文化程度受访者中认为乡村建设需要国家推动的受访者比例分别为 54.3％、61.1％、63.7％、72.0％（图 2-2）。

（四）从受访者从事的职业情况来看，在认为乡村建设需要国家推动的受访者中，务工农民的比例最大

调查显示，受访者从事的职业主要有务工、务农、个体经营、农村管理及其他职业等。在认为乡村建设需要国家政策引导与推进的 851 个样本中，按照

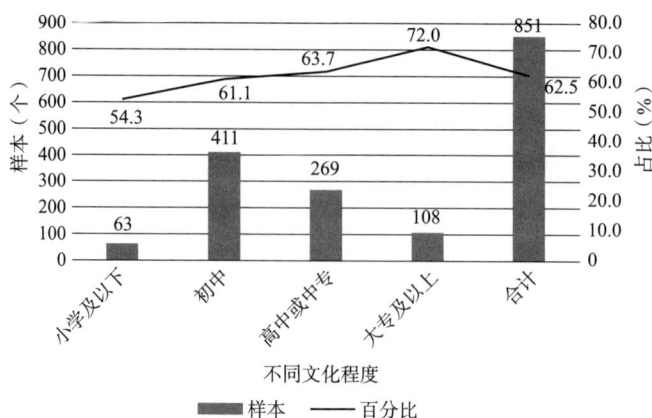

图 2-2　不同文化程度的农民对国家推动乡村建设的认知情况

不同职业的受访者中认为乡村建设需要国家政策引导与推进的受访者所占比例来分析：务工的有 150 人，所占比例为最大，为 69.8%；务农的有 545 人，所占比例次之，为 60.6%；从事个体经营的有 45 人，所占比例为 65.2%；从事农村管理的有 80 人，所占比例为 63.0%（图 2-3）。

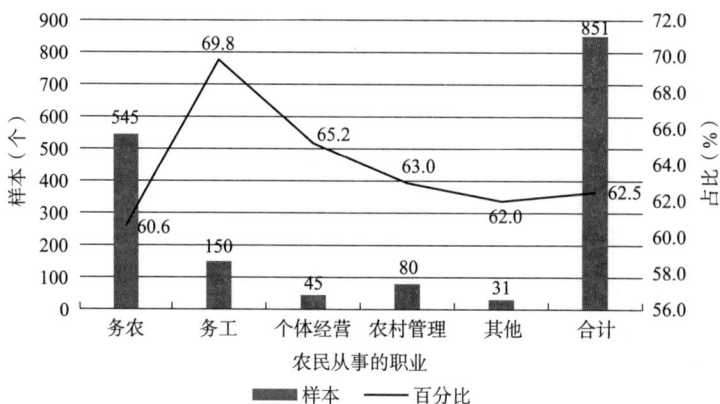

图 2-3　不同职业的农民对国家推动乡村建设的认知情况

二、农民参与乡村建设的意愿

（一）从总体上看，农民参与乡村建设的意愿较强

调查显示，在 1 361 个有效样本中，有 1 211 人明确表示愿意参与乡村建设，占比为 89.0%，近九成；明确表示不愿意参与乡村建设的仅有 48 人，只占到 3.5%；此外，还有 102 人，即 7.5% 的受访者没有明确表态（表 2-2）。

表 2-2　农民参与乡村建设的意愿情况

意愿情况	样本（个）	百分比（%）
愿意	1 211	89.0
不愿意	48	3.5
说不清	102	7.5
合计	1 361	100.0

（二）从受访者文化程度来看，文化程度高的农民更愿意参与乡村建设

调查显示，高中或中专、大专及以上文化程度的受访者中愿意参与乡村建设的比例分别达到 92.4%、91.3%，而小学及以下文化程度的受访者中愿意参与乡村建设的比例为 78.4%，明显低于前两者（表 2-3）。

表 2-3　不同文化程度农民参与乡村建设的意愿情况

意愿情况	项目	小学及以下	初中	高中或中专	大专及以上	合计
愿意	样本（个）	91	593	390	137	1 211
	百分比（%）	78.4	88.1	92.4	91.3	89.0
不愿意	样本（个）	8	22	13	5	48
	百分比（%）	6.9	3.3	3.1	3.3	3.5
说不清	样本（个）	17	58	19	8	102
	百分比（%）	14.7	8.6	4.5	5.3	7.5
合计	样本（个）	116	673	422	150	1 361
	百分比（%）	100.0	100.0	100.0	100.0	100.0

（三）从受访者从事职业来看，从事农村管理的农民更愿意参与乡村建设

数据显示，务农、务工、从事个体经营及农村管理的受访者明确表示愿意参与乡村建设的比例分别为 89.0%、90.2%、84.1%、94.5%。显而易见，农村管理者更愿意参与农村建设（表 2-4）。

表 2-4　不同职业农民参与乡村建设的意愿情况

意愿情况	项目	务农	务工	个体经营	农村管理	其他	合计
愿意	样本（个）	801	194	58	120	38	1 211
	百分比（%）	89.0	90.2	84.1	94.5	76.0	89.0
不愿意	样本（个）	28	9	5	0	6	48
	百分比（%）	3.1	4.2	7.2	0	12.0	3.5

（续）

意愿情况	项目	务农	务工	个体经营	农村管理	其他	合计
说不清	样本（个）	71	12	6	7	6	102
	百分比（%）	7.9	5.6	8.7	5.5	12.0	7.5
合计	样本（个）	900	215	69	127	50	1 361
	百分比（%）	100.0	100.0	100.0	100.0	100.0	100.0

（四）从受访者性别来看，男性农民更愿意参与乡村建设

数据表明，有963位男性受访者明确表示愿意参与乡村建设，占全部男性受访者的比例为90.1%，高于女性受访者中明确表示愿意参与乡村建设受访者的比例（表2-5）。

表2-5　不同性别农民参与乡村建设的意愿情况

意愿情况	项目	男	女	合计
愿意	样本（个）	963	248	1 211
	百分比（%）	90.1	84.9	89.0
不愿意	样本（个）	42	6	48
	百分比（%）	3.9	2.1	3.5
说不清	样本（个）	64	38	102
	百分比（%）	6.0	13.0	7.5
合计	样本（个）	1 069	292	1 361
	百分比（%）	100.0	100.0	100.0

三、农民参与乡村建设的行为表现

（一）从公共参与的角度来看，农民参与乡村建设的程度较高

以村庄组织的公共环境卫生活动为例，近九成受访者参加过村庄组织的公共环境卫生活动。调查显示，在1 361个有效样本中，参加过村庄组织的公共环境卫生活动的受访者达到1 207人，占比近九成，所占比例为88.7%（表2-6）。

表2-6　农民参与公共环境卫生活动情况

参与情况	样本（个）	有效百分比（%）
是	1 207	88.7
否	154	11.3
合计	1 361	100.0

（二）从参与的主动性来看，农民参与乡村建设的程度较高

进一步分析表明，在参加过村庄组织的公共环境卫生活动的 1 207 个受访者中，出于"完全自愿"参加的受访者占比为 92.3%，出于"半自愿半强制"的受访者占比为 7.6%，只有 1 人是在"完全强制"的情况下参加的（表 2-7）。

表 2-7 农民参与公共环境卫生活动的主动程度

主动程度	样本（个）	百分比（%）	有效百分比（%）
完全自愿	1 114	81.9	92.3
半自愿半强制	92	6.8	7.6
完全强制	1	0.1	0.1
有效值	1 207	88.7	100.0
缺失值	154	11.3	
合计	1 361	100.0	

（三）从参与的长期性来看，农民参与乡村建设的程度不高

对于需要长期坚持参加的公共建设行动，农民参与程度并不高。就村庄组织的公共环境卫生活动而言，农民参与程度比较高，主要是由于这些活动是短期性的、频次不多的。以农村生活垃圾公共治理为例，当下政府推动生活垃圾分类治理行动，就需要农民长期配合。此类长期性工作，如果无相应宣传与激励措施，很难达到应有成效。数据也表明，有 83.5% 的农民没有坚持做好生活垃圾分类工作，常常是按照以往的生活习惯，将垃圾不加分类地扔进垃圾箱或扔到其周边的地方（表 2-8）。

表 2-8 农民参与生活垃圾分类工作情况

参与情况	样本（个）	有效百分比（%）
是	225	16.5
否	1 136	83.5
合计	1 361	100.0

相较公共事务而言，对于自家事情，诸如家庭环境卫生等长期性的工作，农民还是能够坚持做下去。如 99.1% 的农民能够经常性地将自家庭院打扫干净（表 2-9）。

表 2 - 9　农民庭院经常性自我保洁情况

参与情况	样本（个）	有效百分比（%）
是	1 349	99.1
否	12	0.9
合计	1 361	100.0

（四）从反映乡村建设中存在问题的情况来看，大多数农民愿意向村庄反映相关问题

在问及农民对村庄环境卫生问题的反馈意愿时，在 1 361 个有效样本中，有 1 183 人明确表示愿意向村庄反映环境卫生问题，占比为 86.9%；不愿意反映的有 178 人，占比为 13.1%（表 2 - 10）。

表 2 - 10　农民向村庄反映环境卫生问题的意愿

意愿情况	样本（个）	百分比（%）
愿意	1 183	86.9
不愿意	178	13.1
合计	1 361	100.0

进一步分析农民不愿意反映环境卫生问题的原因，发现：首先，认为自己工作忙而没有时间去反映的有一半，占比最多；其次，认为其他人都不反映自己也没有必要反映的有 17.4%；再次，以其他各种理由不去反映问题的有 13.5%；然后，认为村干部工作太多而无暇顾及的有 10.7%；最后，认为自己反映了也起不到作用的有 8.4%（图 2 - 4）。

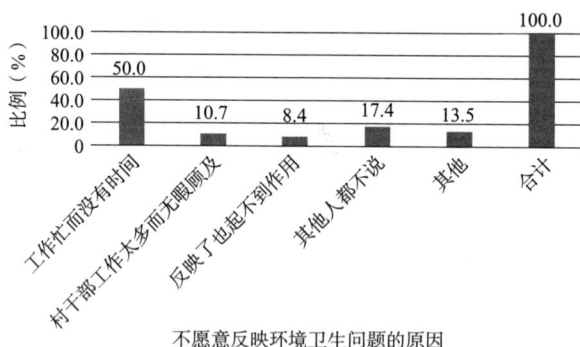

图 2 - 4　农民不愿意向村庄反映环境卫生问题的原因

四、农民对乡村建设的需求

在大多数情况下，公民参与的动力通常来自获取公民接受政策的需求，公民的接受是决策成功实施的先决条件①。农民对国家乡村建设的需求内容是多方面的，呈现出群体性特征。本部分主要关注村庄规划、基础设施建设、公共服务供给、农村环境改善、村庄组织建设、人才队伍建设等乡村建设内容，这些内容同时也是农民的需求方面。

（一）从农民需求重要性排序情况来看，农民最期望乡村基础设施建设方面得到加强和改进

调查发现，农民在乡村建设内容的需求方面，最期望乡村基础设施建设方面得到加强，这样的有 461 人，占比为 33.9%；期望村庄规划方面得到重视的有 393 人，占比为 28.9%；期望人才队伍、公共服务、农村环境等方面得到改善的分别有 206 人、126 人、78 人，占比分别为 15.1%、9.3%、5.7%（表 2 - 11）。

表 2 - 11　农民对乡村建设的需求情况

需求内容	样本（个）	有效百分比（%）
村庄规划	393	28.9
基础设施建设	461	33.9
公共服务供给	126	9.3
农村环境改善	78	5.7
人才队伍建设	206	15.1
村庄组织建设	28	2.1
其他	69	5.1
合计	1 361	100.0

（二）从农民群体年龄特征来看，不同年龄段的农民对乡村建设内容的需求方面表现不同

调查显示，60 岁及以上的老年农民对村庄规划、基础设施建设方面需求较大，占比分别为 32.1%、41.3%，明显高于其他年龄段农民的需求。在公共服务供给、农村环境改善方面，36～45 岁的中年农民的需求要大于其他年龄段的农民，占比分别为 11.7%、7.3%。在人才队伍建设、村庄组织建设的

---

① 约翰·克莱顿·托马斯. 公共决策中的公民参与 [M]. 北京：中国人民大学出版社，2010.

需求方面，35 岁及以下的青年农民的需求要大于其他年龄段的农民，占比分别为 20.6%、7.6%（表 2 - 12）。

表 2 - 12　不同年龄农民对乡村建设的需求情况

需求内容	项目	35 岁及以下	36～45 岁	46～59 岁	60 岁及以上	合计
村庄规划	样本（个）	55	89	190	59	393
	百分比（%）	24.7	26.1	31.0	32.1	28.9
基础设施建设	样本（个）	65	101	219	76	461
	百分比（%）	29.1	29.6	35.7	41.3	33.9
公共服务供给	样本（个）	20	40	56	10	126
	百分比（%）	9.0	11.7	9.1	5.4	9.3
农村环境改善	样本（个）	10	25	33	10	78
	百分比（%）	4.5	7.3	5.4	5.4	5.7
人才队伍建设	样本（个）	46	56	85	19	206
	百分比（%）	20.6	16.4	13.9	10.3	15.1
村庄组织建设	样本（个）	10	6	9	3	28
	百分比（%）	4.5	1.8	1.5	1.6	2.1
其他	样本（个）	17	24	21	7	69
	百分比（%）	7.6	7.0	3.4	3.8	5.1
合计	样本（个）	223	341	613	184	1 361
	百分比（%）	100.0	100.0	100.0	100.0	100.0

（三）从农民性别群体特征来看，不同性别的农民对乡村建设内容期望高低方面表现不同

在基础设施建设、农村环境改善方面，男性农民的期望要比女性农民的期望更高，男性农民的占比分别为 36.5%、6.0%，这分别高于女性农民的 24.3%、4.8%；在人才队伍建设、公共服务供给、村庄组织建设方面，女性农民的期望要比男性农民的期望更高，占比分别为 17.1%、11.6%、4.5%，这分别高于男性农民的 14.6%、8.6%、1.4%（表 2 - 13）。

表 2 - 13　不同性别农民对乡村建设的需求情况

需求内容	项目	男	女	合计
村庄规划	样本（个）	306	87	393
	百分比（%）	28.6	29.8	28.9
基础设施建设	样本（个）	390	71	461
	百分比（%）	36.5	24.3	33.9

（续）

需求内容	项目	男	女	合计
公共服务供给	样本（个）	92	34	126
	百分比（%）	8.6	11.6	9.3
农村环境改善	样本（个）	64	14	78
	百分比（%）	6.0	4.8	5.7
人才队伍建设	样本（个）	156	50	206
	百分比（%）	14.6	17.1	15.1
村庄组织建设	样本（个）	15	13	28
	百分比（%）	1.4	4.5	2.1
其他	样本（个）	46	23	69
	百分比（%）	4.3	7.9	5.1
合计	样本（个）	1 069	292	1 361
	百分比（%）	100.0	100.0	100.0

五、农民参与乡村建设的责任意识

本部分主要以农民对农村人居环境整治与改善主体的认知为例，来反映和表征农民参与乡村建设的责任意识认知和划分的情况。根据调查情况及分析需要，将农村人居环境整治与改善的主体分为政府、村庄及干部、农民等，相应地将参与的责任意识认知简明地细分为："政府的事情，村'两委'和干部的事情，农民自己的事情，政府和村'两委'的事情，村'两委'和农民的事情，政府、村'两委'和农民共同的事情"，以此类选项来反映农户参与乡村建设的责任意识。

（一）从农民主观认知来看，超过六成的农民认为农村人居环境整治与改善是政府、村庄与农民共同的责任，有两成的农民认为自己没有农村人居环境整治与改善的责任

调查显示，受访者对农村人居环境整治与改善的责任意识认知方面，在 1 361 个有效样本中，有 61.3% 的人认为农村人居环境整治与改善是政府、村"两委"和农民共同的事情，有 7.5% 的人认为是村"两委"与农民的事情，有 7.7% 的人认为是自己的事情；有 15.0% 的人认为是村"两委"和干部的事情，有 5.7% 的人认为是政府的事情，两者累加为 20.7%，这直接反映了有两成受访者认为自己没有参与农村人居环境整治与改善的责任（表 2 - 14）。

表 2 - 14　农民对农村人居环境整治与改善的责任意识

责任意识认知	样本（个）	有效百分比（%）
政府的事情	78	5.7
村"两委"和干部的事情	204	15.0
农民自己的事情	105	7.7
政府和村"两委"的事情	38	2.8
村"两委"和农民的事情	102	7.5
政府、村"两委"和农民共同的事情	834	61.3
合计	1 361	100.0

（二）从农民受教育情况来看，受教育程度越高的农民越认为农村人居环境整治与改善是政府、村庄与农民共同的责任

调查显示，小学及以下、初中、高中或中专、大专及以上受教育程度的受访者认为环境改善是政府、村"两委"和农民共同责任的占比分别为 61.2%、60.8%、59.2%、69.3%，大专及以上受教育程度受访者持有这一看法占比最高，高于平均水平 8 个百分点（表 2 - 15）。

表 2 - 15　不同受教育程度的农民与环境改善责任意识

责任意识认知	项目	小学及以下	初中	高中或中专	大专及以上	合计
政府的事情	样本（个）	7	39	30	2	78
	百分比（%）	6.0	5.8	7.1	1.3	5.7
村"两委"和干部的事情	样本（个）	16	104	68	16	204
	百分比（%）	13.8	15.5	16.1	10.0	15.0
农民自己的事情	样本（个）	8	50	29	18	105
	百分比（%）	6.9	7.4	6.9	12.0	7.7
政府和村"两委"的事情	样本（个）	1	27	10	0	38
	百分比（%）	0.9	4.0	2.4	0	2.8
村"两委"和农民的事情	样本（个）	13	44	35	10	102
	百分比（%）	11.2	6.5	8.3	6.7	7.5
政府、村"两委"和农民共同的事情	样本（个）	71	409	250	104	834
	百分比（%）	61.2	60.8	59.2	69.3	61.3
合计	样本（个）	116	673	422	150	1 361
	百分比（%）	100.0	100.0	100.0	100.0	100.0

（三）在持有农村人居环境整治与改善是政府、村庄与农民共同的责任这一看法的农民中，从事个体经营和务工的农民相对较多

调查显示，从农民所从事的职业情况来看，在认为农村人居环境整治与改善是政府、村庄与农民共同的责任的受访者中，从事个体经营的人数最多，占比为 69.6%；其次为务工，占比为 67.9%；再次为从事其他职业，占比为 64.0%。以上三类受访者占比均超过平均水平。最后，务农、农村管理的人数占比分别为 59.7%、55.9%（表 2 - 16）。

表 2 - 16　从事不同职业的农民与环境整治与改善责任意识

责任意识认知	项目	务农	务工	个体经营	农村管理	其他	合计
政府的事情	样本（个）	50	15	3	9	1	78
	百分比（%）	5.6	7.0	4.3	7.1	2.0	5.7
村"两委"和干部的事情	样本（个）	150	11	10	25	8	204
	百分比（%）	16.7	5.1	14.5	19.7	16.0	15.0
农民自己的事情	样本（个）	64	22	7	8	4	105
	百分比（%）	7.1	10.2	10.1	6.3	8.0	7.7
政府和村"两委"的事情	样本（个）	27	6	0	4	1	38
	百分比（%）	3.0	2.8	0	3.1	2.0	2.8
村"两委"和农民的事情	样本（个）	72	15	1	10	4	102
	百分比（%）	8.0	7.0	1.4	7.9	8.0	7.5
政府、村"两委"和农民共同的事情	样本（个）	537	146	48	71	32	834
	百分比（%）	59.7	67.9	69.6	55.9	64.0	61.3
合计	样本（个）	900	215	69	127	50	1 361
	百分比（%）	100.0	100.0	100.0	100.0	100.0	100.0

第二节　乡村建设行动中农民参与的影响因素分析

在农民参与的实态调查分析基础之上，本节从基层干部执行能力、农民自身条件及群体特征、村庄组织能力、国家建设投入情况、农民利益获得感及国家观等方面着手，分析归纳农民参与乡村建设行动的相关影响因素，并将其中的制约因素进行分类归因，如农民的家庭本位导致的公共或社会责任意识不强、参与渠道机制不畅通、村庄组织动员条件不足等，从而找准乡村建设行动中农民参与的真问题。

一、基层干部：引导农民参与乡村建设的关键因素

乡村基层干部是最接近服务对象——农民的农村管理群体，也是最了解基

层需求与问题的群体。更重要的是，国家政策需要基层干部理解与执行，需要农民接受与参与，基层干部的执行能力直接决定政策落实的成效。可以说，基层干部是引导农民参与乡村建设的关键因素。

（一）部分基层干部对乡村建设相关政策的理解不深，执行能力不够，也不重视农民群体需求与政策接应能力

近年来，海南高度重视乡村建设，围绕农村人居环境整治、"五网"基础设施建设、美丽海南百镇千村建设等方面出台了一系列相关政策文件。《中共海南省委 海南省人民政府关于做好 2022 年全面推进乡村振兴重点工作的实施意见》重点对农村人居环境整治、农村基础设施建设等方面作出了重大决策部署，这既是对中央政策的贯彻执行，又是结合海南实际对中央政策任务的分解落实。虽然海南省委、省政府高度重视乡村振兴与乡村建设工作，但还存在一些基层干部特别是镇村干部对乡村建设工作不够重视的问题。调查发现，这些干部没有深入学习与理解乡村建设相关政策精神，简单地认为乡村建设就是等政府规划、实施一批项目，如基础设施建设和农村公共服务项目，不需要研究农民是否接受、是否具备项目接应能力，对乡村建设规划、项目落实投入的精力和时间不足。更为严重的是，一些干部对乡村建设在乡镇和村庄层面怎样动员农民参与其中还不太清楚。

（二）部分村干部不重视农民参与渠道的搭建与完善，参与渠道机制不畅通，导致部分农民不愿意参与乡村建设

调研发现，针对乡村建设中存在的问题，如公共基础设施建设与修缮、农村人居环境管护、美丽乡村建设等问题，农民会有自己的发现和主观判断。例如，道路不干净整洁、基础设施需要完善、农家书屋使用率不高、污水处理设施不正常运转等，80％的农民会留意到此类问题，也觉得村庄出现这些与自己相关的问题会让人心中不舒坦，觉得这些问题会对周边环境产生一定的不利影响。但是他们不太愿意向村干部反馈，因为他们认为反馈的结果往往是村干部敷衍应付，导致反馈了问题也得不到解决。数据表明，在 178 户没有参与反映问题的农民中，认为自己反映了也起不到作用的农民占比为 8.4％。

（三）在农村工作"多任务"形势下，部分乡村干部不重视动员与组织农民参与乡村建设行动

众所周知，农村工作中存在"多任务"情况，因此基层干部一般会按照工作的重要性进行排序，重视中心项目的执行与落实。而许多项目由第三方组织执行，如农村道路硬化项目大多由专业公司运作，农民根本不需要参加，但农

村道路硬化项目完成后，接续的管护问题就会成为痛点难点。如果乡村干部大力宣传政策，积极动员农民参与，建立乡村建设的共建共享机制，那么乡村建设成效就会有长久性。

二、农民主体性：激发农民参与乡村建设的内生因素

吴重庆在《无主体熟人社会及社会重建》一书中，对当下空心化背景下的农村社会结构做出了新判断，提出了"无主体熟人社会"的概念①。借用这一概念，事实上，一些村庄出现了"无主体的乡村建设"情形，农民在乡村建设中的主体性地位与作用没有显现出来。国家推进乡村建设，对于提高农民群众生产生活的获得感、幸福感是显而易见的，农民理应积极参与乡村建设行动。如果不能将农民群众有效地吸引到乡村建设进程中来，必然会影响到乡村建设的推进及成效。

（一）由于乡村建设项目的任务性与时效性，一些政府直接替代农民，未充分考虑农民需求，导致农民主体作用难以发挥出来

在推进乡村建设进程中，如在美丽乡村建设、农村人居环境整治过程中，一些市县政府为了较快地完成上级下达的任务，"替民作主"，"包办"建设项目，完全替代了本应在场的农民。如美丽乡村规划设计、生活污水处理设施建设、乡村道路建设等都由市县政府职能部门委托给第三方部门执行与完成，农民在此过程中只能被动接受，没有表达权和参与权，更谈不上建立有效的乡村建设农民参与机制，农民彻底成为乡村建设的外来者。正是基层政府的大包大揽，导致出现了政府"既搭台又唱戏"而农民群众只能"看戏"的现象。这样，许多农民不能充分理解政府为乡村发展确立的方案和制定的举措，部分农民对政府的方案和举措表现出冷漠甚至消极抵制的态度②，更不用说发挥农民建设乡村的主体作用了。

（二）农民对自身建设乡村的主体性的认知与理解不深，参与乡村建设的责任意识不强

调查表明，所有受访者都赞成国家乡村建设的政策，认为政策很好，但其中一部分人认为乡村建设是国家的事情，如有 15.0% 的人认为乡村建设是村"两委"和干部的事情，有 5.7% 的人认为是政府的事情，两者累加为 20.7%。

① 杨华. 陌生的熟人：理解 21 世纪乡土中国 [M]. 桂林：广西师范大学出版社，2021.

② 李海金，焦方杨. 乡村人才振兴：人力资本、城乡融合与农民主体性的三维分析 [J]. 南京农业大学学报（社会科学版），2021，21（6）：119-127.

有人认为农村人居环境整治是政府的事情，美丽乡村建设也是政府花钱和管护的事情，"五网"基础设施建设同样是政府的事情，他们只管接受建设完成后的好处，参不参加已不太重要，甚至认为乡村建设"就像一阵风一样，很快就吹过去了"，导致他们甘做乡村建设的旁观者，更谈不上充分发挥农民参与乡村建设工作的主体性。一项调查显示，有 37.7％的人认为村民参与性是农村人居环境建设的重要影响因素。构建农民参与乡村建设的机制，需要发动各方力量，尤其要突出农民参与的主体性[①]。

（三）农民自身特点及国家福利观念的出现，导致其不积极地参与乡村建设

以农村人居环境整治与改善为例。从农民自身的角度看，主要有以下几点。一是"小改即安"，农民对农村人居环境建设的诉求低，容易满足，缺乏公共参与的积极性和主动性。二是受传统观念影响，个人想法不易改变，成为农村生活污水治理、厕所革命工作推进的主要阻碍。调查发现，个别市县的农民不理解、不愿意改造厕所，未意识到污水直排危害。三是利益冲突挫伤农民积极性，一些农村人居环境整治的建设要求影响了农民利益，个别市县如临高县甚至出现村民阻挠污水处理设施动工的现象[②]，又如万宁市某村出现美丽乡村建设中农民不愿意让出土地建设道路的情况。四是中国农村以家庭为基本生产生活单位，农民缺少公共性，农民责任意识往往止于家庭内部，家庭之外则少有公共或社会责任。另外，随着国家惠农政策的持续加强，农民的国家观念发生变化，从国家义利观向国家福利观转变[③]。然而，还有一些农民把国家推进的乡村建设看作国家给予他们的权利与福利，完全忘记了他们应该承担相应的责任。

三、农村现实困境：农民参与乡村建设的约束因素

事实上，以工业化、城镇化和人口市民化为特征的现代化的结果是农村建设相对滞后而陷入衰落状态。党和国家提出全面实施乡村振兴战略，是为了改变乡村日益衰落的困境。但农村现实诸多困境并非一朝一夕能够改变的，需要全社会共同接力以改变农村诸多困境。

---

①② 金丹，赵松林，张丽英. 海南乡村建设调查研究 [M]. 北京：社会科学文献出版社，2022.
③ 梁琦. 从国家义利观到国家福利观：地方政府强发展逻辑下农民的国家观变迁 [J]. 中国农村观察，2022（3）：76－93.

（一）"无主体"困境：村庄空心化、农业老龄化，部分农村出现"无主体的乡村建设"现象，动员留村农民参与建设是一大工作难点

调研发现，部分市县出现空心村，人口外流，房屋破烂衰败，道路为泥泞土路，田地弃耕而荒芜，农业老龄化、兼业化现象明显。数据表明，有 60% 以上的村庄里只留下了老人和小孩，青壮年劳动力外流，当下部分农村建设成为"无主体的乡村建设"，组织留村老人和小孩参加力所能及的乡村建设行动是一大工作难点。

（二）"投入"困境：国家资源进入千差万别的村庄，面临农民不在村、不参与的局面，已成为乡村建设行动中的难点

以儋州市木棠镇为例，木棠镇常住人口 6 585 户，共计 33 554 人。该镇西鲁村全村原有农户 39 户，因小孩上学、就业等原因历年来陆续迁往市政府所在地 31 户，现仅有 8 户农户的户籍在村里，而常住在村的农户仅有 1 户。木棠镇像这样的村还有 16 个，涉及农户 587 户，共计 2 948 人，占全镇农村常住人口总数（6 585 户）的 8.9%。此种情境下，政府推进工作就很困难。在村庄规划层面，不给搬出的农户按照村庄规划分配宅基地就有可能发生大面积上访事件，影响社会稳定；在村庄建设层面，不建设的话村庄极有可能破败甚至消亡，村民也不同意，但建设的话成本较大。实际上，公共服务和基础设施建设很难延伸和覆盖这类村庄，土地资源利用和农业发展相对滞后，已成为乡村建设行动中的难点。

（三）"补贴"困境：惠农政策带来既有"补贴效应"在一定时期内仍存在，农民难以转变观念而主动地、免费地参与乡村建设

调查表明，在 1 361 个有效样本中，有 1 186 人没有缴过保洁费，占比为 87.1%。在留村老人的权利义务观念里，他们认为耕地有补贴、参加村庄里的会议有误工补贴等，他们也认为开展各类乡村建设应是政府出钱、统一协调和布局。在农村人居环境整治中，他们认为可以参与公共区域卫生打扫活动，出一点力。但是如果在环村路、产业路、旅游路的修建过程中，有占用他们的田地或者宅基地的情况，他们表示坚决不同意。又如，在白沙县调研的 22 个村庄中，70% 以上的农户表示，如果像城里那样收费，每个月每户收取 10～20 元卫生费来运送和处理垃圾的话，他们表示不赞同。甚至他们表示，如果政府强行推行的话，他们将不会把垃圾堆放到指定地点（表 2－17）。

表 2 - 17   农民缴纳保洁费的情况

参与情况	样本（个）	有效百分比（%）
是	175	12.9
否	1 186	87.1
合计	1 361	100.0

（四）"小农"困境：农民家庭本位、乡村建设的公共性，导致部分农民不积极参与乡村建设

之所以出现农民不积极参与乡村建设的情况，主要在于小农户以家庭为基本经济和社会单位，公共性不足，同时乡村建设具有明显的公共产品性质。有一项研究表明，农民参与环境治理的积极性不高，其理由在于：家庭总收入、参加物资交流会次数与参加农贸市场次数具有显著的抑制作用，有"经济头脑"的农民具有"搭便车"倾向，距离集镇越近的农民参与环境治理的积极性越低[①]。在海南农村调研中也发现农民存在类似行为，如不参与村庄道路改造或环境卫生治理，同样也能利用道路出行或享受美好的环境。

四、村庄组织能力：吸引农民参与乡村建设的联结因素

当下农民与村庄形成了多方面实质上的割裂，导致村民们与村集体的联系减弱甚至消失，影响到农民参与乡村建设的主动性[②]。

（一）在扶强不扶弱原则下，国家资源投入分布不均衡，部分村庄对国家资源接应的机会不多，导致村庄无资源去组织动员农民参与建设

从目前的情况来看，乡村建设的资金来源主要是国家的项目资金和村集体经济的投入，尤其是在一些集体经济比较薄弱的村庄，乡村建设主要依靠上级政府的财政转移支付资金[③]。随着乡村建设行动的不断推进，乡村建设项目资金支持力度也在不断加大。在乡村建设项目资金安排上，市县政府会优先选择一些发展基础相对较好、村庄带头人带动能力强、获得荣誉较多的村庄给予支持，而很多村庄没有此机会。项目资金一般用于美丽乡村建设、农村人居环境整治、基础设施建设等方面，如琼海市的沙美村、南强村投入较大，村庄组织建设也得到加强。省级层面也一样，会在市县选择一些典型村庄进行试点工

---

① 孙前路. 西藏农户参与农村人居环境整治意愿的影响因素研究 [J]. 生态与农村环境学报，2019，35（8）：976 - 985.

② 唐丽霞，丁悦. 为什么动员农民参与乡村振兴这么难？[N]. 新京报，2021 - 10 - 29.

③ 付伟. 激活村民参与乡村建设的内生动力 [N]. 光明日报，2022 - 01 - 18.

作，重点投入基础设施建设、污水处理设施建设、村容村貌改善、共享农庄建设、新时代文明实践站活动建设等方面，政策资金和相关荣誉向重点村庄倾斜，比如海口市的施茶村、三亚市的博厚村。因而，建设资源分配不均衡导致政策资金投入多的村庄越来越好，没有政策资金投入的村庄由于自身缺乏发展动力而越来越差，导致村庄有政策资金投入在乡村建设上就积极一点，没有政策资金投入就"高高挂起"而不愿主动参与乡村建设行动。

（二）从农村发展情况来看，村庄组织条件不足，动员社会能力弱化，联系与动员农民参与乡村建设的基层组织需要强化

以村庄组织农民参与农村人居环境整治为例来说明。当下农村经济进步是巨大的，但基层社会治理却明显相对滞后，村庄组织动员社会能力弱化。农民从农业外获取的收入不断增长，在调研的农户中，75%左右的农户有务工收入，导致对村庄与土地的依赖程度减弱。同时，调查的95%以上村庄没有集体经济收入，完全依靠转移支付收入保持基本运转，组织动员农民参与农村人居环境整治工作比较困难。显然，缺少农村基层组织对农民的联系与组织，农村人居环境整治政策难以有效宣贯，工作成效难以持续，吸引农民参与手段难以奏效[①]。

（三）缺乏农民参与乡村建设相关思考，村庄组织动员的治理方法存在较大改善空间

调查发现，部分市县缺乏农民参与乡村建设相关思考，无法充分发动农民群众参与乡村建设工作。一方面，动员农民参与乡村建设发补贴的机制使农民养成了一定惰性，形成了惯性思维。同时，有些乡镇在乡村建设中为了快速完成工作，形成了"干部干，群众看"和"运动式治理"，产生了应付了事的现象。另一方面，乡村建设只专注于上级政府关注或检查的紧急问题，缺少对乡村建设如何干的系统思考，缺少参与渠道的拓展，缺少村庄组织动员能力培育以及农民在乡村建设中的权利和义务的划分界定等方面的探索，组织动员方法需要改善。

第三节　农民参与乡村建设行动的典型模式分析

课题组赴海南、湖南、广西、福建等地的农村进行了实地调查。选取其中

---

① 金丹，赵松林，张丽英. 海南乡村建设调查研究 ［M］. 北京：社会科学文献出版社，2022：197－198.

一些村庄如福建省长安村、湖南省松阳坪村、海南省施茶村及美仁坡村，调研了乡村建设情况，特别是农民参与乡村建设情况。

一、机制联动促进模式："引领＋信任＋沟通＋激励＋农户参与"

福建省福州市长乐区营前街道长安村占地面积 1.2 平方千米，全村有 404 户 1 260 人，有中共党员 43 名，现旅居美国等地约有千人，是长乐区著名侨乡之一。长安村先后获得了全国森林乡村创建工作样板村、全国森林村庄示范村、全国乡村治理示范村以及福建省乡村振兴示范村等荣誉，大齐书院获评全国农家书屋示范点。

长安村在乡村建设中重点打造文化底蕴和书香特色，把白石桥文化公园、大齐书院、幸福田园等长安品牌文化串联起来，打造长安村特色文化，大力发展乡村观光休闲旅游，让农业"牵手"旅游业，开启长安村"美丽之旅"。建成长安村医疗康养中心，60 岁以上的老人在此就医可享受 50% 的报销比例，100 000 元以上的大病手术可申请 8 000～10 000 元的医疗补助，75 岁以上的老人在长安村幸福院可享受免费用餐的福利。如今的长安村田园美、景观美、生态美、人文美，乡村建设有了全面提升。

（一）主要做法

一是村党组织引领，带动农户参与乡村建设。①长安村领导班子秉承着节约成本和可持续发展的理念，坚持以产业发展为基准，集中整治房前屋后脏乱差、非法占用村集体用地、垃圾回收点不清洁、河道淤泥多等问题。农户积极响应村"两委"的号召，主动参与长安村整体规划的谋划与设计，整理废旧闲置土地、积极参与土地流转，入股村集体经济，自觉开展人居环境整治，主动参与白石桥文化公园、大齐书院、幸福田园等项目。②通过党员包干制，充分发动群众力量，农户由"旁观者"变成"参与者"。党员干部深入农户家庭，调查工作不足之处和难点，并通过劝说、带着干、帮着干等方式逐渐改变农户的生活方式。通过开展党日活动，由党员干部组成志愿者队伍，深入公共区域、河道、田间等地进行卫生清洁服务，有效激发了农户参与乡村建设的积极性。

二是通过服务增加信任度，提升农户参与度。①做好政务服务，建立良好的群众基础。党员干部在提供政府服务过程中，注重服务态度和服务质量，定期听取群众的意见和建议，帮助群众解决工作和生活中遇到的困难和问题，真心实意为民办实事、谋实利。②改善民生福祉，提升村民幸福指数。成立了医疗康养中心，实现老有所养、患有所医，大幅提升了村民的幸福指数。③挖掘文化资源，打造特色文化品牌，激发村民自豪感。长安村通过挖掘村中现有文化资源，让大齐书院和白石桥文化公园重焕生机，实现乡村建设与历史文化"联姻"，打造出具有长安特色的文化品牌，有效地激发村民自豪感。

三是通过拓宽沟通渠道，丰富沟通载体，将乡村建设的政策、要求与群众的实际需求紧密结合起来。①党员干部采用"传统"和"现代"两种媒介相结合的方式开展宣传工作，大会、小会、展板、彩绘、入户宣传、标语宣传"一个都不能少"，同时充分发挥微信、QQ 及垃圾分类 App 等线上平台作用，多渠道保证农户知晓环境治理工作。②充分发挥村民代表会议功能，满足各种诉求。通过周会议、月度会议、季度会议的形式对农户反馈强烈的问题进行专项整治，如垃圾丢在垃圾桶外、房前屋后不干净不整洁、非法占用村集体用地等问题，交由包片的党员干部负责跟踪、落实和监督。③设立"人居环境专项活动日"，党员干部与群众共同打扫公共区域卫生，同时帮助一些行动不便的老人清理房前屋后卫生，充分听取农户的意见和建议，为建设美丽长安村提供"金点子"。

四是构建激励机制，开足乡村建设"马力"。通过构建和实施有效的激励机制，激发村干部和农户参与乡村建设的积极性和主动性。以农村人居环境整治为例进行介绍。①构建绩效考评与暗访机制。通过村、街道两级评比，促进农村人居环境整治工作常态化。村里实施月考、季考、年度大考，综合考评结果，评选出年度"卫生之星"，颁发流动红旗和奖金；街道通过暗访和考评相结合的方式为卫生先进村庄颁发奖金，街道考核前三名分别奖励 20 000 元、10 000 元和 5 000 元，有效提高了农村人居环境整治的质量。②构建积分制。2019 年以来，长安村以户为单元推行垃圾分类制度，每户一张积分卡，每张积分卡的满分为 3 650 分。农户将垃圾自助分类后倒入对应的垃圾桶，通过 App 扫描二维码，可随时知晓分类的准确性和积分的多少，累计积分既可随时兑换礼品，也可作为年度"卫生之星"评选的依据。通过积分制的有效推行，使农户养成了良好的卫生习惯。③开展"十星"和"四好"评选活动。通过开展"十星"和"四好"评选活动，使文明成为礼仪，使互助成为美德，使讲卫生成为习惯，使正能量内化为农村人居环境整治的动力。

（二）经验与启示

充分调动村民的积极性，以村民为中心，共建美丽乡村，是长安村建设取得良好进展的重要原因①。

---

① 赵雪彤. 以村民为中心 共建美丽乡村——福建福州实施乡村振兴素描［EB/OL］.（2020 - 08 - 28）［2023 - 10 - 12］. http://www.chinajsb.cn/html/202008/28/13239.html.

一是村党组织发挥了引领作用。长安村在推动乡村建设的过程中，村党组织书记带领广大党员干部，通过盘活土地资源、建设特色田园、完善配套基础设施、探索休闲农业模式等举措，做好产业发展的"大文章"。通过完善基础设施，如改造幸福路两侧道路、连接村庄入户道路、建设医疗康养中心、修建白石桥文化公园等，绘就美丽长安新画卷。通过提供就业岗位、发展休闲产业等，增加村民收入。通过党员干部谋划、设计与示范，带动多元主体加入与助力乡村建设，使乡村建设的良好秩序得以建立。

二是机制创新是农村人居环境整治成功的关键。长安村着力构建"引领＋信任＋沟通＋激励＋农户参与"机制，使乡村建设工作有了机制保障，促进农民参与乡村建设工作常态化、有序化、持续化实施。

三是提升农户参与度是促进乡村建设的重要因素。通过村干部带头发展村集体经济、打造幸福产业、推进美丽乡村建设、加强社会综合治理、大力推行农村人居环境整治等举措，建设振兴的长安村、文化的长安村、美丽的长安村、幸福的长安村，使农户对村干部的成绩高度认可，使农户对长安村有很强的归属感、荣誉感、自豪感，将优秀文化、文明乡风内化为乡村建设的内在动力。

二、专门性组织带动模式："环境卫生协会＋农民参与"

农村人居环境整治是促进农村地区共同富裕的基础性工作，2018 年以来我国农村人居环境整治工作取得了重大成效。中国热带农业科学院科技信息研究所调研组通过农村调查发现，在农村人居环境整治过程中，出现了一些好做法、好经验。例如，湖南省桃源县茶庵铺镇松阳坪村以村庄环境卫生协会为自治组织载体，大力实施村民卫生自治，组织农户参与农村人居环境整治工作，取得了较好的环境整治成效，形成了村庄专门性组织带动农民参与的模式。

湖南省桃源县茶庵铺镇松阳坪村坐落于沅水支流夷望溪畔，总面积 20.88 平方千米，辖 11 个村民小组，有农户 712 户，村民 2 289 人，其中党员 73 名。全村有耕地 4 252 亩、茶园 4 120 亩、林地 19 492 亩。松阳坪村是全国民主法治示范村、湖南省美丽乡村、湖南省村庄清洁行动先进单位、常德市无上访创建示范村、常德市卫生村、常德市先进基层党组织。松阳坪村的茶产业留住了乡村人气，鼓起了农民的"钱袋子"，吸引了不少游客来村庄采摘、休闲与游玩。2022 年村集体收入 18.6 万元，人均纯收入 2.4 万元，高于桃源县人均水平 20％以上。

（一）做法：落实"四个自我"功能，推进农户参与农村人居环境整治

第一，依托村庄环境卫生协会，自我管理有载体。由松阳坪村委会牵头，

本村农户通过民主选举方式，成立专门的环境卫生管理的群众性社会团体——松阳坪村环境卫生协会，村庄25名积极性高的农户被选为村庄环境卫生协会成员，会长由德高望重的长者担任。松阳坪村依托村庄环境卫生协会推进农村人居环境整治工作，突出了村庄的自我管理功能。①在茶庵铺镇党委、镇政府指导与村党组织领导下，建章立制，依规行事，确保村庄环境卫生协会有效运行与管理。②村庄环境卫生协会自我组织管护村级公共卫生设施，如垃圾箱与垃圾清运车辆等。③村庄环境卫生协会自我组织维护村道平整坚实，修复路面破损和变形，加铺磨耗层，保持路面必要的宽度，确保村道沟渠排水良好。④村庄环境卫生协会自我组织保洁村庄公共场所，及时清除电线杆、桥栏、墙壁等物体上的小广告、不规范标语等。

　　第二，利用多种宣传教育方式，自我教育有手段。村庄环境卫生协会利用传统与现代相结合的宣传教育方式以及"大手拉小手"的方式，实现村民自我教育功能，推进村庄人居环境整治工作。①通过横幅宣传、海报宣传、发放宣传手册和致农户的一封信等传统宣传方式，让村民熟知农村人居环境整治政策与措施。②通过"村村响"大喇叭、"网上村庄"等广播网络渠道，宣传农村人居环境整治的重要性。③通过入户谈心谈话等形式，宣传农村人居环境整治的必要性。④通过定期到小学宣教环境卫生知识，从娃娃抓起，培育小朋友的环境卫生意识。⑤开展"大手拉小手"教育实践活动，让学生、家长、老师共同参加每周一次的村庄公共区域卫生清洁活动，旨在从小培养小朋友"爱清洁、爱劳动、爱村庄"的卫生意识和习惯，并带动更多主体参与农村人居环境整治行动。

　　第三，破解环境整治工作难点，自我服务有方法。①针对农户参与少或不愿参与的难题，以"言传身教"的方法动员农户自我服务。比如部分留守老人不愿意打扫房前屋后卫生，村庄环境卫生协会成员就主动走进留守老人家里，提供点对点的服务。他们挽起袖子，拿起扫把，帮助老人打扫卫生、整齐堆放柴草、倾倒垃圾等。帮了几次后，留守老人觉得不好意思，开始自己动手打扫房前屋后的卫生。②针对整治中历史难点问题，以"协同共治"的方法落实村庄自我服务。比如针对村庄"空心房"、牛栏拆除难等问题，村庄环境卫生协会成员拉上村干部、镇干部、网格员齐上阵，多次到农户家中进行宣传、教育与引导，截至2020年底共拆除"空心房"、牛栏等3 200平方米。③针对环境整治工作经费难以足量筹集的问题，村庄环境卫生协会以"多元补充"的方法保障村庄自我服务。村庄环境卫生协会按照环境整治工作经费预算，每年从政府奖补、村集体经济收入、村委会工作经费、村庄公益事业经费等多元渠道补足20万元，保障环境整治工作真正实现村庄自我服务。

第四，定期组织检查评比活动，自我监督有抓手。①定期检查环境整治核心工作内容。村庄环境卫生协会每月通过巡查、暗查、抽查等方式对各村民小组卫生进行检查，检查内容包括生活垃圾清理、农业生产废弃物清理等7项内容，每发现一处问题，扣0.5～1分不等。②组织张榜公示检查结果与排名。按照"清洁户、较清洁户、温馨提示户、不清洁户"评比标准，以检查结果作为评比内容与依据，农户评比结果排名在各村民小组的公示栏中公示，村民小组排名在村公示栏中公示。③建立既有督促鞭策又有正向激励机制。在评比中排名靠前的农户家庭能得到一些小奖励，每次排名靠后的"温馨提示户""不清洁户"会觉得不好意思，慢慢地开始重视自家的环境卫生。

（二）成效：农户参与程度大幅提升

第一，随着美丽宜居理念与村庄人居环境整治进程的深入，农户开始自觉打扫房前屋后卫生，实现了家家户户窗明几净。第二，农户积极参与标准化菜园建设、入户道路改善、户厕改造。第三，利用"大手拉小手"活动方式，学生、家长、老师共同参加每周一次的村庄公共区域卫生清洁活动。第四，结合"巾帼整治行动"，调动了"她"力量，农家女主人经常性地清理房间、打扫屋场卫生、植花种草，提高了"她"影响力和带动力，形成了"'她'带人人，人人参与"的良好村庄人居环境整治局面。

（三）启示与建议

启示：第一，松阳坪村环境卫生协会是在党组织领导下从事村庄人居环境整治的专门性社会组织，是党的农村人居环境整治政策与举措的执行者，坚持了党对农村工作的全面领导。第二，当下村委会承担大量的行政事务、自治事务与公益事务，专司村庄人居环境整治工作的环境卫生协会有利于减轻村委会及干部的工作压力，有利于农村人居环境整治工作的专项管理与推进。第三，村庄环境卫生协会发挥了村民自我管理、自我教育、自我服务与自我监督的作用，落实了村民自治功能，维护了村庄人居环境整治秩序与社会秩序。第四，村庄环境卫生协会通过有效运行，激发了农户卫生意识与责任，能够将农户有效吸纳进农村人居环境整治体系中来，极大地解决了农户参与少或不参与的问题。

建议："十四五"时期我国农村人居环境整治工作重点在于巩固与提升，在于有效的整治模式，在于多主体的共同参与，为实现农村共同富裕提供较好的基础。应重视培养农民生态环境、卫生责任意识，约束农民不良生产生活卫生习惯，如适当收取相关费用等，从而使农户具有较强的卫生意识与养成良好的卫生习惯。

三、全面发展带动模式："村庄规划＋公共设施＋集体经济＋农民参与"

海口市施茶村位于秀英区石山镇，自古以来有好善乐施的美名。全村农户856户，总人口3 635人，下辖美社、春藏、美富、儒黄、吴洪、博抚、国群、官良等8个村民小组，均为文明生态村。施茶村先后获得全国乡村治理示范村、全国文明村镇、2020年中国美丽休闲乡村、2021年全国乡村特色产业亿元村等荣誉。施茶村在乡村建设中积极探索"规划先行＋农村公共基础设施建设＋农村集体经济"的发展模式，将农户有效吸纳进乡村建设体系，形成了大家参与、人人幸福的新局面。

（一）主要做法：在村庄全面发展中吸纳农户参与乡村建设

一是坚持规划引领，为村民生产生活增彩。为推进村庄和谐发展，建设幸福家园，施茶村坚持规划先行，编制了村庄发展规划。规划以现状为基础，对用地边界、农房建设、道路交通、设施配套、环境整治、产业发展等方面进行规划。施茶村按照村庄规划对新建农房进行管控，同时预留公共设施、公共场所用地，不仅使村庄建设井然有序、绿树与村庄交融，而且为村民生产生活增添了幸福的色彩。

二是完善公共基础设施，吸纳农户一道建设。施茶村全体党员干部和农户在村庄人居环境整治中敢于"啃硬骨头"，针对污水直排、违建屡禁不止、环村道路不通等情况加强公共基础设施建设。①积极推进农村污水无害化处理。施茶村通过党员带头挑重担、攻难关和农户出钱出工的形式，在美富村民小组建成了首个生态化村级太阳能微动力一体污水处理的全自动污水处理站，建立"大分散、小集中、单户处理做补充"污水处理机制，大幅改善村庄污水横流、农户无序排放等"脏乱差"问题。②农户投工投劳参与环村大道修建工作。为提升村容村貌，提升农民生产生活的便利性，村庄全体党员干部同农户一道投钱、投工、投劳、让地，合力完成了环村大道的修建工作。③稳步参与"两违"（违法建筑、违规堆砂点）管控拆除。施茶村专门成立了由村干部、农户共同组成的违建巡查小组，通过巡查和监管等手段开展日常工作，强化农户的防范意识，积极带动农户配合拆除违法建筑、违规堆砂点等工作，使农户慢慢养成了不建违建、不随便乱堆的好习惯。

三是壮大村集体经济，探索农户致富的好路子。施茶村因地制宜，结合当地火山岩特色，选定了石斛产业作为村集体的主打产业。采用"公司＋合作社＋农户"模式，2020年种植石斛800多亩，形成"美丽乡村＋石斛产业＋文化＋乡村休闲"的融合发展模式，石斛种苗产值近亿元。整合村民闲置农房新建成玉露山庄、留声机等精品民宿，新增客房 138 间；"石山老粉"网红店、阔林农家乐等 12 家特色美食农家乐开张，新增餐位 850 个，打造了村庄特有的经济圈。2021 年，施茶村接待观光游客、党员团队、交流单位达 100 余万人次，带动了特色农产品销售和农家乐生意，农民人均可支配收入达 29 000 元。

（二）成效与经验

将美丽乡村建设的要点、内容、工时写入村庄规划，保证村庄有序健康发展。通过完善道路等公共基础设施，满足农户的生产生活需求。通过选定特色产业，壮大村集体经济，辐射休闲农业和旅游业，带动农户参与乡村建设，促进农户增收，成为海南乡村建设的典范。

四、多样化方法撬动模式："章法＋巧法＋新法＋办法＋农民参与"

海南省海口市美仁坡村总面积约 7.3 平方千米，耕地面积 2 422 亩，主要农作物是瓜菜和水稻。全村共有 667 户，2 552 人。美仁坡村探索多样化方法撬动农户广泛参与农村人居环境整治模式。

（一）主要做法

一是组织推动有章法。①成立了美仁坡村人居环境整治领导小组，制定了《美仁坡村人居环境整治三年行动方案》《美仁坡村人居环境整治标准》《美仁坡村"文明卫生村""文明卫生户""最美媳妇"评比方案》等。②开展"美丽乡村，我的家"模拟实战演练，提升评选活动水平。积极发挥党员先锋模范作用，设立党员先锋岗，发动党员带好联户群众义务参与人居环境整治。③以自然村为单位，划分党员卫生责任区，分别划分为保洁责任区域、绿化责任区域、水域责任区域、巷道责任区域等，指定责任党员，在相应的区域树立责任牌。

二是扩大参与有巧法。①重视乡贤的示范带头作用。先后召开乡贤、村民代表和外嫁女代表会议，商议人居环境整治形式、标准和项目资金，鼓励他们献计献策。由乡贤带头召开动员会，积极带动村民参与到人居环境整治中来，带领村民投工投劳、修建排水沟等。②通过建立美仁坡村人居环境整治微信群，号召在外打工人员周末回村里参加村庄人居环境整治义务劳动，激发村民参与人居环境整治的荣誉感，调动他们的积极性和主动性。

三是解决难点有新法。①拆除残垣断壁有办法。拆除残垣断壁和长期闲置危房是农村人居环境整治中的难题，大多数村民都"不肯拆""不愿拆"。在拆除的过程中坚持"综合利用、权属不变、村供民管、效益分成、自愿发展"的原则，与村民签订保障协议，有力破解了这一问题。②坚持"宜拆则拆，宜保则保"的原则。对具有琼北民居特色以及历史文化价值的老旧房屋，予以保留并保护利用；对残垣断壁和长期闲置危房，予以拆除并整合土地用于产业发展。③坚持土地所属权和性质不变，土地收益归农户的原则。所有拆除清理后的土地性质仍然是建筑用地，土地所有权依旧归村民不变。并由村委会出资种植果树，村民自行负责对果树种植的管护，产生的经济效益按农户 70%、村集体 30% 的比例分成。截至 2022 年，已拆除村中危房 68 间，整合建设用地约 3 500 平方米。

四是长效管控有办法。①建立健全长效管理机制。以"评、促、建"推动农村人居环境整治共治、共建、共管、共享，率先在海口市龙华区开展环境卫生评比活动。以每月第二个星期日为环境卫生整治日，并由乡村振兴工作队、村"两委"干部、各村民小组长、乡贤和村民代表组成评比小组开展考核，每两个月进行一次"文明卫生户""最美媳妇"评选活动。对评选出来的"文明卫生户""最美媳妇"发放光荣牌，给予物质奖励，并实行动态管理。②成立督导组进行随机抽查。村委会成员、乡村振兴工作队、村乡贤会成员组成督导组，每两个月对已评选的"文明卫生户""最美媳妇"进行抽查。抽查一次不合格的，责令一周内整改到位，若出现连续两次抽查不合格或累计三次抽查不合格的则撤销其称号并摘牌。③通过建立完善村规民约形成软约束机制。进一步建立完善村规民约，在村规民约中明确人居环境整治门前三包内容，与每一户签订门前三包责任书，并挂牌管理，由乡贤监督检查村规民约的执行情况。

（二）成效

美仁坡村通过多样化方法撬动农户广泛参与农村人居环境整治工作，为开展农村人居环境整治提供样本借鉴；通过建立协商机制，将农户吸纳进人居环境整治体系，调动农户参与人居环境整治的积极性；通过建立长效机制，保证农户参与农村人居环境整治的长久性、可持续性。

五、4 种典型模式比较分析

在我国乡村建设实践中，形成了许多有价值的农民参与乡村建设的模式。例如，福建省长安村"引领＋信任＋沟通＋激励＋农户参与"的机制联动促进模式，湖南省松阳坪村"环境卫生协会＋农民参与"的专门性组织带动模式，海南省施茶村"村庄规划＋公共设施＋集体经济＋农民参与"的全面发展带动模式，海南省美仁坡村"章法＋巧法＋新法＋办法＋农民参与"的多样化方法撬动模式。这些模式是对乡村建设工作与实践的总结与提炼，是作为国家意志的乡村建设行动政策下沉农村基层的成果，有效地推动了乡村建设工作。

（一）相同点

4种模式的相同点在于：①4种模式均是在国家政策或者政府推动下形成的，施茶村的全面发展带动模式最能体现政府行为。②4种模式均吸引了村民的积极参与。可以说，农村工作如果没有村民参与就没有生命力。在政府强力推动下，没有村民参与，可能短时间内会取得成效，但从长效机制来看，没有村民参与的乡村建设就会有问题。③4种模式均找到乡村建设的工作抓手。如施茶村以发展村集体经济、完善公共基础设施为抓手，吸纳农户参与公共基础设施建设以及村集体产业，走出了一条农户致富的好路子；长安村建立了农户参与的多方联动机制，取得了农民参与建设的良好成效；美仁坡村以方法创新为抓手，真抓实干、落实责任，扩大了农户参与；松阳坪村以村民自治组织村庄环境卫生协会为载体，形成了自我管理、自我教育、自我服务的乡村建设模式。④4种模式均有相应保障机制。4种模式的共同特点在于得到了政府专项资金的支持，同时村集体经济给乡村建设注入了比例不等的资金。⑤4种模式都是因地制宜落实国家政策的结果，均体现了国家与农民的互动关系、国家政策与乡村社会的互动关系，均发挥了基层组织联结机制作用。

（二）不同点

4种模式的不同点在于：①施茶村模式的优势在于政府投入较大，短时间内能快速取得成效，但可能存在政府投入放缓后效果反弹而不可持续的问题，也可能存在与农户需求对接问题，导致长期效果打折扣。其他3种模式所在村庄获得的政府投入明显不及施茶村。②松阳坪村模式反映了政府直接干预作用相对较小，主要依靠村民自我管理、自我服务、自我监督，成本相对较低，能够发挥"熟人社会"功能；同样的，如果政府投入减少，可能出现不可持续的现象。其他3种模式在群众自治方面明显不及松阳坪村。③长安村模式的优点在于村党组织负责人的能力和号召力很强，能够带动农户参与乡村建设。但是如果村党组织负责人离开岗位，可能会出现动员组织农户比较困难、农户参与乡村建设的积极性不高等问题。④美仁坡村模式更多的是依靠基层党组织的力量，依靠村干部的工作能力和工作方法，来推动农户参与乡村建设。但是如果村干部与农户之间的利益联结机制没有建好，可能会影响农民持续地参与乡村建设工作。

第四节　乡村建设中农民参与和责任分担机制建构

在以上研究基础上：一是以现行政策和实践需要为依据，通过反思现有乡村建设行动中的以项目制形式"大包大揽"而忽视农民主体性的行为，比较成功个案的做法与机制，总结与概括农民参与形成逻辑；二是研究农民参与乡村建设中的国家责任如放权、分权和赋能方面，建立和完善参与性载体如理事会、协商会等方面，在村庄规划及工程施工等乡村建设方面吸纳农民参与，确保农民参与的选择权与利益获得感，建构海南农民参与机制；三是研究受益农民责任担当如公共设施管护中分担责任、厕所粪污资源化中投入性责任等方面，结合农民社会历史、群体特点研究农民参与的程度性、层次性以及责任性，利用超前规划考虑、建设与建责同步实施、利益引导等原则，建构海南农民参与乡村建设的有效责任分担机制。

一、不断强化学习与引导机制，准确理解与执行国家政策

"十四五"时期要继续把农村厕所革命作为乡村振兴的一项重要工作，发挥农民主体作用，注重因地制宜、科学引导，坚持数量服从质量、进度服从实效，求好不求快，坚决反对劳民伤财、搞形式摆样子，扎扎实实向前推进①。基层政府要不断强化学习与引导机制，推动各级干部准确理解与执行国家乡村建设的相关政策。

第一，加强乡村建设规划、内容、工作抓手和载体的培训与学习，加强对各级职能部门以及村庄相关干部的培训与指导，特别是针对干部在政策与标准的理解和执行上，提供专门的解读与辅导专题对干部进行引导，提升各级干部对政策的理解能力。

第二，建立学习培训相关机制，加强对各级职能部门以及村庄相关干部的能力培训，侧重于对建设内容、技术标准和监管等环节的培训，提高基层工作人员的能力与水平。

第三，加强政策执行指导机制建设，突出乡村建设专家指导作用，建立线

---

① 习近平对深入推进农村厕所革命作出重要指示强调 坚持数量服从质量 进度服从实效 真正把这件好事办好实事办实［EB/OL］．（2021 - 07 - 23）［2023 - 10 - 12］. http://www. xinhuanet. com/politics/leader/2021 - 07/23/C_1127686090. htm.

上和线下相结合的指导答疑机制，如省直机关干部定点包干包片、省内大学和科研机构专家线上对乡村建设的相关政策进行解读、答疑等，破解基层干部对政策理解不到位、工作不规范、无思路、与群众沟通难等问题。

二、建立常态化民声表达机制，畅通农民参与乡村建设的渠道

无论是谋求长期稳定脱贫，还是美丽海南百镇千村建设，抑或乡村人居环境整治、"五网"基础设施建设、村集体经济发展、公共服务供给等乡村建设内容，都是海南自由贸易港建设的重要内容，都需要问需于民、问智于民、问计于民[①]。

第一，将农民表达个人意愿纳入乡村治理体系，建立常态化的表达机制。畅通农民参与乡村建设的表达渠道，只有农民有效地表达其在乡村建设中的需求和偏好，乡村建设才会建成农民心中的样子。

第二，要充分尊重农民意愿，保障农民的知情权、参与权，给农民表达机会，使农民在乡村建设中愿意发声、积极发声、乐于发声，使农民愿意在乡村建设的问题和建议方面提出个人看法，体现主人翁的责任意识，从而提升乡村建设的成效。

第三，利用信息化手段，活用新媒体，丰富农民表达个人意愿的方式。特别是在村庄层面应提供农民表达个人意愿的多样化渠道和平台，让农民在表达中参与乡村建设行动。

第四，建立村庄和政府层面的回应、反馈和监督机制。鼓励农民表达自己的意愿，且农民表达的内容应该得到及时回应与处理，如果政府和村级自治组织未能及时进行反馈和回应，则应启动相应的问责和监督机制，促进农民的有效表达与政府的责任效力同步提升。

三、建立和完善参与性载体，广泛地吸引农民参与乡村建设

建立和完善参与性载体，需要国家放权、分权与赋能，强化参与性载体的联结功能，对于农民参与乡村建设有一定的促进作用。

第一，充分发挥基层党组织在乡村建设中的作用。以行政村为自治单元，加强村级党组织建设，强化战斗堡垒作用，将党员带头参与乡村建设作为常态化工程来抓，影响和辐射更多的农民参与乡村建设。

第二，吸引农民建立自治组织，如人居环境卫生协会、红白理事会、议事

会、乡贤会等自治组织，发挥自治组织在村庄公共事务中的参与、推进、执行等功能，使农民有序参与到乡村建设中。

第三，鼓励农民加入各类自治组织，通过各类组织参与村庄公共事务，拓宽参与乡村建设的渠道，如制定美丽乡村规划、参与基础设施施工、进行监督议事、参与公共区域卫生清洁、承担一定额度的村庄保洁费等。

第四，在完善参与性载体的同时，要明确组织的功能、作用、运行的章程及责任等，同时要积极探索农民在组织中的地位和作用，赋予农民相应的使命和权利。

四、构建农民与村庄、政府的互动关系，形成农民参与和责任机制

理性公民的政治参与首先应是适度的，其次应坚持权利和义务的统一，最后应具备相应的政治道德品质[①]。乡村建设中农民参与和责任机制的有效构建，需要政府、村庄和农户之间建立顺畅、有序、合理的互动关系。实际上，农民责任机制建立健全恰恰是国家乡村建设行动落实与持久的基础性动力。

第一，从基层政府层面看，要赋权给农民，如与乡村建设相关的美丽乡村建设、农村人居环境整治、公共基础设施管护、各类公共服务等都需要农民知晓，同时给农民表达个人观点和想法的机会，还要使农民有机会参与村里修建道路或整村建设推进等工程的竞标，赋予和保障农民参与乡村建设的合法权利。

第二，从村庄层面看，积极鼓励农民参与乡村建设相关的公共性事务，并制定相应的规则、制度、程序和保障措施，使农民参与乡村建设有规可依。

第三，从农民层面看，农民愿意并参与了乡村建设相关公共事务的表达、协商、决策，获得了相应的权利与利益，就要将乡村建设的公共事务进行到底，承担相应的公共责任。

五、培育农民的责任意识，建立公共责任分担机制

第一，建设与建责同步实施，培育农民的责任担当意识。通过建立利益联结机制引导农民积极参与公共基础设施管护工作，如污水处理设施管护、村内公共基础设施修建等工作，既可以使农民在参与中表达自己的意愿，保障农民

---

① 唐慧玲. 对理性公民政治参与的思考——基于消极公民和积极公民理论 [J]. 内蒙古大学学报（哲学社会科学版），2012，44（1）：44 - 49.

在乡村建设中的权利以及收益，也可以就近解决农民就业问题。

第二，让农民树立权责对等观念，抛弃"补贴效应"和"搭便车"行为意识，认识到乡村建设是国家、村庄、农民的共同责任，实现在美好生活共同缔造中获益。农民参与程度越深，农民在参与中的获得感就会越强，就会逐渐增强农民的组织化程度，就会有更多的农民参与到乡村建设中，从而推进乡村建设的进程。

第三，乡村建设的程度性和层次性要提前谋划。比如村庄在谋划公共服务项目、发展村集体经济产业或者组建农民专业合作社时，要同步做好利益引导与责任分担，明确农民在组织中的投入、责任、义务以及农民可获得的利益等，确保能够建立公共责任分担机制，形成"干部、群众一起干"的局面。

第五节　小结与探讨

在国家推进的乡村建设中，农民群众本是受益者，但为什么会出现农民群众参与态度、参与行为、参与程度不一的现象，特别是出现类似于"干部干、群众看""群众等靠要"等问题呢？海南乡村建设行动是在贯彻国家乡村建设行动。海南担负着建设中国特色自由贸易港的历史使命，乡村建设是自由贸易港建设的基础性部分，因而海南乡村建设行动必然要服务于自由贸易港建设。已有研究较多地强调国家建设投入，有论及农民参与主体性，但较少涉及农民责任机制，而农民责任机制建立健全恰恰是国家乡村建设行动落实与持久的基础性动力。

一、基本发现

一是农户认为乡村建设主要依靠国家推动。二是农户参与乡村建设的意愿较强，但对于需要长期坚持参加的乡村建设行动，农户参与程度并不高。三是农户最期望乡村公共基础设施建设方面得到加强和改进。四是超过六成的农户认为人居环境整治与改善是政府、村庄与农民共同的责任，只有两成的农户认为自己没有人居环境整治与改善的责任。五是基层干部执行力、农民主体性、农村现实困境、村庄组织能力是影响农民参与乡村建设的因素。

二、基本结论

一是国家实施乡村建设是国家现代化建设的必要组成部分，乡村建设包括国家自上而下的乡村建设与农民自下而上的乡村建设。二是部分村庄出现了

"无主体的乡村建设"情形。三是国家政策需要基层干部理解与执行,需要农民接受与参与,基层干部的执行能力直接决定政策落实的成效。四是农民家庭本位和乡村建设的公共性,导致部分农民不积极参与乡村建设。五是惠农政策带来既有"补贴效应"在一定时期内仍存在,农民难以转变观念而主动地、免费地参加乡村建设。六是在扶强不扶弱原则下,国家资源投入分布不均衡,部分村庄对接国家资源的机会不多,导致村庄无资源去组织动员农民参与建设。七是村庄组织条件不足,动员社会能力弱化,联系与动员农民参与的基层组织需要强化。

三、对策建议

一是基层政府要不断强化学习与引导机制,推动各级干部准确理解与执行国家乡村建设的相关政策。二是建立常态化民声表达机制,畅通农民参与乡村建设的渠道。三是建立和完善参与性载体,广泛地吸引农民参与乡村建设。四是构建农民与村庄、政府的互动关系,形成农民参与和责任机制。五是培育农民的责任意识,建立公共责任分担机制,形成"干部群众一起干"的局面。

此外,国家责任细分研究如分权、赋能等,形成农民参与责任机制方面,农民参与乡村建设的案例比较研究方面还有更进一步讨论的空间。

第三章 乡村治理与乡村振兴

第一节 乡村治理的实态分析

一、引言

（一）问题的提出

2013 年，党的十八届三中全会通过的《中共中央关于全面深化改革若干重大问题的决定》提出，全面深化改革的总目标是完善和发展中国特色社会主义制度，推进国家治理体系和治理能力现代化，并首次提出"创新社会治理体制"。这是"社会治理"的概念首次出现在党的正式文件中。党的十九届四中全会审议通过了《中共中央关于坚持和完善中国特色社会主义制度 推进国家治理体系和治理能力现代化若干重大问题的决定》，明确要求"坚持和完善中国特色社会主义制度、推进国家治理体系和治理能力现代化"。坚持和完善中国特色社会主义制度，关键在于推进国家治理体系和治理能力现代化[①]。乡村社会是国家治理的重要场域，乡村治理是国家治理的基本形态。党的二十大报告指出："全面建设社会主义现代化国家，最艰巨最繁重的任务仍然在农村。"乡村治理不仅关系着乡村振兴，而且与国家长期、稳定、有序的发展密不可分。

（二）文献回顾与研究的必要性

在分析乡村治理的具体问题之前，需要回顾一下"乡村治理"这一概念。"乡村治理"实质上是由"乡村"和"治理"两个关键词复合有机构成的。"乡村"是中国农村地区最基层社会的场域，"乡"是国家政治权力在农村地区的基层组织，作为农民集合体的"村"代表着基层自治力量。1995 年"全球治理委员会"发表的《我们的全球伙伴关系》研究报告中提出，区别于统治，治

---

① 吕德文. 乡村治理 70 年：国家治理现代化的视角 [J] . 南京农业大学学报（社会科学版），2019，19（4）：11 - 19，156.

理是各种公共的或私人的个人或机构管理其共同事务的诸多方式的总和①。20世纪80年代以来，各国学者逐步对"治理"形成不同的理解。在西方社会科学语境中，"治理"是指对于最低限度的国家或"少一些政府"的意识形态的一种偏好，即"没有政府统治的治理"、多中心治理、合作治理等；在中国特色社会主义语境中，"治理"是以人民为中心，强调各类主体共同享有治理成果，将制度优势逐步转化成为治理效能。

20世纪90年代，社会治理理论在西方发达国家兴起，其探讨的焦点在于"如何实现对社会公共事务更为有效的管理"，主张管理主体的多元化，聚焦政府机构与非政府机构在公共事务中的紧密合作，以提供更多、更好的公共产品②。徐勇、贺雪峰等学者在村民自治研究中，将村治、村政等与治理理论相融合，形成了"乡村治理"概念③。因此，"乡村治理"的内涵并不是西方理论的简单移植，而是融合了中国乡村治理的实践和认识。乡村治理理论是指"中国乡村如何可以自主管理，从而实现乡村社会的有序发展"，其目标是最终实现善治。国内学者对"乡村治理"概念的理解略有差异，但对乡村治理的主体、过程和方式都具有高度的统一性，综其论述，可以把"乡村治理"概念总结为"乡镇政府、村'两委'、村民和其他社会组织等多种主体，通过良性互动和共同运作，影响和调控乡村社会公共事务的过程"④。

在乡村治理的实践中，通常会讨论这4个部分：治理主体，即明确谁来治理；治理客体，即需要治理什么；治理方式，即如何进行治理；治理目标，即把握治理方向，最终实现乡村治理有效。在谁来治理这一问题上，习近平总书记有着一系列明确的论述："农村党支部在农村各项工作中居于领导核心地位"，"办好农村的事情，实现乡村振兴，关键在党"。也就是说，农村基层党组织是农村其他经济组织和社会组织的领导核心，也是农村各项工作的领导核心⑤。但并不是说，村党组织是乡村治理的唯一主体。现实情境中，多元的乡村治理主体是客观存在的，包括村党组织、社会组织、村民等。学界对多元的乡村治理主体大致有两种分类方法：①三分法。即以乡镇政府、村委会、村党

① 杨冬梅. 构建和谐社会：新形势下社会治理模式的探新 [J]. 前沿，2010，(1)：142-147.

②④ 王少伯. 新时代乡村治理现代化研究 [D]. 北京：中共中央党校，2020.

③ 吕德文. 乡村治理70年：国家治理现代化的视角 [J]. 南京农业大学学报（社会科学版），2019，19（4）：11-19，156.

⑤ 马桂萍，赵晶晶. 习近平关于乡村治理论述的科学内涵 [J]. 科学社会主义，2020，(1)：50-57.

组织、村民代表会议等为主的集体层面，以农村中涌现的各类民间组织为代表的社会层面，以大多数农民及乡贤精英为代表的个人层面[①]。②二分法。一是正式主体，即在乡村社会范围内以法定形式行使正式权力的主体，如承担行政管理权的乡镇政府、行使政治领导权的村党组织、行使村民自治权的村委会等。二是非正式主体，即对法律制度以外建立起来的社会组织或个人权威予以接受和服从的主体，如家族、宗族、乡贤、普通村民等[②]。

在治理客体、治理目标问题上，重点要聚焦乡村治理的对象、内容和最终实现的目标。习近平总书记指出："要以保障和改善农村民生为优先方向"，"重视化解农村社会矛盾，确保农村社会稳定有序"。这意味着，乡村治理的主要内容是农村社会的公共事务。换言之，乡村治理的成效既取决于在多大程度上回应和解决了哪些农村公共事务问题，更取决于民生保障水平和农村社会稳定程度。我们讨论的乡村治理现代化，实际上是回答了治理方式这一问题。乡村治理现代化是指在乡村社会治理过程中，要遵循现代化治理规律，引入现代化治理理念，构建现代化治理机制，以确保乡村社会安定有序，广大村民安居乐业[③]。

二、海南乡村治理发展

（一）相关政策文件的出台

2020年11月，中共海南省委办公厅、海南省人民政府办公厅印发《关于加强和改进乡村治理的实施意见》，指出要加快推进海南乡村治理体系和治理能力现代化，夯实乡村振兴基层基础，更好服务海南自由贸易港建设。主要任务包括：①完善村党组织领导乡村治理的体制机制，强化农村基层党组织在乡村治理中的作用，实施村党组织带头人队伍整体优化提升行动，发挥驻村党员干部在乡村治理中的作用；②深化村民自治实践，提升村民自治组织能力，健全村民议事协商机制，推进村级事务公开，清理规范村级组织工作事务，推广运用积分制；③推进法治乡村建设，提升乡村法治能力，加强平安乡村建设，健全乡村矛盾纠纷调处化解机制，坚决惩治基层小微权力腐败行为；④实施德治乡村培育行动，积极培育和践行社会主义核心价值观，塑造新时代文明乡风，传承弘扬乡土文化；⑤强化基层服务能力，提升乡镇和村为农服务能力，

---

① 张国磊，张燕妮.新时代乡村振兴主体的角色定位［J］.农村经济，2019，（12）：47-56.

② 邱俊丹，金丹.乡村振兴视角下治理组织的协同性研究［J］.农业农村部管理干部学院报，2022，13（1）：90-95.

③ 冯留建，王宇凤.新时代乡村治理现代化的实践逻辑［J］.齐鲁学刊，2020，（4）：86-95.

构建多方主体参与的乡村治理机制，发挥农村集体经济组织作用。这些举措旨在全面健全村党组织领导的自治、法治、德治相结合的乡村治理体系，构建共建共治共享的社会治理格局。2022 年 10 月，中共海南省委农村工作领导小组印发《海南省乡村建设行动实施方案（2022—2025 年）》，旨在扎实稳妥推进乡村建设，进一步提升海南乡村宜居宜业水平。

（二）乡村治理的实效

在一系列的政策加持和专项资金扶持下，海南乡村治理水平显著改善。一是农村人居环境整治提升。2021 年行政村生活污水处理设施覆盖率较 2020 年提高 14.3 个百分点，卫生厕所覆盖率达到 98.8％，城乡生活垃圾无害化处理率超 95％。二是乡村土地利用率提升。持续开展农村裸露土地种草绿化专项行动，完成率达 95.8％。统筹开展土地利用和国土空间规划领域专项整治，整改率分别达 63.2％、99.5％。推动出台闲置土地处置规定，完善建设用地二级市场，批而未供土地和闲置土地处置率分别达 17.7％和 35.6％，超额完成年度目标，违法占用耕地建房等现象得到有效遏制[①]。三是群众满意度显著提升。村民积极参与村"两委"选举、村民代表大会等乡村治理相关活动，主动参与道德宣传、移风易俗等乡风文明活动，对村"卫生文明户""卫生庭院"等评选展现出极大的热情，成为乡村治理的重要角色，提高了乡村治理水平。

第二节　乡村治理的实效分析

与乡村社会的治理成效相比，国家治理和城市基层治理在顶层设计系统化、权责体系制度化以及办事程序规则化等方面，已取得一定成绩。如上海静安区的 24 小时不打烊的"数字小屋"、山东青岛市的垃圾暂存点、四川成都市的互联网租赁自行车管理平台实时监测等。城市治理在科学化、精细化、智能化上下功夫，注重提升人民群众的幸福感和获得感，处于基层治理中相对成熟的阶段。在乡村治理中，经济发展水平低下、人才短缺和天然地理缺陷等短板问题一直客观存在。因此，乡村治理一直是国家治理体系中的短板，尤其在经济欠发达的农村地区，乡村治理还处于未成熟的阶段。

2021—2022 年，中国热带农业科学院科技信息研究所热区乡村治理与建设课题组聚焦于乡村治理问题，在海南各市县进行走访调研和问卷调查，包括

---

① 来自《2022 年海南省人民政府工作报告》。

昌江县、澄迈县、儋州市、定安县、东方市、海口市、乐东县、陵水县、琼海市、三亚市、屯昌县、万宁市、文昌市等 13 个市县 82 个乡镇，总计发放 1 500 份问卷，剔除无效问卷后共收回 1 361 份有效问卷。问卷调查重点关注乡村治理成效、村干部工作满意度、村民参与乡村治理的积极性等。访谈工作采取调研人员和村干部一对一访谈、调研人员和村民一对一访谈等形式。

一、受访者基本情况概述

问卷调查受访者的年龄分布较广，从 19～81 岁不等，青少年、中年人、老年人皆有。其中，50～59 岁的受访者占比 31.7%，是乡村治理中的重要参与者。30～39 岁的受访者、40～49 岁的受访者、60 岁及以上的受访者占比分别为 19.2%、29.6%、13.5%。19～29 岁的受访者占比较少，只有 6.0%。从年龄分布上看，回乡工作的应届毕业生较少，40 岁及以上的村民是乡村治理的主力军，其占比高达 74.8%（表 3-1）。

表 3-1 受访者的年龄

年龄	样本（个）	占比（%）
19～29 岁	81	6.0
30～39 岁	261	19.2
40～49 岁	403	29.6
50～59 岁	432	31.7
60 岁及以上	184	13.5
总计	1 361	100.0

从统计结果上看，受访者的教育水平分布较为分散。重点分布在初中、高中或中专学历，这一部分占比高达 80.5%。其次是大专学历的受访者占比 9.6%、小学学历的受访者占比 7.2%。文盲、本科及以上学历的受访者占比较低，分别是 1.3%、1.4%。此外，年龄和受教育程度呈反比，年龄越大，受教育程度可能越低。这表明目前乡村高端科技人才较少，本科及以上学历的毕业生返乡创业就业的意愿较低。教育水平的低下，对乡村治理的效能会间接产生负面影响（表 3-2）。

表 3 - 2　受访者的教育水平

学历	样本（个）	占比（%）
文盲	18	1.3
小学	98	7.2
初中	673	49.5
高中或中专	422	31.0
大专	131	9.6
本科及以上	19	1.4
总计	1 361	100.0

　　党的十八大报告指出，重视从青年工人、农民、知识分子中发展党员。农村党员是党的重要组成部分，也是农村经济发展和社会稳定的重要基础，还是农村改革发展的领头人。从统计结果上看，受访者中"中共党员"占比36.2%，"民主党派"占比 0.3%，党员数量相当可观。这反映出海南基层党组织在发展农村党员方面做了大量工作，农村基层党组织力量不断壮大，乡村治理的主体力量不断增强（表 3 - 3）。

表 3 - 3　受访者的政治面貌

政治面貌	样本（个）	占比（%）
中共党员	493	36.2
民主党派	4	0.3
普通群众	850	62.5
共青团员	8	0.6
其他	6	0.4
总计	1 361	100.0

二、村庄治理的整体效果和村干部工作满意度

　　在对"村庄治理的整体效果"的评价上，认为"非常好"的受访者占比43.0%，认为"比较好"的受访者占比 45.3%，两者占比高达 88.3%，而认为"一般""比较差""非常差"的受访者分别占比 10.7%、1.0%、0.1%。从这一结果上看，受访者对村庄治理的整体效果是相对满意的。此外，能够实时反映出海南基层政府在乡村治理的工作上投入了大量精力、物力和财力，并且在一定程度上收获了乡村治理的实效，实实在在提升了村民的满意度和认同感（表 3 - 4）。

表 3-4　村庄治理的整体效果

评价	样本（个）	占比（%）
非常好	585	43.0
比较好	616	45.3
一般	146	10.7
比较差	13	1.0
非常差	1	0.1
总计	1 361	100.0

在对"村干部的工作能力总体怎样"的评价上，认为"非常好""比较好"的受访者占比分别是 47.8%、42.5%，两者占比高达 90.3%，而认为"一般""比较差""非常差"的受访者占比分别为 8.7%、0.9%、0.1%。从调查问卷的结果上看，受访者对村干部的工作能力整体相对满意，在细节方面可能有待加强。尤其是在一对一的访谈中，在村集体经济较好的村庄，有少部分村民反映现在仍然存在村干部"任人唯亲""拿回扣"等不公平、不公正的现象。一些村干部还存在农村工作"三分靠理，七分靠蛮"的传统思想，基层干部"微腐败"问题仍旧存在。农村基层党组织作为农村工作的中坚力量，不仅是乡镇党政机关在农村一线的"代理人"，而且是村民选举出来的"传声筒"，在农村集体资产保值增值、各级补贴发放、低保办理、房屋拆迁和土地征收中扮演着不可或缺的重要角色。村干部必须对标乡村振兴战略要求，对自身的职能角色进行准确、正确的定位，提高"关键少数"的履职能力（表 3-5）。

表 3-5　村干部的工作能力总体怎样

评价	样本（个）	占比（%）
非常好	651	47.8
比较好	579	42.5
一般	118	8.7
比较差	12	0.9
非常差	1	0.1
总计	1 361	100.0

在对"村干部的工作积极性总体如何"的评价上，认为"非常积极""比较积极"的受访者占比分别是 52.1%、40.1%，两者占比高达 92.2%。认为

"一般""比较消极""非常消极"的受访者占比分别是 6.9%、0.8%、0.1%。这反映出受访者对村干部的工作积极性表现出相对高程度的认可。在一对一访谈中，村民表示在实现巩固拓展脱贫攻坚成果同乡村振兴有效衔接的阶段，村干部在防止规模性返贫的监测、完善防止返贫机制、发展乡村产业、带领村民增收致富等工作上做出重要贡献。"街道都很干净""每天都有人打扫""比以前好很多了""（村干部）都有打电话给我们""（村里的事）都通知到的"……这些回答反映出，对于村干部的工作，村民都是"看在眼里，记在心里"（表 3-6）。

表 3-6 村干部的工作积极性总体如何

评价	样本（个）	占比（%）
非常积极	709	52.1
比较积极	546	40.1
一般	94	6.9
比较消极	11	0.8
非常消极	1	0.1
总计	1 361	100.0

在对"村民对本村党支部工作情况满意度"的评价上，与受访者对"村干部的工作积极性总体如何"的评价表现出一致性。认为"非常满意""比较满意"的受访者占比分别为 53.5%、40.9%，两者占比高达 94.4%。认为"一般""不太满意""很不满意"的受访者占比分别为 4.7%、0.8%、0.1%。在受访者中"中共党员"占比 36.2%，表明在党员对党组织的认同之外，还有村民对村党组织工作的高度认可（表 3-7）。

表 3-7 村民对本村党支部工作情况满意度

评价	样本（个）	占比（%）
非常满意	728	53.5
比较满意	557	40.9
一般	64	4.7
不太满意	11	0.8
很不满意	1	0.1
总计	1 361	100.0

在对"村干部遵守村民自治规则和办事程序的满意度"的评价上，53.2%的受访者表示"非常满意"，39.9%的受访者表示"比较满意"，表示"一般"

"不太满意""很不满意"的受访者占比分别是 5.8%、1.0% 和 0.1%。在访谈中得知,一些村民之所以选择"不太满意""很不满意",源于一些村干部"大权独揽""微腐败"等不正之风。但是在总体乡村治理过程中,村民对村干部遵守村民自治规则和办事程序的满意度较高(表 3-8)。

表 3-8 村干部遵守村民自治规则和办事程序的满意度

评价	样本(个)	占比(%)
非常满意	724	53.2
比较满意	543	39.9
一般	79	5.8
不太满意	13	1.0
很不满意	2	0.1
总计	1 361	100.0

在对"村庄有效治理需要加强党组织的建设"的评价上,74.5% 的受访者认为"非常赞同",23.1% 的受访者认为"比较赞同",2.3% 的受访者认为"一般",只有 0.1% 的受访者认为"很不赞同"。在访谈中,选择"比较赞同"的村民认为,村庄的有效治理不仅需要党组织,更需要加强乡贤能人、新型农业经营主体等其他治理主体的参与。选择"一般""很不赞同"的 2.4% 的受访者认为,村干部的工作作风存在不良问题;同时,这些受访者存在"上梁不正下梁歪"的想法,对党组织的认同感相对较低(表 3-9)。

表 3-9 村庄有效治理需要加强党组织的建设

评价	样本(个)	占比(%)
非常赞同	1 014	74.5
比较赞同	314	23.1
一般	31	2.3
很不赞同	2	0.1
总计	1 361	100.0

在对"村庄有效治理关键是要有好的带头人"的评价上,76.9% 的受访者选择"非常赞同",21.5% 的受访者选择"比较赞同",1.5% 的受访者选择"一般",0.1% 的受访者提出"不太赞同",还有 0.1% 的受访者则提出"很不赞同"。少部分村民在访谈中表示,"我干好我自己的就行了","谁管?没人管的","人家自己赚人家的钱"。从上述话语中可见,少部分村民缺乏对党组织、村干部、党员等治理主体的认同感。此外,这些地区的集体经济相对薄弱,村

民的收入较低，每天"埋头"于生计，对乡村治理的参与缺乏主动性和积极性（表3-10）。

表3-10　村庄有效治理关键是要有好的带头人

评价	样本（个）	占比（%）
非常赞同	1 046	76.9
比较赞同	292	21.5
一般	21	1.5
不太赞同	1	0.1
很不赞同	1	0.1
总计	1 361	100.0

在"实现村庄有效治理首先需要（什么）"的问题上，26.6%的受访者认为是"村民自治的建设"，36.1%的受访者认为是"村庄法治的建设"，37.3%的受访者认为"村庄精神文明和道德建设"更为重要。受访者在这一选择上的不同，反映了村民的受教育程度不同，也表明了各个村庄治理的水平不一。选择"村民自治的建设"的受访者，大多是源于该村治理水平较高，村干部受到的认可度也较高（表3-11）。

表3-11　实现村庄有效治理首先需要（什么）

治理方向	样本（个）	占比（%）
村民自治的建设	362	26.6
村庄法治的建设	492	36.1
村庄精神文明和道德建设	507	37.3
总计	1 361	100.0

在"村庄治理中最薄弱的是（什么）"一问中，31.0%的受访者认为是"村民自治的建设"，30.6%的受访者认为是"村庄法治的建设"，38.4%的受访者认为是"村庄精神文明和道德建设"。这与每个村庄的历史渊源、村集体经济水平和村民自身受教育程度相关。但相同的是，在访谈中，村民们大都在做出选择前回答"我觉得做的都挺不错的"。这表明，在村民的第一印象中，该村的乡村治理处于相对满意的状态，该村的自治、法治、德治已经达到"及格"的水平（表3-12）。

表 3 - 12　村庄治理中最薄弱的是（什么）

治理方向	样本（个）	占比（%）
村民自治的建设	422	31.0
村庄法治的建设	417	30.6
村庄精神文明和道德建设	522	38.4
总计	1 361	100.0

三、村民参与乡村治理情况

在"本村村民的自治开展效果如何"一问中，32.2%的受访者认为本村村民的自治开展效果"非常好"，38.2%的受访者认为"比较好"，26.5%的受访者认为"一般"，2.9%的受访者认为"不太好"，0.2%的受访者认为"很不好"。认为"比较好""非常好"的受访者是基于乡村社会秩序的稳定。认为"一般"的受访者则是源于"我很忙，平常没什么时间""都一样吧"，这部分村民参与乡村治理的积极性和主动性较低，导致对本村发展的态势存在钝感（表 3 - 13）。

表 3 - 13　本村村民的自治开展效果如何

评价	样本（个）	占比（%）
非常好	438	32.2
比较好	520	38.2
一般	360	26.5
不太好	40	2.9
很不好	3	0.2
总计	1 361	100.0

在"是否参加上一届村委会换届选举投票"一问中，85.2%的受访者参加了上一届村委会换届选举投票，未参加上一届村委会换届选举投票的受访者占14.8%。受访者未参加的原因主要在于：一是部分村民为外村嫁入本村的新媳妇，未赶上上一届村委会换届的时间；二是一些村民表示自身工作或农活较忙，没有时间参与。在访谈中，并未出现村民不知晓村委会换届的情况（表 3 - 14）。这一点也在"重大事务和决策是否及时通知村民"一问中得到验证。94.5%的受访者认为村里的重大事务和决策"都会通知"或"大部分通知"，常用的通知手段是村民小组的微信群或拨打村民的个人电话（表 3 - 15）。

表 3 - 14　是否参加上一届村委会换届选举投票

参加情况	样本（个）	占比（%）
是	1 159	85.2
否	202	14.8
总计	1 361	100.0

表 3 - 15　重大事务和决策是否及时通知村民

评价	样本（个）	占比（%）
都会通知	920	67.6
大部分通知	366	26.9
少部分通知	47	3.5
很少通知	21	1.5
从不通知	7	0.5
总计	1 361	100.0

在对"村务公开情况是否满意"的评价上，52.3%的受访者表示"非常满意"，40.0%的受访者表示"比较满意"，认为"一般""较不满意""很不满意"的受访者占比分别为 6.0%、1.2%、0.5%。可以看出受访者对村务公开的整体满意度较高。在实地调研中发现，农村的村务公开形式多种多样，主要可分为线上传播和线下通知两种途径。村民表示，常用的村务公开形式是通过村民小组微信群转发以及在村务公开栏公示（表 3 - 16）。

表 3 - 16　村务公开情况是否满意

评价	样本（个）	占比（%）
非常满意	712	52.3
比较满意	545	40.0
一般	81	6.0
较不满意	16	1.2
很不满意	7	0.5
总计	1 361	100.0

在对"村民对参与村庄公共事务的积极性"的评价上，43.0%的受访者认为"非常积极"，43.2%的受访者认为"比较积极"，11.6%的受访者认为"一般"，认为"比较消极""非常消极"的受访者占比仅为2.2%。在对村干部的访谈中，这一选择也得到事实验证。村干部表示村民在村委会换届选举、村民代表大会等村庄公共事务的参加上表现出相当的积极性，在微信群收到消息后

也会积极主动地回复"收到"（表3-17）。

表3-17　村民对参与村庄公共事务的积极性

评价	样本（个）	占比（%）
非常积极	585	43.0
比较积极	588	43.2
一般	158	11.6
比较消极	28	2.1
非常消极	2	0.1
总计	1 361	100.0

在村中"是否有村务监督组织"问题中，76.6%的受访者表示有村务监督组织。其中，认为村务监督组织对村委会的监督作用"很大""较大"的受访者占比分别为48.4%、40.8%，认为"一般"的受访者占比9.8%，而认为"较小""很小"的受访者仅占1.0%。这表明，知晓村中设立村务监督组织的受访者对村务监督组织表现出相当高的认同感，肯定了村务监督组织在乡村治理中的正面引导作用（表3-18、表3-19）。

表3-18　是否有村务监督组织

认知	样本（个）	占比（%）
有	1 043	76.6
没有	94	6.9
不清楚	224	16.5
总计	1 361	100.0

表3-19　村务监督组织对村委会的监督作用如何

评价	样本（个）	占比（%）
很大	505	48.4
较大	426	40.8
一般	102	9.8
较小	6	0.6
很小	4	0.4
总计	1 043	100.0

在"是否有村民理事会或议事会等协商议事组织"一问中，58.8%的受访者表示有村民理事会或议事会等协商议事组织。其中，60.3%的受访者表示加入了这些协商议事组织；86.0%的受访者认为这些协商议事组织在村庄公共事

务中的作用"很大"或"较大"，12.1%的受访者认为"一般"，1.9%的受访者认为"较小"或"很小"。这些地区的村民理事会和议事会通常的表现形式为老年协商会或调解会。通常情况下，村庄会建立 4～6 人的协会，以快速、简单的方式协商调解村民之间的矛盾纷争，做到"小事不出村，大事不出村委会"。这一乡村治理途径在海南保亭县三弓村、琼海市博鳌镇莫村、陵水县南湾村等地，都有典型案例支撑（表 3-20、表 3-21、表 3-22）。

表 3-20　是否有村民理事会或议事会等协商议事组织

认知	样本（个）	占比（%）
有	800	58.8
没有	216	15.9
不清楚	345	25.3
总计	1 361	100.0

表 3-21　是否加入村民理事会、议事会等协商议事组织

加入情况	样本（个）	占比（%）
是	482	60.3
否	318	39.7
总计	800	100.0

表 3-22　村民理事会、议事会等协商议事组织的作用

评价	样本（个）	占比（%）
很大	333	41.6
较大	355	44.4
一般	97	12.1
较小	7	0.9
很小	8	1.0
总计	800	100.0

在村中"是否有村规民约或村民自治章程"一问中，79.3%的受访者表示有村规民约或村民自治章程，且村规民约或村民自治章程大都"张贴在村入口"。其中，24.7%的受访者表示村内有人因违反村规民约而受到处罚。一般是在移风易俗活动中违反了相关规定，如清明祭祀活动中引发山火、房前屋后不清扫卫生等。处罚方式有口头警告、村内红黑榜公示等。在村规民约的约束作用上，41.3%的受访者认为村规民约在规范村民行为方面"作用很大"，43.0%的受访者认为"作用较大"，12.7%的受访者认为"一般"，认为"作用

很小""完全没作用"的受访者仅占 3.0%。在访谈中，大部分村民都用"有用""肯定有用"等积极语气来表达对村规民约的认可（表 3 - 23、表 3 - 24、表 3 - 25）。

表 3 - 23　是否有村规民约或村民自治章程

认知	样本（个）	占比（%）
有	1 079	79.3
没有	141	10.4
不清楚	141	10.4
总计	1 361	100.0

表 3 - 24　村内是否有人因违反村规民约而受到处罚

认知	样本（个）	占比（%）
有	267	24.7
没有	727	67.4
不清楚	85	7.9
总计	1 079	100.0

表 3 - 25　村规民约在规范村民行为方面的作用

评价	样本（个）	占比（%）
作用很大	446	41.3
作用较大	464	43.0
一般	137	12.7
作用很小	24	2.2
完全没作用	8	0.8
总计	1 079	100.0

在"村庄建设管理中是否重视乡贤能人"一问中，40.6%的受访者表示村庄建设管理"非常重视"乡贤能人，33.8%的受访者表示"比较重视"，16.1%的受访者表示"一般"，8.0%的受访者表示"不太重视"，1.5%的受访者表示"非常不重视"。在实地调研中发现，部分村庄的村务公开栏"村庄架构"上明确标有"乡贤"的字样。这表明乡贤一直作为重要的力量参与乡村治理，推动乡村振兴各方面工作。但一些村民表示"没听说过"乡贤能人，表明在乡村治理的具体实践中，对乡贤能人的重视程度有待提高（表 3 - 26）。

表 3 - 26　村庄建设管理中是否重视乡贤能人

评价	样本（个）	占比（%）
非常重视	553	40.6
比较重视	460	33.8
一般	219	16.1
不太重视	109	8.0
非常不重视	20	1.5
总计	1 361	100.0

四、乡风文明建设情况

在"近两年是否接受过村内普法宣传教育"一问中，80.7%的受访者表示近两年接受过村内普法宣传教育。其中，46.4%的受访者认为普法宣传教育的效果"非常好"，42.3%的受访者认为"比较好"，9.9%的受访者认为"一般"，认为"不太好""很不好"的受访者仅占 1.4%。一些村民没有接受村内普法宣传教育的原因在于"当时在外面""忙着干农活，没时间"，但是都收到了村内要举办普法宣传教育的通知。认为普法宣传教育的效果"一般""不太好""很不好"的村民表示，普法宣传教育的内容比较复杂，自身文化水平不高，要理解宣讲的内容较为困难（表 3 - 27、表 3 - 28）。

表 3 - 27　近两年是否接受过村内普法宣传教育

接受情况	样本（个）	占比（%）
接受过	1 098	80.7
没有接受过	263	19.3
总计	1 361	100.0

表 3 - 28　您觉得普法宣传教育的效果怎样

评价	样本（个）	占比（%）
非常好	510	46.4
比较好	464	42.3
一般	109	9.9
不太好	13	1.2
很不好	2	0.2
总计	1 098	100.0

在"村内是否开展道德宣传教育活动"一问上，76.9%的受访者表示村内

开展了道德宣传教育活动，12.8%的受访者表示没有开展，10.3%的受访者表示"不清楚"。受访者表示"不清楚"的原因在于"外出打工了""我不会用手机，没有微信群，没有看到通知"等。在"是否参与村内道德宣传教育活动"方面，90.4%的受访者表示参与了村内道德宣传教育活动，而9.6%的受访者表示没有参与。在"道德宣传教育活动对提升村民道德素质的作用"上，40.6%的受访者认为"作用很大"，47.4%的受访者认为"作用较大"，10.3%的受访者认为"一般"，仅有1.7%的受访者表示"作用很小"或"完全没作用"。认为"作用很小""完全没作用"的受访者表示，"都不记得讲什么"，"就是广播，没人听"，这同时反映了村"两委"在道德宣传教育活动中的短板问题（表3-29、表3-30、表3-31）。

表3-29 村内是否开展道德宣传教育活动

开展情况	样本（个）	占比（%）
是	1 046	76.9
否	174	12.8
不清楚	141	10.3
总计	1 361	100.0

表3-30 是否参与村内道德宣传教育活动

参与情况	样本（个）	占比（%）
是	946	90.4
否	100	9.6
总计	1 046	100.0

表3-31 道德宣传教育活动对提升村民道德素质的作用

评价	样本（个）	占比（%）
作用很大	425	40.6
作用较大	496	47.4
一般	108	10.3
作用很小	14	1.3
完全没作用	3	0.4
总计	1 046	100.0

在"2022年开展文明户、文明家庭评选活动"一问中，67.7%的受访者表示村庄在2022年开展了文明户、文明家庭评选活动，20.3%的受访者表示没有开展，12.0%的受访者表示"不清楚"。在家庭参与文明户、文明家庭评

选活动方面，72.0%的受访者表示参与了，28.0%的受访者表示没有参与。在"文明户等评选活动对村民文明行为的作用"上，42.6%的受访者表示"作用很大"，45.9%的受访者表示"作用较大"，9.9%的受访者表示"一般"，0.9%的受访者表示"作用很小"，0.8%的受访者表示"完全没作用"。部分受访者表示，在文明户等评选活动过程中，村民们自发地打扫房前屋后的卫生，自觉遵守村规民约等。在评选结果公示后，部分村民表示"我家参加评选了，没选上"。这表明村民在参加文明户、文明家庭等有奖励的乡风文明建设活动上有相当的积极性和主动性（表3-32、表3-33、表3-34）。

表3-32 2022年开展文明户、文明家庭评选活动

认知	样本（个）	占比（%）
是	922	67.7
否	276	20.3
不清楚	163	12.0
总计	1 361	100.0

表3-33 您家是否参与文明户、文明家庭评选活动

参与情况	样本（个）	占比（%）
是	664	72.0
否	258	28.0
总计	922	100.0

表3-34 文明户等评选活动对村民文明行为的作用

评价	样本（个）	占比（%）
作用很大	393	42.6
作用较大	423	45.9
一般	91	9.9
作用很小	8	0.9
完全没作用	7	0.8
总计	922	100.0

乡村开展优良家风家训活动的形式，主要表现为宣传活动和"好公公""好婆婆""好儿媳""最美家庭"等评选活动。在"村内是否开展优良家风家训宣传活动"一问上，65.7%的受访者表示村内开展了优良家风家训宣传活动，19.2%的受访者表示没有开展，15.1%的受访者表示"不清楚"。在参与优良家风家训宣传活动方面，91.5%的受访者表示参与了，8.5%的受访者表示

没有参与。受访者没有参与的原因主要在于"外出打工了""我不在家"等
（表3-35、表3-36）。

表3-35　村内是否开展优良家风家训宣传活动

认知	样本（个）	占比（%）
是	894	65.7
否	261	19.2
不清楚	206	15.1
总计	1 361	100.0

表3-36　是否参与优良家风家训宣传活动

参与情况	样本（个）	占比（%）
是	818	91.5
否	76	8.5
总计	894	100.0

总体而言，海南乡村治理水平相较以往有了质的提升。一是村民对乡村治理的满意度提升。在村庄治理的整体效果和对村干部的工作能力、村干部的工作积极性、村党组织工作满意度等的评价上，大多数村民给予了非常高的评价，对乡村治理需要加强党组织的建设有着极高的认同。二是村民对乡村治理的参与度提升。表现在积极参与上一届村委会换届选举投票，深度了解村务监督组织、村民理事会等村民自治组织，对村规民约较为熟悉等。三是乡风文明建设工作取得一定成效。普法宣传教育、道德宣传教育、文明家庭评选等乡风文明活动顺利开展。

第三节　乡村治理的典型模式与经验

一、海南乡村治理的示范典型

根据《中共中央 国务院关于全面推进乡村振兴加快农业农村现代化的意见》《中共中央办公厅 国务院办公厅关于加强和改进乡村治理的指导意见》《中央农村工作领导小组办公室 农业农村部 中央宣传部 民政部 司法部关于开展乡村治理示范村镇创建工作的通知》等文件要求，中央农办、农业农村部会同中央宣传部等部门共同研究认定全国乡村治理示范乡镇和全国乡村治理示范村。在2019年、2021年、2023年评选了3批全国乡村治理示范乡镇、全国乡

村治理示范村，海南共有 3 个镇、30 个村入选（表 3 - 37）。

表 3 - 37 海南入选全国乡村治理示范乡镇、全国乡村治理示范村名单

村镇	2019 年	2021 年	2023 年
示范乡镇	文昌市潭牛镇	白沙黎族自治县打安镇	屯昌县西昌镇
示范村	海口市秀英区石山镇施茶村	三亚市吉阳区大茅村	海口市美兰区灵山镇仲恺村
	三亚市吉阳区中廖村	五指山市通什镇番赛村	三亚市育才生态区青法村
	儋州市兰洋镇南罗村	文昌市会文镇凤会村	儋州市那大镇屋基村
	文昌市冯坡镇昌里村	万宁市龙滚镇文渊村	文昌市会文镇烟堆村
	五指山市水满乡新村	东方市大田镇乐妹村	万宁市南桥镇桥北村
	万宁市北大镇北大村	屯昌县乌坡镇美华村	东方市江边乡白查村
	陵水黎族自治县提蒙乡曾山村	澄迈县永发镇卜罗村	乐东黎族自治县利国镇荷口村
	屯昌县西昌镇土龙村	白沙黎族自治县牙叉镇对俄村	临高县多文镇抱利村
	定安县龙湖镇安仁村	昌江黎族自治县叉河镇排岸村	屯昌县新兴镇下屯村
	白沙黎族自治县阜龙乡可任村	琼中黎族苗族自治县和平镇堑对村	琼中黎族苗族自治县上安乡南万村

资料来源：农业农村部官网。

二、乡村治理典型案例一：海口市施茶村的"三治融合"

海口市秀英区石山镇施茶村坐落在火山脚下，下辖儒黄、春藏等 8 个村民小组，总户数 856 户，总人口 3 635 人。2021 年，施茶村先后荣获"全省民主法治示范村""全国民主法治示范村（社区）"称号。施茶村是海南五星级美丽乡村，下辖的美社村民小组入选第四批中国传统村落名目、全国美德在农家活动示范点，获评全国"平安家庭"创建活动先进示范村等[①]。施茶村积极探索"党建促和谐、乡贤化纠纷、民谣唱法治"的基层社会治理新模式，推动自治、法治、德治"三治融合"，走出海南乡村治理新道路。

（一）坚持党建促和谐

依托村党组织，成立施茶村人民调解委员会，设有 1 名专职人民调解员、16 名兼职人民调解员。建立区、镇、村、党员联络员四级党建联络员工作机

---

① 邢东伟，翟小功．施茶："三治融合"打造乡村振兴"样板村"［N］．法治日报，2022 - 07 - 17（001）.

制，由党员联络员包干到户，及时了解、化解村内矛盾纠纷。全面推动基层党建与基层治理相结合，发挥村党组织在社会治理中的核心作用，建立"党建＋人民调解"长效机制。将党性教育与人民调解培训工作相结合，提高人民调解员的思想政治素质和业务能力。在人民调解员中形成"传帮带"工作机制，通过跟班轮训等方式，以"老"带"新"，优化人民调解员队伍年龄结构和调解能力。广泛听取群众意见，逐项细化服务项目、内容和程序，提高群众对基层治理工作的满意度。建立人民调解员考评机制，综合年中考评、年底考核和群众意见，形成考评结果。

（二）引导乡贤化纠纷

施茶村积极探索乡贤参与基层社会治理的有效路径，成立施茶村乡贤协会，引入乡贤等第三方积极参与村民矛盾调解。具体表现在制定《乡贤公约》，成立乡贤说事团。每个星期二、星期五，乡贤说事团与人民调解员在村人民调解委员会值班，接待有困难、有矛盾调解需求的村民。乡贤说事团成员以《乡贤公约》为工作准则，自觉践行"收集村情民意，反馈群众意见，协调邻里纠纷，促进社会和谐"的工作职责，推动形成乡贤说事工作机制，设置乡贤说事室，定期接待来访群众。群众可以自由选择1名乡贤介入调解。乡贤介入人民调解，既壮大了基层治理力量，也拓宽了基层治理路径。

（三）倡导民谣唱法治

石山镇有着传唱了300多年的石山民谣山歌，是推进基层治理的独特文化资源。施茶村大力倡导民谣唱法治，以"老调"唱"新词"的方式，传递新时代法治宣传，打造防范化解村民矛盾纠纷的"新载体"[①]。鼓励民间艺人和民歌爱好者将人民调解、信访和社会主义核心价值观等新时代乡村文化融入民谣，编写《调解民谣》《说信访》《咱唱核心价值观》等作品，用群众听得懂、听得进的"语言"，将法治、自治、德治"三治融合"真正融入群众生活。逐步形成"普法教育用民歌、遇事相劝用民歌、公期或节庆搭台唱民歌"的新风尚，推动形成村民表达诉求尊法、办事依法、遇事找法、解决问题用法的良好氛围，降低乡村社会治理成本，促进乡村社会文化和谐稳定。

三、乡村治理典型案例二：琼中县南万村的积分制

积分制是乡村治理的工具，是指在乡村基层党组织领导下，通过民主程

---

① 谢大强，陈柏青，陈创淼. "党建＋调解"筑牢稳定的"第一道防线"［N］. 海口日报，2019－05－10（002）.

序，将乡村治理各项事务进行指标化和量化，对村民日常行为进行评价形成积分，并给予相应精神鼓励或物质奖励。这既是一种激励机制，也是一种约束机制①。为贯彻落实中共海南省委农村工作领导小组办公室印发的《积分制、清单制实践扩面增效专项行动方案》，琼中县上安乡南万村大力推行乡村治理积分制，充分利用现代信息技术，以"数字"赋能乡村治理，探索建立"互联网＋"的治理模式，不断提升乡村治理智能化、精细化、专业化水平，为实现乡村有效治理按下了"快进键"。

（一）积分制的实践

南万村位于上安乡东部，下辖南流、什错、什空、什黑、黑赤和牙代 6 个村民小组，共 334 户 1 302 人，是黎族聚居村落。2022 年，南万村被选为乡村治理积分制推广运用试点村，先行先试，开展乡村治理积分制推广运用工作。南万村组织制定《上安乡南万村村委会乡村治理运用积分制实施方案》，成立村级工作专班，逐步落实积分制考核工作。为实现琼中县"一个数据平台、一套评分体系、一律积分运用"的工作要求，南万村科学使用"数字乡村平台"对各村民小组常住人口进行积分制管理。南万村积分考评重点聚焦"七个倡导"，设置 10 类项目 29 项考核指标，依托"数字乡村平台"积分管理对农户日常行为和综合表现量化打分。同时，南万村按月开展积分评定、村级公示，季度进行"红黑榜"通报，年度进行等级评定并对部分农户进行奖励。积分奖励形式以精神奖励、政策奖励为主，以积分物质兑换为辅，评分结果与村集体产业分红、入团入党、评先评优等挂钩。南万村强化积分管理与信用评价的关联性，在贷款额度、审批程序以及贷款利率等方面给予优待，形成一套有效的激励约束机制，助推乡村治理能力有突破、见成效。

（二）积分制的具体成效

据统计，2022 年 10 月至 2023 年 7 月，南万村累计进行积分评定 3 006 户（次），共计评分 166 539 分。2023 年 1 月，南万村委会对积分排名靠前的农户颁发价值 106 元的物质奖励（每户 1 桶油、1 袋米），并将表彰对象名单进行公示，营造了积分制工作推广实行的良好氛围。实现了"小积分"助力乡村"大治理"，通过积分制考核，南万村引导广大村民确立自治、法治、德治的思维观念，树立文明生活理念，村民家门口、村道从"脏乱差"变得干净整洁。同时，通过乡村综合治理，南万村构建了风清气正的乡村新秩序，村民幸福感

---

① 陈跃. 乡村振兴背景下积分制管理在基层治理中的作用［J］. 南方农业，2022，16（10）：152－154.

与日俱增，形成一幅社会和谐、村居环境美观、群众安居乐业的美好新画面。

四、乡村治理典型案例三：乐东县的矛盾纠纷调处机制

乐东县处于海南西南沿海，是传统的农业大县，下辖 11 个镇，人口约 55 万人。乐东县因土地权属问题引发的矛盾纠纷较多，涉及土地租赁合同、农业承包合同等集体诉讼较多，占民事诉讼案件的 11.6%。近年来，乐东县创设乡村法治服务中心，推行"6＋N"联动调处及矛盾纠纷防范机制，进一步实现矛盾纠纷化解在早、化解在小、化解在基层，走出乡村治理新路径[①]。乐东县群众的安全感、满意度在 2021 年达到了 98.49% 的新高。

（一）创设乡村法治服务中心，明确乡村矛盾纠纷"谁来管"

前些年，乐东县乡村矛盾纠纷调处的力量分散，缺乏专业工作人员，面对繁杂的村民纠纷，存在看似"谁都管"、实际"无人管"现象。2020 年，乐东县依托县人民法院派出法庭，整合司法所、派出所、综治中心、乡村法律顾问等力量，在 3 个镇和 1 个人民法庭试点设立 4 个乡村法治服务中心，负责本片区纠纷调处和法律咨询工作。2020 年共调处纠纷 179 件，占全县矛盾纠纷的 11.7%；成功化解 106 件，其中多年疑难纠纷案件 13 件。乡村法治服务中心成为集"法治宣传、纠纷化解、人民调解"为一体的调处工作新阵地。2021 年，乐东县在全县范围复制推广试点经验，在 11 个镇设立乡村法治服务中心，并先行在 31 个村设立乡村法治服务站，把专业化矛盾纠纷调处力量延伸到村。截至 2022 年 10 月，乐东县乡村法治服务中心已登记接访当事人 910 余人次，受理案件 812 件，化解 443 件。一些涉及面广、解决难度大的矛盾纠纷得以及时化解。如 2021 年 4 月，千家镇、万冲镇乡村法治服务中心整合镇党委、派出法庭、司法所多方力量，成功化解涉及金额 40 余万元的 6 起农作物收购纠纷案件，维护了农民合法权益，化解了双方当事人的矛盾。

（二）建立健全规范管理体系，明确乡村矛盾纠纷"怎么管"

乐东县在乡镇成立了由镇党委副书记、政法委员任主任，包点法官任副主任的领导小组，破除信息壁垒，实现司法系统和地方政府矛盾纠纷焦点、底数、社情民意等情况互通共享，调处工作联动共治。建立"6＋N"矛盾纠纷调处机制，构建以综治、信访、司法、公安、法院、检察院 6 部门为主体，农业农村、自然资源和规划、村（居）、法律工作者等 N 种力量参与的合力攻坚

---

① 邢东伟，翟小功.乐东"6＋N"机制汇聚解纷合力 [N].法治日报，2023 - 02 - 19 (003).

格局①。推行"6＋N"矛盾纠纷调处机制以来，2022 年乐东县各镇已运用该机制调处矛盾纠纷 221 起，成功化解 210 起。推行"一站式受理、精准分流、一揽子调处"工作模式，设立专门窗口和服务热线电话统一受理辖区内矛盾纠纷；按照属地管理、分级负责、归口办理的原则，将各类矛盾纠纷有序分流至各村调解室；集中党委政府、人民法庭等多方力量在乡村法治服务中心调处重大矛盾纠纷，公布可纳入中心受理的案件类型和范围，规范案件受理、分流、调解、指导、建档工作流程，限定办理时限，完善工作运转流程，杜绝各部门相互推诿，做到矛盾纠纷"有人管、管到底"。建立"一镇一法官"包点机制、线上对接机制，在县人民法院及其派出法庭设立"乡村法治服务中心线上诉调对接室"，运用远程视频进行网上调解、司法确认、网上立案、云上普法等，打通服务群众"最后一公里"，明确矛盾纠纷"怎么管"。

（三）关注矛盾纠纷事前防范，力争乡村矛盾纠纷"零源头"

一是针对有不良行为的未成年人建立"四访五帮"工作机制。"四访"是指派出政法干警担任帮教责任人，每月走访有不良行为的未成年人本人、家长、教师和基层党组织负责人，帮助其在基础学业、技能学习、法治观念、安全意识等方面强化学习。"五帮"是指组建"五老"服务队，实施征集爱心"律师爸妈"、聘请专业心理咨询师、组建志愿者帮教团、办好家长学校、发挥法治副校长作用、推行公安驻校法治辅导员、强化《中华人民共和国家庭教育促进法》宣传与实施、建好"妇女之家"、开展专门教育等 9 条措施，不断健全完善工作机制②。"四访五帮"工作开展以来，截至 2022 年底，已对两批共 199 名有不良行为的未成年人实施帮教，劝返辍学学生回归校园 35 人，完成基础学业 46 人，考上中专或就读技校 34 人，参加技能培训 27 人，实现就业 36 人，帮教对象二次违法犯罪率同比下降 65％，有效预防和减少未成年人违法犯罪、校园欺凌事件的发生。

二是逐步推行"四类重点人员五级服务管理"机制。对有突出矛盾纠纷、酗酒和家暴人员、精神障碍患者、易肇事肇祸吸毒史人员等"四类重点人员"，落实村民小组长、村干部、警务助理、辖区民警、驻村镇干部"五级服务管理"责任，推行"周见面"和"镇村队警"联防联控机制，最大限度减少因重点人员肇事肇祸等案（事）件引发的矛盾纠纷。截至 2022 年 10 月，乐东县已

　① 刘杰．王屋山下谋善治［N］．农民日报，2022－07－26（005）．

　② 劳宝兴，白洁，羊章业．乐东不断深化"四访五帮"工作 推动未成年人保护和犯罪预防走深走实［J］．今日海南，2022（3）：45－46．

走访"四类重点人员"2 106人次，初步实现法治宣传教育、人员服务管理到位。

三是组建风险防控网格员队伍。以300～500户或1 000～1 500人为网格单元，将全县划分为410个网格，形成以综治网格员、"两违"网格员、警务助理、镇保安员、镇交通管理员、村交通劝导员为主的专门化、专职化的风险防控网格员队伍。设立县级网格化管理平台调度指挥员、镇级网格长、村级网格员的三级网格员管理队伍，由县委政法委统一指挥、垂直管理、分级负责、协调运转，县综治中心具体负责安排日常工作任务，镇网格长执行，村（居）网格员落实，开展矛盾纠纷排查化解等26项具体工作，确保农村地区矛盾纠纷早发现、早介入、早化解，实现矛盾纠纷"零源头"。

五、海南乡村治理示范典型的共同经验

（一）村党组织的引领

从乡村治理的3个典型案例来看，无论是海口市施茶村的"三治融合"、琼中县南万村的积分制，还是乐东县的矛盾纠纷调处机制，都离不开当地村党组织的引领。施茶村依托村党组织，成立了村人民调解委员会，建立四级党建联络员工作机制，由党员联络员包干到户。南万村成立村级工作专班，由村党组织推行积分制考核工作，党员家庭主动牵头，调动村民参与的积极性。乐东县的矛盾纠纷调处机制中，村党组织承接乡村法治服务站，将矛盾纠纷调处力量延伸到村，积极落实"四类重点人员五级服务管理"工作，确保农村地区的矛盾纠纷能够早发现、早介入、早化解。将基层党建和乡村治理结合起来，充分发挥了村党组织在乡村治理中的核心作用。

（二）上级政府的支持

在实地调研，尤其是上述的典型案例中，上级政府包括市、县（区）、乡镇的支持是实现乡村有效治理的关键因素之一。施茶村的四级党建联络员工作机制，得益于区、镇两级党组织的共建共享，建立起"党建＋人民调解"长效机制。南万村被琼中县选为乡村治理积分制推广运用试点村，为琼中县"一个数据平台、一套评分体系、一律积分运用"提供了先行示范经验。琼中县为大力推动积分制运行，联动相关部门、金融机构等为积分奖励的贷款额度、审批程序以及贷款利率等村民社会行为提供优惠政策，形成行之有效的激励约束机制。乐东县的"6＋N"联动调处及矛盾纠纷防范机制，能够依托县人民法院、司法所、派出所、综治中心、乡村法律顾问等力量，顺利实现涉及多方重大矛盾纠纷的调处化解。市、县（区）、乡镇作为连接中央政府与乡村之间的重要

桥梁，其所提供的政策支持、部门协同、专项资金为推动乡村治理的发展奠定了坚实基础。

（三）村民的积极参与

在乡村治理实践中，村民的积极参与是提升乡村治理成效的关键因素。施茶村在基层社会治理新模式的探索中，成立施茶村乡贤协会，充分发挥乡贤等第三方在村民矛盾调解中的积极作用，既壮大了基层治理力量，也拓宽了基层治理路径。南万村在推动乡村治理积分制工作中，得到本村村民的快速响应和积极反馈，帮助南万村委会提升治理效率和优化积分制。乐东县村民在推行乡村法治服务中心工作中，主动寻求、积极配合村党组织、村委会的排查、调处工作，助力巩固乡村矛盾调处的规范管理体系。提升村民在乡村治理中的参与度，不仅有利于推动乡村自治的深化，也有助于乡村社会的稳定与发展，实现乡村有效治理。

第四节　乡村治理现代化进程中面临的挑战与机遇

一、乡村治理现代化进程中面临的挑战

（一）乡村治理体系脆弱

乡村治理资源配置短缺、信息不对称是客观存在的，在部分地方政府对乡村治理过程的过度干预下，乡村自主治理能力相对较弱，这也使得乡村治理赖以生存的体系更加脆弱。具体表现在：①基层党组织力量不足。农村基层党组织作为乡村治理的有力抓手，是乡村治理的关键部分。但部分农村基层党组织不同程度地存在党员队伍结构不合理、人员素质良莠不齐、管理水平较低以及党组织软弱涣散等问题，导致无法充分发挥农村基层党组织的领导核心作用，进一步削弱乡村治理的整体效能。②乡村治理资源短缺。乡村在高端科技人员、财政资金投入、科技信息化等方面的资源投入有限。近年来，随着乡村振兴战略和农村集体产权制度改革的持续推进，农村集体经济的发展有了一定提升，但仍存在农村集体经济薄弱现象，特别是西部发展中地区普遍存在农村集体经济薄弱现象。农村集体经济的发展和乡村治理有效性息息相关。农村集体经济薄弱造成乡村治理工作的效率低下，迫使部分地方政府为了完成考核目标，通过政府治理进一步挤占村民自治的空间。

（二）乡村社会结构变迁

费孝通针对转型时期中国城乡关系，提出"社会侵蚀"的概念，即乡村的

知识流失、权利流失及财富流失。"社会侵蚀"包括"精英离村"和"农民离村"两个过程，逐步反映了农村社会的衰落。①"精英离村"。在海南第七次人口普查中，15岁及以上人口8 067 507人，其中文盲人口326 988人，占15岁及以上人口的4.05%①。这与我们在实地调研和访谈中获得的结果一致，40岁及以上的村民是乡村治理的主力军，年轻人较少，本科学历及以上的年轻人更少。45岁及以上的中国农村户籍人口是中国整个（农村）社会中人口受教育程度最低的部分，他们的学历主要以文盲和小学毕业为主②。其中部分村民参与乡村治理意识淡薄，往往出现"政府动，村民不动"的现象，乡村治理压力逐步传导到乡村基层干部身上。乡村基层干部在农村工作中往往是一个人要做多个人的活。此外，乡村事务繁杂多样。可以说，"上面千条线，下面一根针。""上"要对接多层级多部门，"下"要直面群众多样化现实需求，这考验着乡村治理的及时性、准确性和柔韧性。在乡村治理现代化进程中，仅依靠乡镇、街道和村党组织"单打独斗"，往往会出现"什么都得管，什么也管不好""政府干事，群众看着"等被动局面，造成乡村资源的闲置和浪费。"精英离村"和大量低学历高年龄人口的聚集严重阻碍了乡村治理工作的开展。②"农民离村"。2021年末我国常住人口城镇化率已高达64.72%，超过世界平均水平。海南城镇化率从1953年的8.08%增长到2020年的60.27%（图3-1）。城市在资源上的绝对优势形成了虹吸效应，加速了农村与城市之间的人口流动，大量农村劳动力涌入城市，导致农村的青年劳动力减少，原有的乡村社会结构分化。这对传统的乡村治理结构造成一定冲击，使得乡村丧失了一部分治理的基础。

（三）治理基础与信息技术发展的矛盾

随着数字经济规模的不断扩大，加快推进数字化政府的转型已经成为共识。但在乡村治理实践中，新兴信息技术对基础设施和信息数据丰度有着特殊需要，导致了一系列问题的产生。①乡村社会的基础设施短板明显。基础设施与信息技术赋能乡村治理的有效性息息相关。一方面，在现有的城乡公共基础设施的格局和发展趋势下，乡村难以承担信息基础设施建设的高额成本；另一方面，各层面的资源规划重点倾向于发展良好的城市，乡村从"0"到"1"的突破较难。②乡村社会信息数据丰度较低。大数据分析等新兴信息技术要发挥

---

① 资料来源：海南省统计局。

② 安明友，贺东航，刘伟，等. 乡村治理现代化（笔谈二）[J]. 湖北民族大学学报（哲学社会科学版），2020，38（2）：1-27.

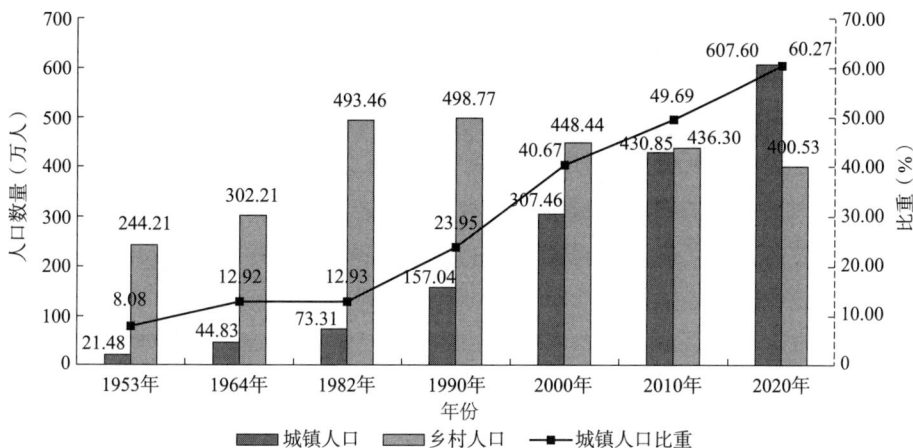

图 3-1　海南历次人口普查城乡人口

（数据来源：海南省统计局）

作用，前提是要有足够的数据量作为分析样本。但乡村信息数据较为稀疏，丰度较差。乡村信息数据主要来源于村民的智能手机、公共安全监控、部分乡村公众平台等，极少部分乡村有遥感监测系统和其他商业平台。而且现行的信息共享缺乏统一、明确的数据管理机制，由物流、电商、康养等平台所获取的数据与政府、村"两委"之间存在信息壁垒，数据隔离和数据孤岛等现象突出。强行在乡村治理体系中嵌入新兴信息技术模块，不仅可能削弱建立在社会基础上的传统治理模式，也可能在乡村治理现代化过程中出现治理模式的"空窗期"。

二、乡村治理现代化进程中面临的机遇

2020 年底，中国如期完成脱贫攻坚目标任务，人均国内生产总值（GDP）超过一万美元，困扰中国几千年的温饱问题得到根本解决[①]。这为实现乡村治理现代化创造了坚实的物质和实践基础，也创造了难得的历史机遇。

（一）经济上行为乡村治理现代化提供财政保障

党的十八大以来，我国经济持续较快发展。2022 年我国 GDP 突破 18 万亿美元，稳居世界第二位。2013—2021 年，我国经济年均增长 6.6%，远高于 2.6% 的同期世界平均增速。面对新冠疫情严重冲击，我国在 2020—2022 年仍

---

① 安明友，贺东航，刘伟，等．乡村治理现代化（笔谈二）［J］．湖北民族大学学报（哲学社会科学版），2020，38（2）：1-27.

保持经济正向增长，是主要经济体中唯一保持正增长的国家①。财政保障、经济上行，为逐步提高涉农支出和完善"三农"金融体制提供了坚实的后盾保障。党的十八大以来，我国财政涉农支出持续上涨，农林水事务支出总额由2012年的11 973.88亿元增长至2020年的23 948.46亿元，增幅为100.01%。其中，增幅最为明显的是扶贫开发支出，从2012年的690.78亿元增长至2020年的5 621.63亿元，增幅高达713.81%。2000—2022年，海南GDP总量从526.82亿元增至6 818.22亿元，增幅高达1 194.22%，为乡村治理现代化提供了财政保障（图3-2）。

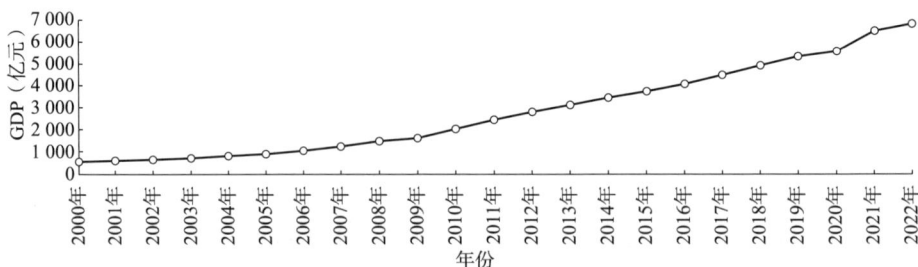

图3-2　2000—2022年海南GDP增长趋势

（数据来源：历年《中国统计年鉴》）

（二）技术变革为农业农村现代化提供技术保障

在"农民离村"，农村人口逐年减少的大趋势下，农业现代化的基础——连片的耕地成为可能。中国农业科学院、中国热带农业科学院等科研院所在育种技术、种植技术、农业机械更新等方面逐步探索并取得不俗的成就。此外，非农技术在农业发展中得到广泛应用，如农业遥感技术、地理信息系统的应用，能够实现遥感监测农作物的长势、面积、产量等信息，获取农作物影像数据，预报农作物病虫害等，实现从"看天吃饭"到"知天而作"。新兴信息技术的发展不仅为农业现代化提供了技术保障，也促进了农村集体产权制度改革的深入推进。

（三）角色转变为体制改革创新提供组织保障

农业是人类一切社会活动的基础，也是产业结构调整的重要基础和前提。是否会影响农业生产发展并导致粮食产量降低、农村秩序混乱，是农村土地制度改革等农业农村改革发展最关注的问题。但在现实生产实践中，随着农业现代化发展、土地流转和城市虹吸效应，大部分农民从生产单位转变为核算单

---

① 张翼. 我国成世界经济增长第一动力［N］. 光明日报，2022-10-02（001）.

位，即农户决定由谁来进行种植环节却不参与其中。农业农村改革与农户有着利益分配上的联系，但与农业生产的联系降低。坚定维护农民利益，就能顺利推动农业农村现代化改革。

（四）人口更迭为土地资源集聚提供现实可能

现阶段，人口老龄化既是挑战也是机遇。随着中老年人逐步退出生产阶段，人口增长率降低，土地细碎化的问题得到缓解，土地流转工作能够逐步铺开。在不改变土地性质的前提下，土地集中能够推动产业项目顺利落地，让现代化产业体系构建和区域协调发展成为可能。另外，随着"精英离村"和"农民离村"，乡村社会人口减少，土地退出成为趋势，土地资源增加使得农业产业发展现代化成为可能。

第五节　乡村治理现代化的路径选择

"治理"本身就意味着"多元化"。海南第八次党代会报告提出，"加强乡村治理，推动移风易俗，建设文明乡风。吸引致富带头人、返乡创业大学生、退役军人等各类人才在乡村振兴中建功立业。"逐步探索"上面千条线、下面也有千根针"的治理方式，不断汇聚多元共治力量。改革开放以来，特别是农村税费改革以后，乡村治理的具体实践积累了大量的经验。

一、探索多元主体协同治理路径

（一）明确基层党组织是乡村治理的"领头羊"

改革开放以来，历年的中央1号文件从正式承认包产到户合法性到全面推进乡村振兴、加快农业农村现代化，都强调党对"三农"工作的全面领导，突出基层党组织在乡村治理工作中的领导核心地位。截至2022年3月底，海南省直机关单位共有3711个基层党组织，44156名党员。2013—2022年，海南党员人数增长了17%，基层党组织数量增长了20%，同期全国党员人数增长了13.61%，全国基层党组织数量增长了17.5%。基层党组织作为乡村治理工作的战斗堡垒，要发挥基层党组织的"主心骨""领头羊"作用，厘清基层党组织与其他治理主体的关系，找到关键节点和利益连接点，尤其是要依法理顺农村基层党组织、村委会、村集体经济组织、村民代表等权能职责，形成合理的分工格局。

（二）夯实基层政府作为乡村治理的"执政之基"

基层政府的职责履行与资源流动和乡村治理现代化密切相关。在地方实践中，地方政府以县级为单位推动乡村治理。如乐东县等建立了基层矛盾纠纷调处化解中心，形成以人大代表、政协委员、村调解中心（调解员）、行业专家、律师学者、科技人员等为中心的一系列纠纷调解的社会力量[①]，逐渐构建和完善优势互补、专群结合、融合发力的多元共治格局，强化和提升基层矛盾纠纷调处化解能力。根据"小事不出村，大事不出镇，矛盾不上交"的调解原则，让县一级成为矛盾纠纷调处化解的"终点站"。这就要求基层政府建立"村-乡镇-县"三级组织联动合作机制，实现信息共享，提高乡村治理工作效率，助力乡村治理现代化。

（三）激活乡贤作为乡村治理的"关键节点"

传统意义上的乡贤是指"乡绅"，现在我们所说的乡贤比"乡绅"的范围更广，内涵也更加丰富。可以将乡贤通俗地理解为在社会各层面中居于优势地位并且受到村民尊重、敬仰的乡村社会精英，包括带领村民增收的新型农业经营主体带头人、在乡村治理中发挥重要作用的老党员（干部）等。2015年中央1号文件提出"创新乡贤文化，弘扬善行义举，以乡情乡愁为纽带吸引和凝聚各方人士支持家乡建设，传承乡村文明"。《乡村振兴战略规划（2018—2022年）》中也明确提出要"积极发挥新乡贤作用"。乡贤在乡村治理中的重要功能之一，就是通过推动乡村共同体的打造，解决乡村治理现代化进程中存在的党组织涣散、干群疏离、"精英离村"等诸多问题。尤其是在联系村"两委"、动员村民、联系上级政府和引进产业项目等方面，乡贤能够撬动乡村社会关系。通过对村集体资产、产业项目落地、人才引进、文化资源等整合规划，推动乡贤与基层政府、基层党组织、村委会、村民、其他社会组织等多元治理主体的深度联系[②]，激活乡贤作为乡村治理的"关键节点"，形成乡村治理多元主体格局。

二、强化乡村治理现代化的制度供给

（一）行政区划调整制度

乡村治理的内涵不仅包括乡村社会的治理、村集体经济的发展，还包括空间的治理。行政区划的调整是空间、要素、组织、权利和政治资源等的重组和整合[③]，这对乡村治理的有效性有着深远且直接的影响。它意味着在行政区划

---

① 邵安. 纵深推进社会治理共同体建设 [N]. 人民公安报，2022-11-26 (001).

② 安明友，贺东航，刘伟，等. 乡村治理现代化（笔谈二）[J]. 湖北民族大学学报（哲学社会科学版），2020，38 (2)：1-27.

③ 朱雅妮，高萌. 乡村治理现代化：治理模式、关键问题与实现路径——第四届中国县域治理高层论坛会议综述 [J]. 华中师范大学学报（人文社会科学版），2020，59 (2)：42-47.

调整过程中，城乡面临着公共资源不均衡、村集体资产资源市场价值贬值、历史债务债权的处理、水利水库水源的管理等方面的问题。其在调研中最直接的体现是，省会城市、经济发达的市县和偏远市县的村集体土地流转的价格存在较大差异。省会城市和经济发达的市县的土地租金通常在 800～1 500 元，甚至能达到 2 000 元，而偏远市县的土地流转价格在 400～800 元。

（二）农村土地制度

以保障粮食安全的基本农田最低限度为前提，做到土地"占补平衡"。乡村发展产业对土地的需求极大。在调研过程中，一些乡村干部表示"想要引进产业，但是我们一块连片 100 亩的地都没有"。针对此类情况，可进行土地制度改革。土地流转和征收作为乡村社会、村民重点关注的问题，通过两级（村级和县级）土地股份化改革，建立"集体入股"的混合所有制形态，成立合作社，以"合作社＋村民（土地、资金）"等形式，使村集体、村民能以股权形式享受土地开发增值收益，实现村民增收。

（三）基本民生保障制度

保障和改善农村基本民生，是维护社会稳定的基础，也是实现乡村有效治理的重要保障。农村税费改革之后，在减轻农民税费负担的同时，也压缩了农村公共产品供给来源。这一问题的解决路径可借鉴城镇居民小区的物业费制度，根据农户宅基地面积收取适当物业费，用于解决农户集中居住区的准公共产品供给和维护问题。另外，完善低保制度、社会救助制度等政府兜底政策，在保障农村困难群众基本生活的同时，应当构建相应的诚信机制，保障农村其他群众的正当权益。

三、推进乡风文明建设

（一）挖掘传统民族文化

乡风文明是乡村治理现代化的内生力量，应结合时代要求，挖掘中华传统文化精华，将向乡村单向的文化"输血"转变为文化"造血"。应构建乡村文明新秩序，充分利用和发扬植根于乡村的传统文化、民族文化。第七次全国人口普查数据显示，海南少数民族 55 个，约 158 万人。其中，黎族人口1 355 074 人，占少数民族人口总数的 85.7%；苗族人口 87 733 人，占少数民族人口总数的 5.6%，其他少数民族如回族、壮族等约 21.7 万人，占少数民族人口总数的 13.7%（图 3-3）[①]。要加强少数民族文化等传统民族文化的发

---

① 资料来源：海南省统计局。

掘，发挥民族地区传统文化对乡村治理现代化的积极作用，助力乡村治理现代化。

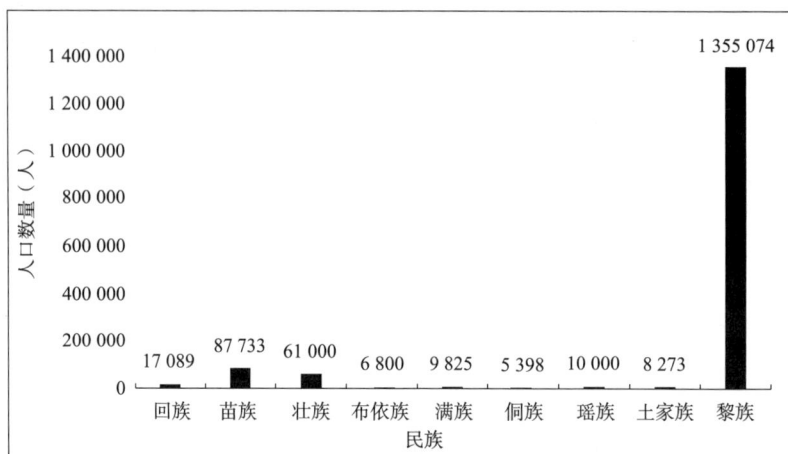

图 3-3　海南主要少数民族人口数量

（二）常态化开展乡风文明活动

①大力弘扬优秀民俗节庆文化。以坚持党的领导为原则，依靠群众开展各项乡风文明活动。依托民族传统节日，通过民族美食、百家宴、彩调、山歌、民族文体活动等群众喜闻乐见的形式增进民族互信、凝聚人心，有力推动村民自治、促进文化交流。设立乡风文明专项资金，与传统文化节日活动结合起来，并对典型示范进行推广和表彰，推动乡风文明活动走进农户家里，实现乡村的柔性治理。②大力保护民族地区文化特色。加强民族手工艺保护，组织群众学习民族手工艺，培养民族手工艺传承人。加大民族文艺活动保护力度，开展当地民族文艺活动，丰富群众民族文化生活。③继续推动文明户、文明家庭等乡风文明评选活动开展。通过设立文明户、文明家庭、"好婆婆"等荣誉称号，以物质奖励和荣誉表彰，激励村民积极参与乡风文明建设。

四、实现数据赋能乡村治理现代化

2018 年中央 1 号文件首次提出"数字乡村"概念。2020 年，中国农业数字化渗透率仅为 8.9%[①]。数据赋能乡村治理现代化还存在较大的发展空间。数据赋能乡村治理现代化的路径有 3 个方向：加强数字乡村建设，发展智慧农

---

① 伍国勇．发展乡村数字经济促进贵州农业农村现代化［J］．当代贵州，2023（14）：18-19.

业，以及推进乡村居住环境智能化发展。当前，海南发展康养产业的呼声较大，康养产业的发展不仅需要自然条件，也需要数字化政府的循序发展。

（一）完善乡村大数据等新兴信息技术基础设施建设

提高大数据信息的广度和丰度。加快培育数据要素市场，丰富数据种类，重点理顺与群众日常生产生活密切相关的教育、就业、社会、医疗、养老、居住、婚育、出行等高频数据信息，进一步提高数据与群众生产生活需求的同步率。结合海南自由贸易港建设相关政策方案，推动数据安全有序流动和应用。鼓励政府和企业、科技人才共同合作开发，充分发挥公共数据的社会价值、基础资源作用和驱动作用。制定明确的乡村信息技术基础设施建设规划，将乡村信息技术基础设施建设纳入国家统筹预算管理，为乡村治理现代化提供相对标准的信息基础设施[①]。尤其在防止返贫动态监测、农业生产经营等大数据获取和利用上，促进大数据与我国农业农村发展深度融合，实现巩固拓展脱贫攻坚成果同乡村振兴有效衔接。

（二）整合改造现有的信息技术基础设施

消除积存的"僵尸"系统。完善省、市（县）、乡镇三级行政审批制度，以"优化"代替"新建"，减少非必要的数字化相关财政支出。在省内集中开展政务 App 清理规范。充实完善"海易办""海政通"等现有的政务服务平台，梳理规范省、市（县）、乡镇的行政权力事项目录清单，以最小颗粒度统一确定事项名称、涉及部门、权限、时限等要素内容，对自上而下的任务进行审核、沟通和删减，遏制重复性信息收集、层层加码的趋势，实现政务服务平台更新常态化、事项清单化、标准统一化、服务效率化。提高政务平台的知名度，逐步向基层治理主体推广安装使用，逐步实现户平台安装率 100%。

第六节　小结与探讨

对海南各市县的实地调研发现，海南乡村治理水平总体上较以往有了质的提升，主要表现在村民对乡村治理的满意度提升、村民对乡村治理的参与度提升、乡风文明建设工作取得一定成效等方面。在海南推进乡村治理的过程中，涌现出海口市施茶村的"三治融合"、琼中县南万村的积分制、乐东县的矛盾纠纷调处机制等典型案例，它们的共同经验包括村党组织的引领、上级政府的

---

① 毛高杰. 大数据赋能乡村治理的约束条件与发展路径建构［J］. 河南牧业经济学院学报，2020，33（3）：29－34.

支持、村民的积极参与等。

习近平总书记强调："中国式现代化是一个系统工程。"实现乡村振兴，要应对好乡村治理面临的乡村治理体系脆弱、乡村社会结构变迁、治理基础与信息技术发展的矛盾等挑战。但同时，经济上行为乡村治理现代化提供财政保障，技术变革为农业农村现代化提供技术保障，角色转变为体制改革创新提供组织保障，人口更迭为土地集聚提供现实可能，这些都对乡村治理实现现代化产生了正向影响。

在具体实践中，乡村治理也积累了大量经验。逐渐探索出多元主体协同治理路径、强化乡村治理现代化的制度供给、推进乡风文明建设、实现数据赋能乡村治理现代化等治理路径。具体包括：明确基层党组织是乡村治理的"领头羊"，夯实基层政府作为乡村治理的"执政之基"，激活乡贤作为乡村治理的"关键节点"，完善行政区划调整制度、农村土地制度、基本民生保障制度，结合时代要求将向乡村单向的文化"输血"转变为文化"造血"，加强数字乡村建设、发展智慧农业以及推进乡村居住环境智能化发展等。要借鉴乡村治理的典型模式与经验，紧抓乡村治理现代化进程中面临的机遇，应对好乡村治理现代化进程中面临的挑战。探索乡村治理现代化的多元路径，为奋力推进海南全面深化改革开放和中国特色自由贸易港建设凝聚海南乡村治理现代化的磅礴力量。

第四章　乡村人才建设与乡村振兴

党的十九大报告提出"实施乡村振兴战略",将乡村振兴上升到国家战略的高度,并强调人才在乡村振兴中的作用。党的二十大报告进一步指出:"加快建设农业强国,扎实推动乡村产业、人才、文化、生态、组织振兴。"李海金等学者认为,人是影响现代经济发展的首要因素,经济发展的主要源泉并非土地、资本等物质资本,而是人力资本①。乡村人才是乡村发展的重要支撑,尤其在全面推进乡村振兴和加快建设农业强国的进程中,更需要留住人才、培养人才和吸引人才到广大农村,使乡村人才成为推动农业农村现代化建设的重要力量。大力培养新型农业经营主体、培育乡村治理人才、加强农村专业人才队伍建设、发挥驻村工作队的重要作用等是走好海南乡村人才振兴之路的重要抓手。

第一节　乡村人才振兴的实态分析

2021—2022 年中国热带农业科学院乡村振兴研究创新团队通过对 82 个乡镇 109 个村庄 1 361 户农户实地调研发现:海南大部分村庄出现了空心化、老龄化的现象,很多村庄常住人口基本上为 60 岁及以上的老人,很多青壮劳动力到海口市、三亚市及广州市一带打工,农村出现了发展产业没有青壮劳动力、开展乡村建设只剩下老人和小孩、换届选举后的村干部年龄普遍偏大等问题。据海口市某村庄的驻村书记反馈,村里的乡村人才只有 3 位,分别是东南亚华侨 1 位、驻村书记 1 位,村委会书记 1 位,专业技术人才、乡贤等乡村人才几乎没有。村里目前正在发展瓜菜产业,急需会开车、会用导航的司机把村里的青菜等农产品送到海口市,但勉强只能找到 1 个人。相比于寂静的农村,村里的年轻人更向往城市里的公共服务及生活方式。海南农村出现了如何留住人才、如何吸引人才、如何培养人才等难题,这些问题随

---

① 李海金,焦方杨.乡村人才振兴:人力资本、城乡融合与农民主体性的三维分析 [J]. 南京农业大学学报(社会科学版),2021,21(6):119-127.

着经济社会的发展会有所改观。

一、海南农户对乡村人才振兴的认知

（一）农户认为乡村振兴需要依靠人才

1 361个有效样本中，农户的观点主要集中在两大类：一类观点是认为实现乡村振兴主要依靠国家政策引导和政府项目资金扶持，62.5%的人认为实现乡村振兴主要依靠国家政策引导（表4-1），69.1%的人认为实现乡村振兴主要依靠政府项目资金扶持（表4-2）；另一类观点则认为，海南的乡村振兴主要需要依靠村干部积极工作、村庄能人带动、村民自身努力，持以上观点的人占比分别为46.2%、23.5%、32.8%（表4-3、表4-4、表4-5）。由此看来，农户对乡村振兴需要依靠人才表示赞同，但更希望得到政府的支持。

表4-1 农户对本村践行乡村振兴战略主要依靠国家政策引导的反馈

是否依靠国家政策引导	样本（个）	占比（%）
是	851	62.5
否	510	37.5
合计	1 361	100.0

表4-2 农户对本村践行乡村振兴战略主要依靠政府项目资金扶持的反馈

是否依靠政府项目资金扶持	样本（个）	占比（%）
是	940	69.1
否	421	30.9
合计	1 361	100.0

表4-3 农户对本村践行乡村振兴战略主要依靠村干部积极工作的反馈

是否依靠村干部积极工作	样本（个）	占比（%）
是	629	46.2
否	732	53.8
合计	1 361	100.0

表4-4 农户对本村践行乡村振兴战略主要依靠村庄能人带动的反馈

是否依靠村庄能人带动	样本（个）	占比（%）
是	320	23.5
否	1 041	76.5
合计	1 361	100.0

表 4-5　农户对本村践行乡村振兴战略主要依靠村民自身努力的反馈

是否依靠村民自身努力	样本（个）	占比（%）
是	446	32.8
否	915	67.2
合计	1 361	100.0

（二）农户认为乡村需要开展人才队伍建设

调研发现，农户眼里的乡村建设主要包括村庄规划、基础设施建设、公共服务供给、农村环境改善、人才队伍建设、村庄组织建设、其他等。在1 361 个有效样本中，33.9%的人认为村庄最需要开展基础设施建设，28.9%的人认为村庄最需要开展村庄规划，15.1%的人认为村庄最需要开展人才队伍建设。综上，农户对村庄基础设施建设需求最大，对村庄开展人才队伍建设、村庄规划建设也有一定的需求（参见表 2-11）。

（三）农户认为乡村人才振兴的关键是如何吸引人才、如何培育人才、如何留住人才

调研反馈，在 1 361 个有效样本中，认为本村实现人才振兴的关键是如何吸引人才的占比为 18.3%，认为关键是如何培育人才的占比为 27.9%，认为关键是如何留住人才的占比为 11.3%，认为以上都是关键的占比高达 42.5%（表 4-6）。由此看来，农户已经意识到乡村发展的关键是如何吸引人才、如何培育人才、如何留住人才。

表 4-6　农户对乡村人才振兴的关键的反馈

认知	样本（个）	占比（%）
如何吸引人才	249	18.3
如何培育人才	380	27.9
如何留住人才	154	11.3
以上都是关键	578	42.5
合计	1 361	100.0

（四）农户认为村庄建设严重缺乏人才

在调研的 1 361 个有效样本中，78.6%的人认为村庄建设缺乏人才，14.3%的人对村庄建设是否缺乏人才表示不清楚。由此看来，农户认为乡村建设严重缺乏人才（表 4-7）。

表4-7　农户认为村庄建设是否缺乏人才的反馈

是否缺乏人才	样本（个）	占比（%）
是	1 070	78.6
否	194	14.3
不清楚	97	7.1
合计	1 361	100.0

二、海南乡村缺人才，但不同区域类型的农户认知不同

（一）农业区近五成农户认为乡村人才振兴的关键是要吸引人才、培育人才、留住人才

统计结果显示，不同区域类型与农户对本村实现人才振兴关键的认知具有明显的相关性。44.3%的农业区农户和42.9%的其他区域农户认为如何吸引人才、如何培育人才、如何留住人才都很关键；林业区的农户则认为如何吸引人才很重要，这部分农户占比为34.1%；渔业区的农户认为如何培育人才相对关键，这部分农户占比为44.3%。综上，农户都认为海南乡村振兴缺乏人才，但关于乡村人才振兴的关键却持有不同的观点（表4-8）。

表4-8　不同区域类型的农户对本村实现人才振兴关键的认知比较

单位：%

区域类型	如何吸引人才	如何培育人才	如何留住人才	以上都是关键	合计
农业区	17.8	27.4	10.5	44.3	100.0
林业区	34.1	25.9	15.3	24.7	100.0
渔业区	4.9	44.3	19.7	31.1	100.0
其他区域	21.4	14.3	21.4	42.9	100.0
合计	18.3	27.9	11.3	42.5	100.0

注：有效样本为1 361个，$P=0.000$。

（二）不同区域的农户都认为本村缺乏人才

统计结果显示，农业区、林业区、渔业区、其他区域的农户一致认为本村在乡村振兴中缺乏人才，占比依次为79.1%、77.6%、70.5%、78.6%，其中农业区、林业区和其他区域持本村在乡村振兴中缺乏人才观点的农户所占比重相对较高，基本上接近八成（表4-9）。

表4-9 不同区域类型的农户对本村在乡村振兴中是否缺乏人才的认知比较

单位：%

区域类型	是	否	不清楚	合计
农业区	79.1	14.4	6.5	100.0
林业区	77.6	7.1	15.3	100.0
渔业区	70.5	23.0	6.6	100.0
其他区域	78.6	7.1	14.3	100.0
合计	78.6	14.3	7.1	100.0

注：有效样本为1 361个，$P=0.009$。

（三）林业区有六成以上农户反馈村中缺乏懂团结与领导的村委会带头人

统计结果显示，63.6％的林业区的农户反馈本村缺乏懂团结与领导的村委会带头人，农业区和渔业区有约四成的农户反馈本村缺乏懂团结与领导的村委会带头人，其他区域中45.5％的农户反馈本村缺乏懂团结与领导的村委会带头人。由此看来，懂团结与领导的村委会带头人在农户眼中显得比较重要（表4-10）。

表4-10 不同区域类型的农户对本村是否缺乏懂团结与领导的村委会带头人的反馈

单位：%

区域类型	是	否	合计
农业区	39.7	60.3	100.0
林业区	63.6	36.4	100.0
渔业区	41.9	58.1	100.0
其他区域	45.5	54.5	100.0
合计	41.3	58.7	100.0

注：有效样本为1 361个，$P=0.002$。

（四）农业区的农户更渴求专技人才服务农业生产等领域

实地调研发现，很多农户在农业生产中遇到很多技术难题无法解决，如槟榔的黄化病、绿橙的黄龙病、香蕉的巴拿马病等，农业大户在种植和养殖中也时常因为缺少技术而影响产量和收益。统计数据表明，农业区认为本村缺乏专技人员的农户占比最高，达到75.9％；渔业区认为本村缺乏专技人才的农户占比排在第二，占比为72.1％；林业区认为本村缺乏专技人才的农户占比排在第三位，达到56.1％。由此看来统计数据和实地调研的结果是一致的，不同区域类型都有缺乏专技人才的现实问题，农业区的需求最大（表4-11）。

表 4 - 11　不同区域类型的农户对本村是否缺乏专技人才的反馈

单位：%

区域类型	是	否	合计
农业区	75.9	24.1	100.0
林业区	56.1	43.9	100.0
渔业区	72.1	27.9	100.0
其他区域	27.3	72.7	100.0
合计	74.0	26.0	100.0

注：有效样本为 1 361 个，$P=0.000$。

（五）不同区域类型的农户对乡村振兴工作队的需求一般

不同区域类型的农户虽然对本村的乡村振兴工作队都有一定的需求，但需求的比例不高，农业区、林业区、渔业区及其他区域中对乡村振兴工作队有需求的农户占比依次为 17.1%、24.2%、20.9%、45.5%，由此推断，乡村振兴工作在农户中的影响力有待提升（表 4 - 12）。

表 4 - 12　不同区域类型的农户对本村是否缺乏乡村振兴工作队的反馈

单位：%

区域类型	是	否	合计
农业区	17.1	82.9	100.0
林业区	24.2	75.8	100.0
渔业区	20.9	79.1	100.0
其他区域	45.5	54.5	100.0
合计	17.9	82.1	100.0

注：有效样本为 1 361 个，$P=0.042$。

（六）不同区域类型的农户对本村缺乏人才发展与上升空间进行了回应

探索村庄建设中缺乏人才的原因，将不同区域类型的农户与本村是否缺乏人才发展与上升空间进行交叉分析，结果显示两者具有一定的相关性，农业区、林业区、渔业区、其他区域中认为本村缺乏人才发展与上升空间的农户占比依次为 38.6%、27.3%、48.8%、72.7%。其中，其他区域农户占比最高，渔业区农户占比排在第二位（表 4 - 13）。

（七）农村人才流出情况比较严重，林业区和农业区有近七成人才流出

将不同区域类型的农户与本村人才流出情况是否严重进行交叉分析，发现两者具有明显的相关性，农业区、林业区、渔业区、其他区域分别有 65.4%、69.4%、27.9%、35.7%的农户反馈，村中的人才流出严重，大量外出。渔业区 50.0％的农户反馈，村中人才流出一般，部分人外出，部分人留村。渔业区 36.1％的农户反馈，部分人外出，部分人留村。由此看来，农村人才大量流出现象比较普遍（表 4 - 14）。

表 4 - 13　不同区域类型的农户对本村是否缺乏人才发展与上升空间的反馈

单位：％

区域类型	是	否	合计
农业区	38.6	61.4	100.0
林业区	27.3	72.7	100.0
渔业区	48.8	51.2	100.0
其他区域	72.7	27.3	100.0
合计	38.7	61.3	100.0

注：有效样本为 1 361 个，$P=0.012$。

表 4 - 14　不同区域类型的农户对本村人才流出情况是否严重的反馈

单位：％

区域类型	不严重，很多中青年人都在村	一般，部分人外出，部分人留村	严重，大量外出	合计
农业区	5.0	29.6	65.4	100.0
林业区	7.1	23.5	69.4	100.0
渔业区	36.1	36.1	27.9	100.0
其他区域	14.3	50.0	35.7	100.0
合计	6.6	29.7	63.7	100.0

注：有效样本为 1 361 个，$P=0.000$。

三、不同教育水平的农民普遍认为本村缺乏建设人才

统计数据表明，教育水平与本村是否缺乏建设人才具有明显的相关性，94.4％的文盲学历的受访者、84.7％的大专学历的受访者、84.2％的本科及以上学历的受访者、69.4％的小学学历的受访者和 77.6％的初中学历的受访者认为本村缺乏建设人才。由此看来，不同教育水平的农民普遍认为本村缺乏建设人才（表 4 - 15）。

表 4 - 15　不同教育水平的农民对本村是否缺乏建设人才的反馈

单位：％

教育水平	是	否	不清楚	合计
文盲	94.4	5.6	0.0	100.0

（续）

教育水平	是	否	不清楚	合计
小学	69.4	13.3	17.3	100.0
初中	77.6	14.9	7.6	100.0
高中或中专	79.6	14.7	5.7	100.0
大专	84.7	11.5	3.8	100.0
本科及以上	84.2	15.8	0.0	100.0
合计	78.6	14.3	7.1	100.0

注：有效样本为 1 361 个，$P=0.005$。

四、不同职业的农民对本村人才建设持有不同观点

（一）不同职业的农民认为如何吸引人才、如何培育人才、如何留住人才都很重要

调研发现，从事各类职业的农民对本村缺乏人才的现状都很清楚。在务农群体中，28.2%的人认为如何培育人才是实现乡村人才振兴的关键，41.6%的人认为如何吸引人才、如何培育人才、如何留住人才都很关键。在务工群体中，25.6%的人认为如何培育人才是实现乡村人才振兴的关键，47.9%的人认为如何吸引人才、如何培育人才、如何留住人才都很关键。在农村管理者中，31.5%的人认为如何培育人才是关键，35.5%的人认为如何吸引人才、如何培育人才、如何留住人才都很关键。由此看来，在不同职业的农民的观点中，如何吸引人才、如何培育人才、如何留住人才都很重要，是推动乡村人才振兴工作的关键（表 4-16）。

表 4-16　不同职业的农民对实现乡村人才振兴关键的反馈

单位：%

职业	如何吸引人才	如何培育人才	如何留住人才	以上都是关键	合计
务农	18.2	28.2	12.0	41.6	100.0
务工	16.3	25.6	10.2	47.9	100.0
个体经营	27.9	13.0	10.1	49.0	100.0
农村管理	22.8	31.5	10.2	35.5	100.0
其他	4.0	44.0	8.0	44.0	100.0
合计	18.3	27.9	11.3	42.5	100.0

注：有效样本为 1 361 个，$P=0.008$。

（二）不同职业的农民对能解决实际问题的专技人才需求比较高

将不同职业的农民与本村是否缺乏能解决实际问题的专技人才进行交叉分析，结果显示两者具有一定的相关性，务农群体、务工群体、个体经营者、农村管理者、其他职业群体中分别有 76.2%、69.8%、60.0%、74.5%、71.1% 的人认为本村缺乏能解决实际问题的专技人才。同时，实地调研访谈时发现，很多农村缺乏能解决实际问题的专技人才，如：三亚市和保亭县的冬季瓜菜种植，亟须专技人员解决瓜菜菁死问题；乐东县的哈密瓜种植，亟须对种植的过程进行跟踪管理等；很多村庄的村委会主任反馈，村里发展种养产业，更需要来自科研院所的能解决实际问题的专技人员做乡村振兴工作队队长或队员。由此看来，不同职业的农户对能解决实际问题的专技人才需求比较高（表4-17）。

表 4 - 17　不同职业的农民对本村是否缺乏能解决实际问题的专技人才的反馈

单位：%

职业	否	是	合计
务农	23.8	76.2	100.0
务工	30.2	69.8	100.0
个体经营	40.0	60.0	100.0
农村管理	25.5	74.5	100.0
其他	28.9	71.1	100.0
合计	26.0	74.0	100.0

注：有效样本为 1 361 个，$P=0.050$。

（三）从事不同职业的农民积极回应农村人才短缺的原因，不同职业的农民普遍认为本村建设缺乏相关人才的主要原因在于乡村难挣钱

调研发现，在村的农户认为村里建设缺乏相关人才的原因有很多，调研组对相关原因进行了分析和总结，大体上可归结为几类原因：缺乏国家政策引导与支持、缺乏社会认可、乡村赚钱难、缺乏人才发展与上升空间、缺乏良好的社会保障、缺乏良好的教育培训、其他原因等。将农民从事的职业与上述原因进行交叉分析，发现与缺乏社会认可、乡村赚钱难具有明显的相关性。不同职业群体中分别有 83.4%、83.1%、85.5%、95.1%、81.6% 的人，对本村建设缺乏相关人才的主要原因在于缺乏社会认可持否定态度（表 4 - 18）。68.4%、64.5%、69.1%、63.7%、44.7% 的人反馈，本村建设缺乏相关人才的主要原因是乡村赚钱难（表 4 - 19）。同时，实地调研发现，所调研的村庄

很少有产业可以落地，只有一些共享农庄落地到农村形成了极少数的新业态，如儋州市元利共享农庄、澄迈县才存共享农庄、儋州市嘉禾共享农庄，这些农庄吸纳了一部分劳动力就业，带动了周边村庄的旅游新业态；而大部分村庄没有较大的产业落户村庄，也没有建成完整的产业链，留住农户或乡村人才在产业链就业的可能性几乎为零，因此，外出务工就成为农户或者乡村人才的首选。综上，大部分不同职业的农民认为乡村建设缺乏相关人才的主要原因在于乡村赚钱难。

表 4-18　不同职业的农民对本村建设缺乏相关人才的主要原因在于缺乏社会认可的反馈

单位：%

职业	没有	有	合计
务农	83.4	16.6	100.0
务工	83.1	16.9	100.0
个体经营	85.5	14.5	100.0
农村管理	95.1	4.9	100.0
其他	81.6	18.4	100.0
合计	84.5	15.5	100.0

注：有效样本为 1 361 个，$P=0.041$。

表 4-19　不同职业的农民对本村建设缺乏相关人才的主要原因在于乡村赚钱难

单位：%

职业	没有	有	合计
务农	31.6	68.4	100.0
务工	35.5	64.5	100.0
个体经营	30.9	69.1	100.0
农村管理	36.3	63.7	100.0
其他	55.3	44.7	100.0
合计	33.5	66.5	100.0

注：有效样本为 1 361 个，$P=0.039$。

关于不同职业的农民对本村建设缺乏相关人才的主要原因在于缺乏良好的教育培训这一观点，反馈的结果不尽相同，务农群体、其他职业、农村管理者认为本村建设缺乏相关人才的主要原因在于缺乏良好的教育培训的比例依次为20.2%、23.7%、32.4%，其中农村管理者对培训的认可度最高（表 4-20）。

表 4 - 20 不同职业的农民对本村建设缺乏相关人才的主要原因在于缺乏良好的教育培训的反馈

单位：%

职业	没有	有	合计
务农	79.8	20.2	100.0
务工	86.6	13.4	100.0
个体经营	81.8	18.2	100.0
农村管理	67.6	32.4	100.0
其他	76.3	23.7	100.0
合计	79.7	20.3	100.0

注：有效样本为 1 361 个，$P=0.005$。

（四）不同职业的农民普遍认为海南农村空心化比较严重

调研发现，海南各市县农村普遍出现了空心化的情况，以定安县某农村为例，全村共 1 000 多户农户，有 90% 以上的农户离开村庄到海口市等地打工谋生。海南其他市县也普遍存在类似的现象。调查数据印证，不同职业的农民对村内人才流失等空心化情况是否严重进行了积极的反馈。68.5% 的农村管理者和 65.6% 的务工群体反馈，本村空心化情况严重，出现了村民大量外出的现象；务农群体中反馈"严重，大量外出"的比例为 63.8%，反馈"一般，部分人外出，部分人留村"的比例为 30.6%；个体经营者中，反馈"严重，大量外出"的比例为 56.6%，反馈"一般，部分人外出，部分人留村"的比例为 29.0%；其他职业群体中反馈"严重，大量外出"的比例为 52.0%，反馈"一般，部分人外出，部分人留村"的比例为 28.0%（表 4 - 21）。

表 4 - 21 不同职业的农民对村内人才流失等空心化情况是否严重的反馈

单位：%

职业	不严重，很多中青年人都在村	一般，部分人外出，部分人留村	严重，大量外出	合计
务农	5.7	30.6	63.8	100.0
务工	7.0	27.4	65.6	100.0
个体经营	14.5	29.0	56.6	100.0
农村管理	3.1	28.3	68.5	100.0
其他	20.0	28.0	52.0	100.0
合计	6.6	29.7	63.7	100.0

注：有效样本为 1 361 个，$P=0.001$。

第二节　乡村人才振兴的典型案例

海南乡村发展中涌现出了很多回乡创业的典型。例如，澄迈县的徐取俊通过发展才存共享农庄，"蹚出"了一条创业的成功之路。琼海市的王俏依托"世界热带水果之窗"发展新优特水果，使热带水果成了海南的"美丽乡村会客厅"。科技特派员周兆禧扎根乡村、服务产业，为海南热带特色高效农业发展尽职尽责，得到了广大农户的一致好评。

一、王俏：扎根乡土，在热带新优特水果领域"硕果累累"

（一）基本情况

王俏，1983年出生，大学本科学历，双学士学位，现任海南盛大现代农业开发有限公司总经理。王俏为海南琼海市大路镇湖仔村村民，为响应海南自由贸易港建设，他返乡创办"世界热带水果之窗"项目。截至2023年，累计为海南引进、培育和试验性种植手指柠檬、冰淇淋果、燕窝果等700余种世界新兴名优水果，2021—2023年在海南完成约3.5万亩的新兴名优热带水果产业化种植推广工作，直接带动和服务农民逾5万人，热带高端果树亩均产值超3万元，亩均产值最高达20万元，累计完成各项热带水果新品种产业化推广和服务任务逾50万人次。同时，利用优良品种资源和技术优势，积极投身产业扶贫和乡村振兴工作，带领湖仔村入选全国"一村一品"示范村镇、海南特色产业小镇等，组建热带水果研究院，"世界热带水果之窗"项目被认定为国家级专家服务基地。未来，将努力带动海南水果产业品种升级，形成农民致富、企业发展的多赢格局，为将海南打造成世界热带新兴名优水果之窗、助力海南自由贸易港建设贡献力量。

（二）主要做法

1. 开启返乡"导航"，创办"世界热带水果之窗"

自大学毕业以来，王俏先后在中国南山集团、中国恒大集团、海南农垦集团等大企业从事管理工作。2011年，王俏回海南工作，因为从小受家里专业种植果树的影响，他开始研究和引进世界各国的名优热带果树，开始建造他的"奇花异果"王国。王俏一路走来并不是很顺畅。有一次他花了很多的时间和精力从澳大利亚引进手指柠檬，最后却发现这种品种并不是纯的手指柠檬品种，而且这种品种是不能作为产业化种植的，需要花3～4年的时间去培育。后来王俏在世界各地寻找新奇特水果，都是从国内高校、科研机构和水果种苗进口公司引进，并利用结果母树边试种、边扩繁的。现在基地新品种选育方面在国内同行业中处于领先地位，基地已引进并选育成功多种世界新兴名优热带（亚热带）水果，示范和试验性种植多种新品种水果，培育多株优良新品种苗木①。

2. 建设种质"资源库"，落地 1 500 亩种植示范基地

2016 年为积极响应海南自由贸易港建设，海南发展热带高效农业的政策导向，王俏在琼海市大路镇创立海南盛大现代农业开发有限公司和琼海名优花果观光种植农民专业合作社，打造建设"世界热带水果之窗"项目，此项目为集世界名优水果新兴品种引进、选育、示范种植和产业化带动推广、观光于一体的综合农业科技示范项目。

"世界热带水果之窗"项目核心建设地点在海南东部琼海市大路镇湖仔村，已经建成约 1 500 亩（总体规划面积 3 000 亩）的核心培育和示范种植基地，大路镇北部建成 300 亩的手指柠檬示范种植基地，100 亩的寿桃（水蜜蛋黄果）和良种菠萝蜜示范种植基地，同时在大路镇亭子坡村委会大路洋子基地基本种植完成 50 亩的"大路洋梦幻田园采摘集"示范项目，在美容村种植点栽植 140 亩的冰淇淋果、手指柠檬，在海南西部东方市九所镇的分基地同海南农业对外交流中心等共建 200 亩的以燕窝果为主、逾 30 品种新兴优良水果的示范种植基地等。

3. 亮出特色"名片"，创新热带水果产业化推广

充分利用热带水果优良品种资源和技术优势，依托博鳌亚洲论坛年会美丽乡村接待点，建设大路镇世界热带水果特色产业小镇，打造世界名优水果种植和全域旅游一体化，促进农旅融合。

积极扩种新奇特水果。为推动琼海市乡村产业特色发展，深入带动琼海市大路镇 15 个村规划打造"一村一品"产业化种植。

创新发展全域热带水果旅游。以热带水果为主题，打造热带水果"美丽乡村会客厅"，并采用"核心旅游区＋卫星分基地"模式发展全域热带水果旅游，为参与会客厅会议的客人展现琼海市独特的种植优势。积极打造共享农庄，培育集生产定制、采摘加工、观光科普等于一体的新产业新业态，推动农旅融合发展②，积极创建 4A 级旅游景区，建成世界热带水果观光旅游胜地，使这一项目成为海南乡村振兴示范点、海南自由贸易港热带水果新产业创新标杆。

---

① 刘梦晓. 种下好种子 过上好日子 ［N］. 海南日报，2021－03－24.
② 袁宇. 新奇特水果变身创收"黄金果"［N］. 海南日报，2022－05－01.

发挥热带产业资源优势，打造产游研学基地。充分利用引进的 700 余种世界热带水果优良种质资源，建成具有 300 多种试种成功的热带新奇特水果品种的科普观光区。作为海南科普示范基地，海南大学、海南中学、琼海海桂中学、琼海市一小等学校累计开展研游学活动近 200 场，约 10 000 人次。积极申报全国科普教育基地，全力打造产游研学一体化基地。

4. 搭建交流"平台"，提升热带水果旅游消费热度

"世界热带水果之窗"项目对外开放以来，组织各专项推广活动，接待各级领导来宾、国内外专家学者、产业化种植业者、游客科普观光等。2019 年以来基地接待来自菲律宾、印度尼西亚、泰国、缅甸、孟加拉国、老挝、斐济、密克罗尼西亚、斯里兰卡、马来西亚、柬埔寨、美国、日本农业部门官员和专家、游客等莅临基地进行农业品种技术、农旅融合消费交流。

5. 发布合作"红利"，带动周边农户共同致富

利用优良品种资源和技术优势，积极投身产业扶贫和乡村振兴，既为农村劳动力提供稳定就业岗位，还将产业化带动融入"世界热带水果之窗"项目，采取"公司＋合作社＋村委会""公司＋合作社＋农户（脱贫户）"等形式，带动建档立卡脱贫户入股合作社，共同参与项目建设。公司提供种苗、技术指导并负责销售，合作社组织种植和回收。截至 2022 年，已在项目所在地大路镇湖仔村、美容村、马寨村、东红居等村（居），示范种植手指柠檬、冰淇淋果、牛奶果、黄晶果、燕窝果等水果品种，其中手指柠檬已形成亚洲最大种植供应地，产生良好经济效益[①]。这样保证了农户既能获得稳定分红，又能获得专业的种植技术，对发展产业提供了实质性的帮助。

6. 构建科企"共同体"，助力热带水果产业发展

"世界热带水果之窗"项目积极参与科企"共同体"构建，联合中国热带农业科学院、海南大学、海南省农业科学院等单位开展科技攻关，通过建立紧密的合作机制，取得了一定成效，如选育了 40 多个优新品种、制定了一系列行业标准等。

2021 年，"世界热带水果之窗"项目入选国家级专家服务基地，以此为基础，联合海南省内外科研院所，组建国家级专家团队服务热带水果产业开发和推广。①和中国热带农业科学院全面合作，"世界热带水果之窗"项目挂牌国家热带植物种质资源库珍稀果树分库。②与海南大学组建世界热带水果开发和创新型人才培养基地。③海南盛大现代农业开发有限公司与海南省农业科学院

① 袁宇. 新奇特水果变身创收"黄金果"[N]. 海南日报，2022－05－01.

按1∶1比例注册资金成立了海南优新热带果树种质创新研究有限公司，全面开展对热带果树的技术研发、技术交流、技术推广等相关工作。④同华大基因签订战略合作协议，联合海南大学三方共同构建全球热带水果数据库，开展热带水果基因定向育种。并选育出了红色妖姬手指柠檬等40多个优新品种，完成农业农村部手指柠檬、冰淇淋果、黄晶果、牛奶果等新品种病虫害和绿色防控技术委托工作。⑤形成技术规范成果，联合海南省农业科学院完成制定手指柠檬栽培技术（海南行业标准），联合琼海市热作中心和海南大学完成制定燕窝果种植技术（企业标准），同时充分发挥琼海市热带水果产业协会的作用，利用栽培技术标准，服务乡村振兴，加快热带水果产业标准化种植示范推广，促进产业健康发展。

（三）取得成效

王俏通过开启返乡"导航"、建设种质"资源库"、亮出特色"名片"、搭建交流"平台"、发布合作"红利"、构建科企"共同体"等措施，将"世界热带水果之窗"项目做大做强，演绎了精彩的返乡创业故事，成为海南乡村人才振兴的一个优秀典型。

1. 带动了产业发展

王俏作为乡村人才，依托"世界热带水果之窗"项目使热带特色水果实现了由无到有的跨越，从示范试验开始做起，逐步实现了产业化的路径，项目累计引进、培育和试验性种植700余种世界新兴名优水果品种，其中燕窝果、冰淇淋果、手指柠檬、大果人心果等300多种新兴名优品种试种成功，50种开始在全省范围内实现产业化种植。截至2023年，已在琼海市、东方市、乐东县等市县推广种植燕窝果、无刺黄龙果、冰激凌果、手指柠檬、香水椰等新产业品种约3.5万亩；同时，积极为"走出去"企业在老挝、柬埔寨、越南等"一带一路"合作伙伴提供水果种苗和技术服务支持。

2. 推动了美丽乡村建设

"世界热带水果之窗"项目抢抓机遇，利用亚洲博鳌论坛的契机，主动加入美丽乡村建设，以热带新优特水果为主题，开展科普和服务国家外交的相关活动，致力于打造热带水果"美丽乡村会客厅"，服务博鳌亚洲论坛，并采用"核心旅游区＋卫星分基地"模式发展全域热带水果旅游，为参与会客厅会议的客人展现琼海市独特的种植优势。

3. 实现了农旅融合

"世界热带水果之窗"项目积极融入琼海市全域旅游的大格局，2019年接待各级领导来宾、国内外专家学者、产业化种植户等65万人次，在海南产生了一定的影响力。在现有发展基础上，积极打造共享农庄，培育集生产定制、采摘加工、观光科普等于一体的新产业新业态，推动农旅融合发展，积极创建4A级旅游景区，建成世界热带水果观光旅游胜地，使这一项目成为海南乡村振兴示范点、海南自由贸易港热带水果新产业创新标杆。

4. 带动了劳动力就业

利用优良品种资源和技术优势，积极投身产业扶贫和乡村振兴，不仅为190名农村劳动力提供稳定就业岗位，还将产业化带动融入"世界热带水果之窗"项目，采取"公司＋合作社＋村委会""公司＋合作社＋农户（脱贫户）"等形式，带动106户建档立卡脱贫户入股合作社，共同参与项目建设。

（四）经验探讨

1. 抢抓机遇，实干到底

王俏创办海南盛大现代农业开发有限公司，主要是基于父母的熏陶和影响。王俏的父母主要从事热带果树种植，年幼时便在王俏心中种下了一颗小小的"种子"，长大后这颗"种子"的力量越来越强大，牵引着王俏从省外回到大路镇。此后的岁月里，王俏开始寻找和引进世界各地的新奇特水果，将手指柠檬、冰淇淋果、牛奶果、黄晶果、燕窝果等水果品种引进"世界水果之窗"项目，从此在品种选育和标准认定及产业化的道路上越走越宽阔。

2. 示范先行，实现产业化

王俏在发展热带特色水果过程中的思路为：引进—培育—示范—推广—产业化。遵循这样一条发展思路，先后从中美洲、南美洲、东南亚等地引进热带新奇特水果700余种，其中燕窝果、冰淇淋果、手指柠檬等300多个品种已试种成功，项目示范和试验性种植新品种水果20余万株，累计培育和推广特色水果苗木500余万株，已在海南琼海市、东方市、乐东县、三亚市等地推广种植燕窝果、无刺黄龙果、冰淇淋果、手指柠檬、香水椰等新产业品种约3.5万亩。手指柠檬、冰淇淋果、燕窝果等近20种产业化种植新品种鲜果为全国首家上市供应，产生良好经济效益。

为了让新奇特水果与村集体经济"联姻"，采用了"企业＋合作社＋农户"的形式助力村庄集体经济发展，按照统一种苗、统一技术指导和统一销售的模式推广种植1 000亩，与村集体的合作分红采用"企业＋村集体""双层保底＋浮动分红"等模式进行利益连接，带动了会山镇、阳江镇、大路镇等地的村庄发展牛奶果、冰淇淋果等新优特产业，村庄集体经济得到了发展，并产生了一定的经济效益。截至2023年，村集体经济高效产业已达550余亩，促进了乡村产业发展。

3. 荣誉在身，不断前行

王俏作为海南盛大现代农业开发有限公司总经理，依托国家农业对外开放合作试验区重点项目"世界热带水果之窗"项目，在不懈的努力与探索中，王俏所在的团队获得团体荣誉 13 项，王俏获得个人荣誉 11 项。

（1）项目荣誉。

①2021 年 12 月热果王手指柠檬被农业农村部授予中国绿色食品产品称号。

②2021 年 11 月被农业农村部认定为琼海世界热带水果之窗全国农村创业园区。

③2021 年 10 月琼海市大路镇湖仔村（热带树苗）被农业农村部认定为全国"一村一品"示范村镇。

④2021 年 4 月被人力资源和社会保障部授予琼海世界热带水果之窗国家级专家服务基地称号。

⑤2021 年 3 月被授予科技部国家热带植物种质资源库珍稀果树分库称号。

⑥2022 年 1 月被海南省总工会授予海南工会就业创业示范基地称号。

⑦2021 年 3 月被海南省关心下一代工作委员会授予海南关心下一代科技帮扶基地称号。

⑧2020 年 10 月被海南省农业农村厅授予海南现代农业产业园称号。

⑨2020 年 10 月被海南省科学技术协会授予海南科普示范基地称号。

⑩2020 年 7 月大路镇手指柠檬基地被海南省农业农村厅授予海南热作标准化生产示范园称号。

⑪2021 年 8 月被琼海市农业农村局授予乡村振兴农业人才培养基地称号。

⑫2019 年 10 月被琼海市人力资源和社会保障局、琼海市扶贫办授予琼海市就业扶贫车间称号。

⑬2019 年 7 月被琼海市农业农村局、大路镇人民政府授予琼海市特色产业扶贫基地称号。

（2）个人荣誉。

①2023 年 5 月被授予第二十九届"海南青年五四奖章"。

②2022 年 11 月被国家文化和旅游部认定为 2022 年度全国乡村文化和旅游带头人。

③2022 年 1 月被海南省农业农村厅授予"海南省第二届优秀农村实用人才"称号。

④2021 年当选为琼海市政协常务委员。

⑤2021 年 10 月被琼海市工商联（总工会）授予"第十届执委会副会长"称号。

⑥2021 年 5 月被海南省总工会授予"海南省五一劳动奖章"称号。

⑦2020 年 6 月被琼海市委、市政府评为"2019 年度琼海市打赢脱贫攻坚战先进个人"。

⑧2020 年 4 月被中共琼海市委人才工作委员会授予"琼海市委联系服务重点专家"称号。

⑨2019 年 10 月被海南省人才发展局授予"海南省其他类高层次"称号。

⑩2019 年 9 月被海南省委人才工作委员会授予"2019 年海南省南海乡土人才"称号。

⑪2018 年 11 月被琼海市团委授予农村青年致富带头人协会副理事长称号。

在项目荣誉与个人荣誉的激励与作用下，王俏不忘初心、继续前行，将热带水果特色产业与琼海市全域旅游进行融合，积极打造"美丽乡村会客厅"，服务博鳌亚洲论坛。同时积极承担接待各级领导及外宾的任务。

经过不懈努力，在农业农村部和省市相关部门的支持下，"世界热带水果之窗"项目 2021 年被列入《中共海南省委 海南省人民政府关于全面推进乡村振兴加快农业农村现代化的实施意见》，同时被列入海南"十四五"规划的重点任务，"发挥琼海农业对外开放合作试验区引领示范作用，并与全球热带农业中心建设对接，积极引进选育推广全球热带珍稀特色水果，打造琼海全球热带水果引进种植示范基地"。未来，将努力带动周边农户种植发展热带高效水果，发展和培育新兴高端名优水果新产业，带动海南农业产业升级，形成农民致富、企业发展的多赢格局。同时，发挥琼海国家农业对外交流合作示范区作用，努力发展为海南最具竞争力的农业品牌，将海南打造成世界热带新兴名优水果之窗。

二、徐取俊：以才存共享农庄为载体，在吸引人才下沉至乡村上取得一定成效

（一）基本情况

徐取俊，海南澄迈县大丰镇才存社区返乡创业大学生，1983 年 8 月出生，法学学士、工商管理硕士，在职研究生学历。

徐取俊具有强烈的社会责任感与建设家乡的决心，2011 年他辞掉了央企优越的工作，建立了澄迈县大丰镇第一家农民专业合作社——澄迈才存益民畜

牧养殖专业合作社。经过10多年的努力，他创办了种植、旅游、加工、住宿等融合发展的才存共享农庄，该项目已解决乡村劳动力就业20多人，带动建档立卡贫困户53户236人全部脱贫，带动100多户农户实现人均年收入3.5万元，带动周边农户种植水果近300亩。此外，还吸引了2位党员大学生回村创办食用菌繁育基地1个，吸引外地大学生创办沉香产业基地1个，进一步集聚人才。在徐取俊的带领下，2022年产业项目有大学生20余名。

当前，才存社区已形成了良好的创业基础。经过10余年的时间，在乡村打造了集特色种植、特色养殖、水果采摘、垂钓、科普教育基地及乡村休闲游于一体的农业综合开发项目，逐步奠定了乡村第一、二、三产业发展的基础，初步打开了乡村振兴的局面。

（二）主要做法

1. "摸着石头过河"，全力以赴发展热带特色高效农业

在徐取俊眼里，乡村产业发展是农村的根基，也是农民增收的重要路径。为了尽快找到合适才存社区发展的产业，他苦思冥想，发展什么产业才更合适呢？突然他灵机一动，想起自己在广东打工时，经常接触人工驯养的果子狸。他想到海南的气候很好，也有一定的市场需求，如果产业达到一定规模，还可以带动周边农户从事这个产业，于是他筹资50万元建起果子狸养殖场。但事不遂人愿，养殖之初因缺乏技术，在前3个月便有45只果子狸陆续死亡。随后受市场因素制约，直到2016年才卖出第一只果子狸。此外，他和另外2名大学生筹资近百万元建起黑山羊养殖基地，但因经验不足，未及时给黑山羊接种疫苗，仅1个月就有100只羊死亡，亏损了30万元，合作伙伴也离开了。周边农户投来异样的目光，徐取俊遭受了各种议论，如"这些返乡创业的大学生就是眼高手低，创业输得很惨"等。面对创业的压力，徐取俊从未选择放弃，而是一如既往地坚持。他坚持到养殖大户和科研院所学习黑山羊养殖技术，经常能看到他用笔记本记录黑山羊养殖的关键技术，也能看到他挑灯夜读，钻研什么样的养殖环境更适合澄迈县的黑山羊生存。慢慢地周围农户看到他的决心和做事的态度，2016年30余户村民主动找到他，加入其创办的澄迈才存益民畜牧养殖专业合作社，共同发展。众人拾柴火焰高，乡亲们的信任给了徐取俊压力，也给了他在家乡创业的信心。之后他在现有发展基础上创办了澄迈才存共享农庄项目，围绕才存美丽乡村整合近600亩土地，利用近200亩土地开发了产业，投资5000万元，已经建成并投入运营。

截至2022年，热带特色高效农业种植已初具规模。已种植20年龄九里香园 20 亩、罗汉松名贵树种园 10 亩、水果采摘园 20 亩、苹果青枣园 60 亩、山茶树园 2 亩、蔬菜种植科普园 40 亩（建设中）、家庭农场 1 座。加工业有了一定起色，建设蘑菇加工厂（2 500 平方米）、咖啡加工厂（2 000 平方米）、胡椒加工厂（500 平方米），发展沉香加工产业（20 亩）。服务业发展取得一定成效，建设农味饭庄（300 人同时用餐）、咖啡馆（200 人）、民宿（120 人）、会议中心（200 人）、水面休憩长廊（150 人）、乡村书屋、老人茶舍，乡村林下小酒吧、户外露营基地（15 顶帐篷）等正在建设中。

未来才存共享农庄将在以下几方面发力：①打造才存乡村振兴学院综合培训板块，面向"三农"，精准培养"三农"人才，做好培训业务，解决短期现金流问题。②发展才存电子商务展销运营中心，依托"互联网＋"，通过发展电商产业助力澄迈县特色农产品销售，特别是自有咖啡与胡椒产品的销售，繁荣农产品市场经济，解决规模收入问题。③结合年度投资建设计划，计划建设 500 个停车位的林下停车场、7 个充电桩的充电车场、10 亩儿童绿地、乡村林下酒吧、热带观赏果园、民宿等配套项目，解决共享农庄业态活跃与收入问题。

如今的才存共享农庄已成为城郊上的富美乡村，由一产种植向三产融合的发展方向拓展，咖啡馆、饭店、民宿陆续开业，真人 CS 基地、林下酒吧、蘑菇体验基地、亲子渔田等项目应有尽有，成为名副其实的美丽乡村示范基地①。

2. 倒逼营商环境，吸引 20 余名大学生返乡创业

海南的乡村经济基础普遍比较薄弱，一个重要的原因就是海南整体经济不发达，城市反哺乡村的机会不大，特别是乡村产业基础薄弱，乡村发展特色不明显，吸引城市居民来村消费的力度不大。长此以往，乡村的发展就慢慢地陷入了没有产业支撑、难以吸引人才回乡的局面。辩证地看，没有人才回乡就难以发展产业。另一个重要的原因是，海南政府工作人员与深圳等经济发达地区的工作人员相比还有一定的差距。举个简单的例子，关于建设用地指标调整，相关工作人员反馈是："我们从来没接触过这样的业务，可能办不了这件事。"虽然澄迈县出台了《澄迈县支持与鼓励返乡大学生扶持资金管理办法》等优惠政策，但整体上营商环境还有很大的提升空间。

因受产业发展与创业环境的影响，发展到 2015 年，才存社区才迎来了第二个返乡大学生。坚守 8 年，截至 2019 年，徐取俊聚集了 15 名青年才俊陆续

---

① 余小艳，李佳飞，王家专. "新农人"带来新气象［N］. 海南日报，2020 - 07 - 06.

回村创业，其中有刚毕业的研究生、工程师、经济师、规划师等。截至 2022 年，才存社区共聚集了 20 余名创业大学生。值得一提的是，只有 3 名大学生是来自本地的，其他大学生来自四川、安徽、黑龙江等省份，学历有硕士研究生、本科生、高职生等，这在海南的乡村中是极少有的现象。

才存共享农庄是怎样做到将返乡大学生吸引到村里来的呢？主要包括以下几点：①带头人徐取俊头脑灵活，思路清晰，能捕捉市场信息；②澄迈县领导看到青年人干事创业的热情与成效，在建设用地指标分配、资金和项目上给予倾斜，积极改善营商环境，为青年人干事创业提供良好的服务环境；③乡村振兴的政策背景好，如热带高效农业需要人才、乡村旅游需要人才、走三产融合之路需要人才等；④才存共享农庄发展有了一定的产业基础和影响力。

3. 人才兴村强村，促进乡村治理提质增效

20 多名返乡大学生的到来，给才存社区乡村治理带来不一样的变化。在大学生的影响和带动下，村里的自我管理和自我服务有了新的起色，才存社区的乡村治理有了秩序和活力。在徐取俊的带领下，才存社区吸引回乡创业大学生 20 多名，其中 3 名大学生来自本地。这些大学生的回乡有助于改善乡村治理结构。之前乡村干部没有认识到在乡村建设过程中，为乡村争取资金等资源是要形成书面申请、报告的，见到乡镇领导仅靠口头汇报，汇报完后对应的工作却没有人跟进，导致乡村各项工作没有效率与依据；现在返乡大学生与村"两委"干部经过磨合可以沟通与协作乡村事务，促进了乡村治理程序的优化，极大地促进了乡村的发展。才存社区几十个返乡创业项目解决乡村劳动力就业 200 多人，返乡大学生的回乡反哺，让村里的年轻人获得了全新的工作思维与方式，逐步影响带动村民转变落后生产方式，提高了土地的经济效益[①]。

4. 走三产融合之路，助力农业供给侧结构性改革

徐取俊在农业发展中抓住了一个核心问题：要坚持供给侧结构性改革，找到一个促进热带特色农业高效发展的载体。这个载体就是才存共享农庄，链接第一产业和第二产业。这个载体既可以有效改进产品产量不高、品质不高、做不了品牌等一系列问题，也可以解决农民增收这个实际问题。徐取俊分析：就海南大规模的农村种植作物而言，其市场在内地，直接需求方是内地的瓜菜收购商，如果按照传统的生产方式，必然还会受制于中间的瓜菜收购商，长此以

---

① 高懿. 引能人回乡创业 带乡村共同致富［N］. 海南日报，2021‑11‑11.

往就会受到市场影响而难以改变现状。

据徐取俊反馈，既然要进行供给侧结构性改革分析，就要从需求方去分析：随着城市居民生活水平的提高，他们对乡村优质农副产品的需求会越来越大，乡村应因地制宜，多种植优质水果与养殖优质畜禽产品；随着城市居民工作压力的增大与陪伴孩子的时间的缺失，他们对乡村休闲游及乡村文化的兴趣越来越大。有了战略定位分析，就需要制定才存社区一二三产业融合发展的战略规划。经过10余年的坚守发展，才存社区的产业发展布局符合了乡村振兴发展的总体要求，方向对了，也逐步打开了一二三产业融合发展的局面。这样乡村产业发展便有了方向，农民增收便有了盼头。

5. 社会责任感强，不忘回馈父老乡亲

脱贫攻坚期间，徐取俊所在的合作社主动吸收镇区53户贫困户到合作社中，对他们进行技术、防疫培训与合作分红，帮助贫困户树立了积极发展的信心，真正从产业发展的角度去引导脱贫，收到了很好的社会效益与经济效益。

（三）取得成效

徐取俊作为返乡创业大学生的典型，其贡献主要集中在以下几点：①充分利用土地资源，让才存共享农庄项目能够落地并实现可持续发展。②以共享农庄为载体，大力发展种植、采摘、垂钓、民宿、乡村旅游等产业，形成了多元发展共生的模式。③依托才存共享农庄和合作社大力发展加工业，已拥有蘑菇加工厂2 500平方米、咖啡加工厂2 000平方米、胡椒加工厂500平方米，直接将第一产业和第二产业进行有效衔接。④解决了劳动力就业问题。解决乡村劳动力就业20多人，带动建档立卡贫困户53户236人全部脱贫，带动100多户农户实现人均年收入3.5万元。

（四）主要经验

徐取俊的经验主要可总结为以下几点：①坚持再坚持，他不怕失败，屡败屡战，经历果子狸、黑山羊养殖的挫败后，依然能"不忘初心、继续前行"。②总能在摸索中找到希望，并将事业越做越大。从养殖、种植的单一产业链逐步拓展到乡村旅游、共享农庄、咖啡加工等产业逐步落地才存社区，是不断探索的结果，也是不断调整思路、紧跟市场步伐的结果。③聚力人气，继续前行。徐取俊通过自己的努力干出成绩来，说服政府提供营商环境、资金、项目、土地等支持后，聚力20多名返乡创业者落地才存社区，共享农庄发展有了人才支撑，乡村治理的面貌有了全新变化，乡村人才队伍建设取得了一定成效。

三、周兆禧：扎根乡土，积极履行农业科技人员的使命和职责

（一）基本情况

周兆禧，男，1981年生，硕士研究生，副研究员，硕士研究生导师，中国热带农业科学院海口实验站优稀果树品种选育与高效栽培课题组组长，中国热带农业科学院热带作物品种资源研究所果树研究中心副主任，果树栽培课题组组长，从事热带果树高效栽培生理研究和科技推广工作。他是科技部优秀科技特派员，海南省高素质农民培训优秀教师，海南省科技特派员，海南省"三区"科技人才，五指山市优秀生态科技特派员，海南省高素质农民培育工程-现代青年农场主产业发展导师，海南临高县科技局科技顾问，贵州贞丰县脱贫攻坚特聘专家，海南省共享农庄评审专家，海南省农业信贷担保项目评审专家。

（二）主要做法

1. 扎根乡村，创新科技服务模式更直接更有效地助力乡村振兴

（1）构建"政府＋科研＋企业/合作社＋支部共建＋农户"科技推广模式，将示范基地建在乡村。以热带特色果树产业需求为导向，以多年科学研究积累的热带特色果品品种选育、关键栽培技术为载体，创新推广模式，将示范基地建设在乡镇及行政村，发挥政府政策、资金和组织动员优势，通过企业及合作社示范带动农户发展，形成"政府＋科研＋企业/合作社＋支部共建＋农户"科技推广模式，确保推广的新品种、新技术落地生根。同时，将科技服务与特色果树产业规划紧密融合，将新品种、新技术、新成果送到田间地头，解决科研成果落地"最后一公里"的问题，履行了科技特派员的使命，践行了科技特派员服务乡村振兴的职责。

（2）科技服务乡村产业的做法在临高县和五指山市等地得到有效推广。以海南临高县东英镇居留村为例，2019年以前临高县东英镇居留村800亩土地种植桉树和甘蔗，每亩产值仅2 000元左右，效益低下，产业扶贫成效不明显。针对当地存在的问题，团队成员结合多年特色果树研究成果，坚持遵循"特色牵引、市场主导、技术支撑"原则，以"短期作物促进脱贫、长期作物促进致富"为目标，采取"政府＋科研＋合作社＋支部结对共建＋农户"的推广模式，在镇政府的支持下，为东英镇居留村因地制宜进行产业发展设计，采取幼树黄皮间作大蒜的栽培模式，间作面积350亩，提供服务50余次。不到半年时间，间作的大蒜净收益超过6 000元/亩，带动农户62户270人脱贫，实现了临高县东英镇居留村全村脱贫，农业产业结构得到了优化升级，发展模式被

科技部中国农村技术开发中心作为典型案例收录于《科技人员助力边远贫困地区、边疆民族地区和革命老区脱贫攻坚典型事例汇编》。这样的做法在临高县、五指山市和保亭县等地得到有效的推广应用。

2. 苦心钻研，实现科技创新与成果转化双轮驱动

带领课题组及团队将科研选题与"脱贫攻坚和乡村振兴"有效衔接，科技服务深度融合，以产业发展中技术问题为导向，与企业进行技术联合攻关后直接开展转化利用。近年来团队承担国家级、省部级与院市级技术示范推广类项目 20 项，发表论文 31 篇，获批专利 8 件，其中国家发明专利 5 件，出版了《海南甜橙无病容器大苗繁育与配套高效栽培技术》等图书，示范推广了芒果、火龙果、百香果、黄皮、福橙、红毛丹、榴莲和山竹等新品种及配套高效栽培技术等，近年累计示范种植新品种面积 5 000 余亩，累计推广种植新品种面积 10 余万亩。以火龙果为例，团队承担的海南重点研发计划——火龙果冬果调控技术研发与示范推广项目，研发集成一套火龙果冬果调控高效栽培技术，使海南成为火龙果全年采摘上市、实现市场供应期最长的地区，在海口市、乐东县、三亚市等地得到大面积推广。再以红毛丹和榴莲为例，针对红毛丹、榴莲产业中存在的育种材料缺乏、配套栽培管理技术缺乏等问题，带领团队开展了红毛丹、榴莲种质资源收集、评价和主栽品系关键栽培技术集成等研究，探索了红毛丹分子标记辅助育种技术，研究成果较传统粗放式管理节约了 44% 的劳动力成本，肥料利用率提高了 73.03% 以上，产量提高了 24.84% 以上，果实品质得到大幅度改善，并选育了榴莲新品系，突破榴莲矮化高效栽培技术，使本地榴莲实现了矮化丰产，还出版了《中国榴莲栽培技术》图书，得到广大种植户的认可，成果应用于生产取得了良好的经济效益。此外，针对在成果推广应用中发现的新问题，及时组织研发，研发成果得到完全转化利用。

3. 技术培训，形成了一套"两端"畅通的"一懂两爱"乡村人才培养机制

为了更好地将农业实用技术传递到海南各农业生产经营主体和基层农技推广人员手上，周兆禧所在团队依托海口实验站的资源平台，深入研究乡村人才培育模式，经过多年的积累与求索，创新性地总结了"两端"畅通的培训模式。具体而言，一端是以乡村为单元的农村实用人才、致富带头人的培养，另一端是指科研人员科技推广服务能力的提升，通过建立培训交流工作平台，解决"两端"交流不顺畅、科技推广信息不对称、技术研发和技术输出与生产实际需求脱节的问题。

具体做法是：①制定了完善的科技推广服务管理和考核制度，引导调动科研人员开展科技服务的积极性和主动性，鼓励科技人员下沉到乡村一线，把成果、技术送到百村千户，并联合地方政府承办各类技术培训班，因地制宜进行课程设计、教师和培训学员的精准遴选等，采取灵活多样的教学形式，形成了系统的科技培训体系。②建立了畅通的学习交流和技术信息服务平台，把科研院校的科技人才和乡村一线农村技术人才、致富带头人有效连接。③在培训中针对性培养相对人才，指导农艺师及高级农艺师等培育，近年来培育临高县王开现、保亭县陈波等农艺师10余位，其中高级农艺师1位。连续7年承办了"三区"科技人才专项培训及乐东县高素质农民培训、临高县科技引领乡村振兴培训等农村实用人才技术培训班，通过实地教学和微信、电话等交流平台进行持续跟踪指导服务，进一步孵化科技人才。培养出一批如海南省劳动模范、海南省乡村实用技术人才、海南省乡土人才王开现等10余位能够带动地方产业发展的"土专家""农博士""田秀才"，这些乡土人才在自身发展的同时带动起一方百姓，搞活了一片经济，撑起了产业富民大旗①，已成为带动农村经济发展的重要力量。在不断开展科技服务的工作中，团队成员的业务能力也得到进一步提升，成果为该团队培养了高级职称人员3人，海南省高层次人才5人，科技部优秀科技特派员1人，海南省科技特派员4人，海南省高素质农民培训优秀教师1人，海南省高素质农民青年农场主创业导师1人等。

（三）取得成效

周兆禧带领的科技人才团队取得成效具体体现在如下两个方面。一方面，服务了热带特色高效水果产业。以临高县东英镇居留村为例，为了改善原有种植产业低效、产量低等问题，周兆禧团队经过实地调研并结合自己的专业知识为该村设计了林下种植模式，采取幼树黄皮间作大蒜的栽培模式，间作面积350亩。最为重要的是将技术直接送到农户手上，半年间通过下基地、微信视频、电话交流等方式服务农户50余次，不到半年时间，仅间作的大蒜产值就达到9 000元/亩以上，扣除成本后净收益达到6 000元/亩以上，带动农户62户270人脱贫，真正做到了科技带动农户增收。另一方面，农业技术培训结出了"累累硕果"。连续7年承办了"三区"科技人才专项培训及乐东县高素质农民培训、临高县科技引领乡村振兴培训、保亭县农村实用人才培训等农村实用人才技术培训班30余期，培训乡村振兴科技人员学员2 000余人，培养出王开现10余位"土专家"等。

（四）经验探讨

周兆禧作为基层科研人员服务乡村振兴的代表，始终不忘来时路，将自己

---

① 曲直，刘照亭，王敬根，等. 乡土人才开发的途径、制约及对策——镇江农科所开展科技服务和乡土人才培养工作的实践［J］. 江苏农村经济，2008（11）：60－62.

的成果书写在海南大地上,将科技特派员和农技推广人员的使命和职责履行得非常到位,将品种、新技术及种植新模式推广到临高县、五指山市等地,真正做到了服务海南地方产业、培育乡土人才。

第三节 乡村人才建设存在的问题

一、海南乡村人才外流现象比较严重

海南作为气候和生态环境比较好的省份,同样存在乡村人才外流的问题。调研发现,部分市县空心村情况严重,人口大量外流,房屋破烂衰败,道路为土路,大量田地荒芜。以儋州市木棠镇为例,该镇西鲁村全村原有农户 39 户,因小孩上学、就业等原因历年来陆续迁往市政府所在地那大镇 31 户,现仅有 8 户农户的户籍在村里,其中常住在村的农户仅有 1 户。木棠镇像这样的村还有 16 个,涉及农户 587 户(共计 2 948 人),占全镇农村常住人口 6 585 户(共计 33 554 人)的 8.9%。此种情境下,政府推进乡村振兴工作就很困难。在村庄规划层面,不给搬出的农户按照村庄规划分配宅基地就有可能发生大面积上访事件,影响社会稳定;在村庄建设层面,不建设的话村庄极有可能破败甚至消亡,村民也不同意,而建设的话成本较大。实际上,公共服务和基础设施建设很难延伸和覆盖这类村庄,这类村庄土地资源利用和农业发展相对滞后,已成为乡村建设行动中的难点。同样,海口市龙华区新坡镇农丰村在驻村第一书记的带动下,发展起了大棚蔬菜产业、有机稻米和旅游采摘等项目。据驻村第一书记反馈,该村有 80% 以上的农户到海口市、广州市等城市打工,村里因乡村建设项目急需送货到海口市,但是村里连 1 个会开车、会用导航、能把蔬菜等农产品送到指定团购地点的人都没有。由此看来,无论是在偏远村庄还是在城郊村,都存在农村劳动力和人才大量外流的现象。

二、海南乡村人才创新发展制度激励急需加强

目前乡村振兴阶段,各级政府都加大了对农村的重视和投入,农村发展前景较好。但长期以来的城乡二元结构导致农村在资源、基础设施和资金上的投入还无法与城市相比,存在明显的短板。同时,创业市场的不稳定性以及农业周期长、风险高等特点致使很多职业经理人不愿意返乡创业和发展。此外,各市县在返乡创业人才制度建设方面还有很大的提升空间,比如:农用地转成设施用地和商业用地的指标较少,发展共享农庄等第三产业时明显受限;对返乡

创业人才的资金支持政策和奖励政策不明确，导致很多返乡人才处于观望状态。调研发现，有龙泉镇的返乡创业者将厂子迁回了本镇，但没有得到任何支持政策，在劳动力用工上还存在用工者素质不高、找不到合适的工人以及效率低下等问题。

三、海南乡村缺乏经济精英等专技人才

调研数据显示，在 1 361 个样本中，78.6％的人反馈村里缺乏人才，68.4％的人回答本村缺乏"田秀才""土专家"，74.0％的人认为本村缺乏能解决实际问题的经济精英、农业专家、销售专家、医生、教师等专技人才。在实地调研的 109 个村庄中，80％以上的村庄反馈村里缺乏重视农业生产的技术人员和带领大家致富的经济精英，希望村庄的乡村振兴工作队队长由农业技术人员担任，希望在外有打工创业经验的经济精英能回村担任村书记或者村干部，把村里的集体经济发展起来，带领农户致富。由此看来，村庄缺乏经济精英的现象非常突出。

四、海南乡村本土人才培育有待加强

从实地调研情况来看，海南乡村本土人才培育不出来的现象比较严重，具体表现在如下几个方面：①大部分村干部和致富带头人对各类能力提升培训比较感兴趣，也愿意参与到各类培训中；②由于培训的内容、形式比较单一和乏味，很多参训者在接受培训时出现疲于应付状态，没有入脑、入心；③人才培训的内容以课堂或理论培训为主，实践培训、跟班式培训、菜单式培训少，学习内容转化为现实工作方法的相对较少，学习效果不明显；④由于参训对象个体有差异，在学习能力、文化素养、经营理念、管理思维等方面的基础不同，导致培训时的难度较大，培训的效果短时间内无法显现，培训出优秀人才的难度比较大。

五、海南乡村生活和发展条件差，严重影响人才回流

由于海南农村在公共服务、基础设施、居住环境及教育医疗上不是很发达，很难满足创业者和乡贤发展和壮大的需要，所以很难吸引人才回流到乡村。此外海南的乡村人才管理体系如引进、考核、评价等尚未建立，没有建立相关的人才发展平台以及促进人才回流的相关政策，创业环境有很大的提升空间。

第四节 乡村人才发展的对策建议

一、建强基层党组织，引领乡村人才发展

基层党组织强，则乡村产业强。基层党组织的人员结构和能力素质直接决定一个村庄的发展程度。基层党组织带头人是影响乡村产业发展模式和效率的关键因素[①]。因此，建强基层党组织对一个村庄的未来发展至关重要，如：基层党组织带头人带领村庄进行产业规划、发展村庄集体经济、开展农村人居环境整治、带领农户参与乡村建设等；通过党员干部的示范带头作用，带领农户发展村集体经济、发展村庄产业，将党员的身份意识带入日常的生产和生活中，起到示范和引领作用；通过发展新党员的做法，培养和带动有志青年成长为新型农业经营主体带头人，积极投身乡村振兴工作；积极鼓励基层党组织参训各类乡村治理培训班，提升村庄乡村治理质量。

二、完善人才引进机制，吸引更多人才扎根乡村

全国人大代表、海南玫瑰谷产业发展有限公司董事长杨莹提出："当下海南乡村人才总量较低，层次参差不齐，亟待补上这一短板。"[②] 为加快海南乡村人才队伍建设，亟须完善人才引进机制。建议各市县出台人才引进相关政策以及完善相关激励制度，落实乡村人才振兴的多方需求，进行实地调研，做好存量与需求的对比，制定出适合本地区的人才发展计划。加强对人才的薪资待遇、住房、基本养老体系建设等领域的投入，为人才发展提供较好的福利待遇。加强营商环境建设，为各人才主体提供优质服务。建立乡村科技人才发展项目库，吸引农业科技人才积极投身乡村振兴工作。通过多元途径吸引乡村人才，继续派驻乡村振兴工作队、吸引乡贤返乡创业、吸引大企业入驻乡村投资办厂等。

三、完善人才评价体系，激励乡村人才"干得好，留得住"

完善乡村人才评价体系是激励乡村人才"下得去，留得住，干得好"的强有力措施，是实用型人才创新创业的动力[③]。为改善乡村人才引不进、留不住、干不好等问题，急需各级政府部门不断完善人才评价体系，保障乡村人才

---

①③ 王逸飞，陈燕. 乡村振兴战略下人才振兴的实施路径［J］. 今传媒，2023，31（10）：5-8.
② 苏庆明，邱江华. 开出百姓暖心剂 改革发展暖人心［N］. 海南日报，2022-03-08.

得到更多的社会认可和支持。乡村人才评价体系应考虑到乡村人才的贡献力、影响力、带动力和社会效益等方面，不应以学历、职称、文章等作为硬性要求，增强农村人才的幸福感和获得感，使其愿意留在乡村、扎根乡村。

四、提升高素质农民培训质量，助力海南乡村人才振兴

培训是提升乡村人才能力和素质的重要路径，有效的培训有助于乡村人才队伍建设。通过深入农村调查等形式了解农户及各类人才的真实需求，根据各培训主体的年龄结构、文化程度、内生动力制订菜单式、跟班学习、技能培训等各类培训计划与套餐，满足不同类型人才的需求。通过创新培训方式，多组织参与式培训、沉浸式培训、实践教学等提升培训质量。在尊重乡村人才发展意愿的基础上，充分激发他们的内生动力，具体包括对政策知识的渴望、对市场信息的捕捉、干事创业的热情与动力等，积极引导乡村参训学员从培训中学习转变为在工作中和生活中主动学习。同时，需要进行培训后跟踪和服务，加强学员之间的互动交流，使学员从身边的榜样汲取力量；建立培训教师与学员之间的长期联系机制，进行信息咨询、技术指导、经营培训等，确保培训质量有显著提升。此外，需要加强乡村人才库建设，培养出一批懂农业、爱农业、爱农村的乡村有为青年，为乡村振兴提供智力支持。

第五章 乡村振兴中的示范村镇建设

全面推进乡村振兴是党中央、国务院作出的重大部署。开展"百县千乡万村"乡村振兴示范创建是推进乡村振兴的重要举措,是建设宜居宜业和美乡村的重要组成部分,也是增强农民获得感和幸福感的重要路径。根据《农业农村部 国家乡村振兴局关于开展 2022 年"百县千乡万村"乡村振兴示范创建的通知》《中共海南省委实施乡村振兴战略领导小组办公室关于开展 2022 年"百县千乡万村"乡村振兴示范创建的通知》要求,海南需要分级创建一批乡村振兴示范县、示范乡镇、示范村,引领乡村振兴全面展开。2022 年海口市美兰区演丰镇等 10 个单位被纳入 2022 年度省级乡村振兴示范乡镇创建名单,海口市石山镇施茶村等 120 个申报单位被纳入 2022 年度省级乡村振兴示范村创建名单。2023 年海口市龙华区新坡镇等 14 个单位被纳入 2023 年度省级乡村振兴示范镇创建名单,海口市秀英区永兴镇永德村等 57 个申报单位被纳入 2023 年度省级乡村振兴示范村创建名单。截至 2023 年,海南已认定 24 个省级乡村振兴示范镇,177 个省级乡村振兴示范村。

第一节 乡村振兴示范镇创建进展

一、产业发展有一定基础

乡村产业发展是乡村振兴的重中之重,乡村产业振兴关系到农民增收、社会稳定、农业农村现代化等重大问题,因此,获批的乡村振兴示范镇在乡村产业振兴上都有了一定基础。白沙县打安镇、儋州市南丰镇等在产业发展上各有特色,取得了一定成效。

(一)白沙县打安镇特色产业发展势头向好[①]

1. 兰花基地逐步形成了"政府+运营公司+集体合作社+农户"的发展模式

(1)打造"一镇一品"兰花特色产业。打安镇已建成 104.44 亩兰花种植

[①] 根据打安镇实地调研资料整理完成。

示范基地，其中长岭兰花种植示范基地 48 亩、合水村兰花种植示范基地 56.44 亩。在此基础上，逐步扩大兰花产业种植规模至 1 000 亩以上，逐步打造打安村、合水村、南达村、田表村、福妥村、子雅村等连片的"一镇一品"兰花产业布局，辐射带动周边更多农户发展兰花庭院经济，促进农民持续增收。同时，结合美丽乡村建设和乡村旅游项目，推动"兰花产业＋美丽乡村＋乡村旅游"深度融合，发展成为白沙县乃至海南特色产业的一张靓丽新名片。

（2）建设兰花种植示范基地。打安镇合水村兰花种植示范基地已初具规模并投入生产，整合财政衔接资金 1 440 万元，占地规模 56.44 亩，分两期项目进行建设，种植兰花种苗约 30 万株。第一期项目总投资额 650 万元，其中建筑安装工程费用 378 万元，建设规模为 25.6 亩。至 2023 年已完成第一期项目建设，现有兰花种苗 17 万株，主要品种为文心兰，品系分别为柠檬绿 13 万株、黄金三号 1.5 万株、黄金天使 2.5 万株；其中长岭成熟株分株苗 5 万株、组培苗 12 万株（博大 5 万株、台湾美菁 4 万株、文昌 3 万株）。该项目带动合水村、打安村等地农户临近就业，总用工量为 2 955 人次，发放务工工资累计约 87 万元。第二期项目总投资额 790 万元，其中建筑安装工程费用 471 万元，建设规模 30.84 亩。

打安镇兰花种植示范基地采取"政府＋运营公司＋集体合作社＋农户"的发展模式运营，由政府出资投入资金，集体合作社负责实施建设，以资产入股白沙祥蓝蓝雨林花卉有限责任公司（简称雨林花卉公司），雨林花卉公司负责基地日常种植管理、运营、技术指导及产品的收购、销售。集体合作社以协助、监督服务和固定资产形式占总盈利分红，雨林花卉公司以全程技术、人力投入、日常经营管理占盈利分红，当地农户参与劳动和管理。项目采取"7：3"的分红模式，即：集体合作社分红占总利润的 70%，作为村集体经济收入，用于发展公益事业；雨林花卉公司分红占总利润的 30%，作为兰花项目可持续发展的经营管理经费。同时，采取与海南大学林学院的教授团队展开校地合作、与省内兰花企业建立技术互帮互助企业联合机制等方式，为基地提供技术支撑。

2. 槟榔产业发展迅猛

随着槟榔收购价格的逐年提升，市场作为指挥棒，使很多农户和合作社都盯上了槟榔产业。打安镇槟榔产业迅速扩展，种植面积大幅增长，成了农民眼中的"致富树"。2022 年打安镇槟榔年末实有面积 9 784.84 亩，收获面积 872.48 亩。

3. 益智产业发展势头良好

益智作为橡胶林下的经济作物，在白沙县得到广泛种植。在打安镇益智同样受广大农户欢迎，加之财政衔接资金不断注入，使得广大农户种植热情高涨，种植面积逐年增加。2022 年，益智年末实有面积 12 177.1 亩，收获面积 8 277.1 亩。益智产业逐步成为打安镇农户喜欢的产业之一，也慢慢成为农民增收的来源之一。

4. 蔬菜产量供给稳定

积极推进"菜篮子"工程，大力扶持龙头企业，建基地，抓示范，带规模，成效明显。在政策的利好下，充分调动了农民的种植积极性。2022 年，打安镇蔬菜收获面积 4 503.42 亩，产量 2 752.68 吨，同比增长 67.3%。

5. 畜禽与水产养殖业快速发展

2022 年，生猪出栏量 14 240 头，存栏量 8 630 头；牛出栏量 165 头，存栏量 1 175 头；羊出栏量 2 789 头，存栏量 3 102 头；家禽出栏量 81 637 只，存栏量 34 911 只。近年来，打安镇大力发展特色养殖产业，打造增收新亮点，特色养殖业快速发展。

6. 农村居民人均可支配收入提升

打安镇立足区位优势，积极应对传统产业结构转型的考验，持续调优产业结构，稳步推进庭院经济建设，推动现代农业提质增效，全资多元富民产业发展格局日趋完善，经济发展稳步向好。2022 年打安镇农村居民人均可支配收入达 14 773 元，较 2014 年的 7 902 元增长了 86.95%。

（二）儋州市南丰镇初步探索出了"热带高效农业＋共享农庄＋民宿产业＋旅游"的发展模式①

南丰镇位于儋州市东南部，东南与琼中县接壤，西南与白沙县交界，距儋州市政府所在地那大镇 14 千米，总面积 280.6 平方千米，其中土地面积 228.7 平方千米、水库面积 51.2 平方千米。南丰镇境内拥有儋州第一高峰沙帽岭、千年古榕树等自然景观，有中共琼崖特委琼崖纵队总部旧址、客家围屋-海雅林氏古民居等历史文化景观，有黎锦、苗绣和苗族蜡染等非物质文化遗产资源，有国内十大土坝水库之一的松涛水库，有南茶河、那京河等总长度139.7 千米的河流 40 条。南丰镇是少数民族乡镇，属水源地保护区、水库移民区、橡胶林保护区和革命老区。南丰镇下辖 10 个村委会、1 个居委会、1 个镇办农场，有 96 个自然村，常住人口 2.32 万人。2022 年，南丰镇生产总值

---

① 根据南丰镇实地调研资料整理成文。

达 7.647 亿元，全镇第一、二、三产业占全镇生产总值的比重分别为 59.9%、7.0%、33.1%；镇域固定资产投资 2.94 亿元，10 万～500 万元项目投资同比增长 91.2%，增速位居儋州市乡镇第一位。地方公共预算投资 1.1 万元，新增市场注册主体 96 家，社会消费品零售总额、居民人均年收入等指标稳定增长，经济高质量发展迈向新阶段。

1. 乡镇产业情况

南丰镇 2021 年农业生产总值为 4.08 亿元，较 2020 年增长 6.2%。南丰镇基本农田面积为 3.49 万亩，一般耕地面积为 7 486.2 亩。粮食作物以水稻、番薯为主，2021 年生产粮食 9 565 吨，其中水稻产量 9 109 吨、番薯产量 456 吨；经济作物以橡胶、槟榔为主，其中橡胶产量 2 700 吨、槟榔产量 1 077 万吨；水果种植面积 5 331 亩，主要品种有龙眼、荔枝，其中龙眼产量 425 吨、荔枝产量 576 吨。2021 年南丰镇脱贫户人均纯收入为 14 687 元，同比增长 9.4%，有 6 个村集体经济收入超过 10 万元，贫困发生率降至"零"。南丰镇"四产业""五集群"的发展格局初步形成①。

2. 热带特色高效农业发展有基础

南丰镇热带高效农业经过多年的实践与发展，充分发挥儋州元利农业开发有限公司（简称元利农业公司）、儋州市那大沉香研究院（海南）有限公司（简称那大沉香研究院）、儋州田夫子农业开发有限公司（简称田夫子公司）等市场主体作用，形成了以奇楠沉香、元利农业、田夫子农业等产业为首的"亿级""千万级"产业，初步建立了自己的品牌，并产生了一定的经济效益。各企业主体在运营中持续推进"龙头企业＋基地＋农户""务工＋技术＋发苗"等组织化种植模式，带动了当地产业发展，促进了农户增收。同时，南丰镇的热带特色高效农业呈现出多点开花的态势，如头佑村种植 200 亩妹仔薯、南丰村种植 50 亩九品香水莲花、油麻村 100 亩种桑养蚕等，逐渐形成了"一村一品"发展的新格局。

（1）奇楠沉香作为"亿级"产业发展态势良好。截至 2021 年，那大沉香研究院在南丰镇奇楠沉香种植 600 多亩，共计 17.5 万株，其中部分嫁接奇楠树已经完成造香、结香、采香全过程，所产奇楠香品质优良。2021 年，已向农户发放种苗 3.7 万株，形成了"龙头企业＋合作社＋农户"的合作模式，奇

---

① "四产业"指红色旅游产业、热带特色高效农业、乡村非遗民俗旅游产业、生态休闲旅游产业。"五集群"指嘉禾共享农庄热带田园综合体产业集群、沉香小镇产业集群、田夫子经济农业产业集群、元利热带鲜果产业集群、仙山湖旅居共享产业集群。

楠香进入盛产期后，产值可达 3.5 亿元。

（2）元利农业作为"千万级"产业发展形势喜人。元利农业公司在南丰镇松门村那联山片区开发种植项目，种植面积 700 余亩，其中荔枝 400 亩、红心柚 200 亩、元橙类 100 亩，年产荔枝 25 万千克、柚子 35 万千克、元橙 15 万千克，年产值可达千万元。带动和辐射周边农户种植荔枝约 5 000 亩，红心蜜柚约 3 000 亩，元橙约 300 亩。引进百果园公司解决种植户的销售难问题，为周边农户免费提供技术和各类信息咨询服务。2018 年，元利农业公司的荔枝和红心蜜柚产品获得海南省优秀农产品称号，红心蜜柚荣获全国绿色食品博览会金奖，荔枝和蜜柚基地均被评为海南省热带标准化生产示范基地。

（3）田夫子公司产业规模不断扩大。田夫子公司成立于 2012 年 4 月，是由深圳博伦沃德投资有限公司出资 5 000 万元在海南儋州市设立的全资子公司。田夫子公司是一家集农产品种植、生产、加工、销售为一体，以"公司＋基地"的产业模式和发展现代休闲观光旅游为主的特色农业产业化企业。2021 年田夫子公司拥有 4 个生产基地公司，基地占地总面积为 13 097 亩，员工 150 多人，资产规模上亿元。田夫子公司在各基地承包的土地种植有橡胶 6 000 余亩、槟榔 2 600 亩，养殖水面约 200 亩，种植各类名优水果（榴莲蜜、红毛丹、牛奶果等）1 500 余亩，产业规模不断扩大。

3. 嘉禾共享农庄等一二三产业融合项目发展有优势

儋州嘉禾农业开发有限公司（以下简称嘉禾农业公司）依托周边优质的生态环境资源和自身优势，于 2019 年底开始策划建设农旅融合的嘉禾共享农庄，即云舍松涛·海南中国村项目。嘉禾共享农庄坚持高品质、可持续、符合海南"国际旅游岛"的定位，以休闲农业为引擎，以一二三产业融合为路径，以文化和文创为核心，以热带农业生产、热带农业景观和热带农业产品为主要特色，涵盖农事体验、农产品文创展示、自然教育研学、露营营地、特色民宿等板块，打造海南高品质的农业文旅度假项目。同时积极开发乡村旅游，带动周边乡村的经济增长，树立乡村振兴儋州模式、海南样本、全国典型。嘉禾共享农庄于 2021 年被授予"海南省康养旅游示范基地创建单位""全国巾帼现代农业科技示范基地"荣誉称号。2022 年，嘉禾共享农庄被评为儋州市青少年教育基地、海南金椰级共享农庄、海南五椰级乡村旅游点，并被认定为 2022 年度"光彩之星"项目，嘉禾共享农庄的乡村振兴馆被海南省乡村振兴局授权为海南省消费帮扶专馆。

嘉禾共享农庄等一二三产业融合发展模式亮点凸显。南丰镇把发展嘉禾共享农庄作为推动乡村产业振兴的有力抓手，通过多地产业联合种养、农产品旅游联动销售、企业村庄联结带动等措施，大力支持推动嘉禾共享农庄等一二三产业融合发展项目建设。目前，嘉禾农业公司与油文村合作开发的"松涛书院"民宿被海南评为最高等级的"金宿"，集吃、赏、玩、学为一体的5 000亩主题公园已于2022年4月建成营业，每月接待游客近2万人次，正在申报"五椰级乡村旅游点"。嘉禾共享农庄逐渐成为儋州市甚至海南一二三产业融合发展的新亮点，得到国家、省、市多位领导的肯定。

4. 生态休闲旅游产业发展有潜力

南丰镇的休闲旅游资源丰富，有蓝天、草地、水库、山、海、热带高效农业产业集群等多种休闲旅游资源，风光旖旎，景色独特，返璞归真，魅力无穷。松涛水库等生态资源的"两山"转化潜力巨大。南丰镇坚持把生态保护、绿色发展、民生改善相统一，努力推动松涛水库与环新英湾、海花岛联动，统筹湖、山、林、海等景观资源开发，促进"儋洋一体化"发展。在儋州市的统筹指导下，南丰镇已多次开展实地调研和座谈，正加快推动制定松涛水库综合开发利用相关规划，谋划整合松涛水库周边美丽乡村、自然生态、民族文化、民宿产业等资源，走出一条彰显南丰山湖黎乡特色的"两山"转化发展之路。

5. 非遗民俗产业发展有希望

南丰镇大力推动各民族文化传承保护和创新交融，推动建设南丰中学黎陶蜡染工作室、松门小学七彩苗绣馆，将黎苗非遗工艺制作纳入学校特色课程，多次举办全镇各村踊跃参演的"三月三"文艺晚会，该晚会已经成为当地各族人民交往交流交融的标志性文化活动。推动嘉禾农业公司等企业与苗族村委会签约黎锦苗绣蜡染成品销售合作协议，嘉禾农业公司负责外引内联，苗族村委会负责成品的供应，实行订单式供销，已在景点内上架销售多种黎苗文化产品。

6. 联农带农成效显著

南丰镇重视龙头企业在乡村振兴中的联农带农作用，积极探索和实践企业党建带动农村党建发展模式，推动嘉禾农业公司党支部与苗族村党支部村企党组织联结共建，推动黎苗产品订单式供销，试运营黎苗文化体验项目。推动嘉禾农业公司与武教村委会合作打造"武教千年古榕树"景点，以收益分红的方式带动村集体增收。通过"企业＋农户"模式，那大沉香研究院带动周边农户种植沉香。先后与10多家企业联系商谈并开展项目实地考察，沉香主题民宿项目已进入设计阶段。仙山湖旅游度假区项目于2023年试营业，同时加紧推进万方集团已落地南丰的产业项目。

二、乡村建设取得一定进展

乡村建设是实施乡村振兴战略的重要任务，也是国家现代化建设的重要内容。党的十八大以来，海南认真贯彻党中央、国务院决策部署，把公共基础设施建设重点放在农村，持续改善农村生产生活条件，乡村面貌发生巨大变化。海南各乡镇多措并举推进乡村建设，如王下乡通过民俗文化与美丽乡村建设相融合等措施积极推动乡村建设，演丰镇通过完善农村公共基础设施、推进农村人居环境整治等工作来推动乡村建设。

（一）儋州市南丰镇积极推动乡村建设工作[①]

南丰镇内联通毗邻万洋高速、像白高速等重点基础设施，截至 2022 年，完成了 X503 县道升级改造项目，硬化农村土路约 12.06 千米，实现建制村 100％通硬化路。完成全镇 29 个村庄 1 904 户燃气管道安装并逐步通气使用，实现全镇供电可靠率达 99％以上，实现全镇 4G 网络和 20 户以上自然村光纤网络全覆盖。建成镇生活垃圾中转站 1 个和生活垃圾收集点 419 个，村级保洁员配备率 100％，生活垃圾无害化处理率达 100％，在儋州市农村人居环境考核中多次排名前三位。农村基本医疗保险参保 2.67 万人，城乡居民基本养老保险普惠范围扩增至 1.62 万人，全镇村级标准卫生室覆盖率、村医配备率、家庭医生签约服务率均达 100％。

近年来，南丰镇多项工作得到省市充分肯定，先后获评"省脱贫攻坚先进集体""全省民族团结进步示范区示范单位""省级健康示范镇""省级卫生镇""省级信访工作示范镇"等荣誉称号。下辖的 10 个行政村全部建成"省级卫生村"，6 个行政村建成"省级民主法治示范村"，2 个行政村获评"省脱贫攻坚先进集体"，2 个村党支部获评"海南先进基层党组织"，4 个自然村入选第二批"海南少数民族特色村寨名单"。此外，南丰镇正被推选申报"全国民族团结进步示范区示范单位"，正创建"国家卫生乡镇"，4 个行政村正在申报"省级卫生先进单位""省级健康示范村"。

（二）海口市演丰镇重点推进公共基础设施建设和农村人居环境整治工作[②]

1. 扎实推进和完善农村公共基础设施建设

近年来，演丰镇强化"五网"建设投入，全镇具备条件的自然村达 100％。截至 2022 年，已建成基站 524 个，城乡 4G 信号、行政村光纤网络、

---

① 根据南丰镇实地调研资料整理成文。

② 根据演丰镇实地调研资料整理成文。

重点公共场所无线网络覆盖率均达到 100%。农村供电可靠率达 99.84%。农村供水管网覆盖率达 95%，农村自来水普及率近 95%。农村公共基础设施，如村级道路、桥梁、广场、路灯、灌溉、排水、污水处理、村卫生室、农村公共文化设施、农村体育健康设施基本覆盖行政村。

2. 深入开展农村人居环境整治

近年来，演丰镇大力推进农村"厕所革命"，完成农村改厕 1 625 户，农村卫生厕所覆盖率达 99.97%。全镇 127 个自然村完成污水处理设施建设并投入使用，污水处理设施覆盖率达 46.4%。垃圾处理方面，全镇建成垃圾收集屋 276 座，实现所有村庄卫生清扫保洁收运体系全覆盖和农村生活垃圾"日产日清"，初步完成了垃圾分类投运体系建设，形成了摇铃收巷、垃圾分类、小卖部可回收物的积分兑换活动等创新经验。

3. 推进全镇饮水安全建设

通过农村"饮水工程"建设，完成 83 个农村饮水增效工程项目，134 个自然村 2.2 万村民喝上安全放心水，有效保障了农村饮水安全，用水质量、用水量和用水方便程度都得到了一定程度的提升。

（三）昌江县王下乡高质量推动乡村建设工作[①]

1. 挖掘民族文化，助力王下乡乡村建设

结合王下乡"生态产业化、产业生态化"的发展定位，全面推进美丽乡村建设。全力推进"黎花里"三期项目建设，积极推进钱铁、洪水美丽乡村建设。王下乡在乡村建设中注重挖掘民族文化，将民族文化与乡村建设同步推进，充分发挥民族文化优势，扶持发展黎锦、藤编、牛皮凳等民族文化产业，研发特色文创产品和旅游商品，对洪水特色民族村落船型屋进行改造保护，加强特色民族村寨保护。

2. 接续推进农村人居环境整治，夯实乡村建设基础

王下乡在农村人居环境整治工作上持续发力，在污水处理设施建设、常态化管理河道等方面取得了一定成效。①截至 2022 年，王下乡已建成污水处理设施 11 个，污水管网覆盖率达 100%。②2022 年厕改任务 9 户，均已竣工验收。③所有村庄已完成饮用水水源地水质监测。④根据上级部门相关要求，完成将乡政府原有垃圾屋改造成生活垃圾分类投放屋工作。⑤王下乡聘请 24 名河道管理员，加强对河流的日常巡查和管护工作，定期组织干部、河道管理员、志愿者等开展河道保洁工作，清理生活垃圾和打捞水面漂浮物等，明确河

---

① 根据王下乡实地调研后成文。

湖长职责，落实乡、村级河长巡河常态化，确保王下乡河流"河畅、水清、岸绿、景美"。

3. 扎实开展重点领域农村基础设施建设，筑牢乡村振兴地基

①做好 5G 网络建设工作。截至 2022 年，王下乡政府驻地与三派村委会一队、三队已实现 5G 网络覆盖，目前正配合昌江县工信局与通信公司加快其他村的 5G 网络建设。积极配合昌江县供电局与霸王岭供电所，做好王下乡农村电网改造工作。②持续推进农村危房改造工作。2022 年危房改造任务 2 户已竣工并实现入住。③加强农村公路管理。聘请 10 位养护员对全乡公路进行日常养护和保洁，并做好农村公路日常管护工作。加强公路管理、公路养护、路域整治。④王下乡积极配合昌江县水务服务中心和相关部门，不断推进农村饮水安全工程项目建设，2022 年王下乡共建设 7 个蓄水池过滤罐，保证农户与游客饮水安全。农村自来水普及率达到 90%。

4. 完善乡村基本公共服务水平，提升乡村建设质量

①完善"县管校聘"管理改革实施方案，2022 年补充特岗教师 2 名，完善教研体系。所聘 1 名乡村医生，按照"县属乡用、乡属村用"制度管理，灵活根据乡卫生院和村卫生室情况分配工作任务。②按照县级方案全面排查，如有符合条件的农村困难妇女两癌救助人员，即启动救助程序。王下乡目前符合条件的救助人员 2 名，积极开展材料收集和报送工作。③敬老院改造升级为老年人日间照料中心，对老年人日间照料中心进行修建。④衔接过渡期（2021—2025 年）内，返贫致贫人口、脱贫不稳定人口、边缘易致贫人口、突发严重困难户、低保对象、特困人员、享受定期抚恤补助金的优抚对象、评残达到一级或二级伤残的重度残疾人、独生子女伤病残达到三级以上（含三级）的父母、独生子女死亡家庭的父母、计划生育手术并发症参保人员，政府全额代缴城乡居民养老保险费。⑤提高城乡居民养老保险待遇。⑥全面提升党群服务中心体系功能建设，统筹力量，导入社区综合服务资源和职能，推动工作、资源融合，建立统一指挥、协同推进的工作运行机制。

5. 大力推进数字乡村建设，提升乡村建设的智慧化水平

熟练使用自然资源遥感监测"一张图"和综合监管平台，动态掌握各村土地利用和发展状况，实现对基本农田信息、土地区块、作物类型、作物生长状况等信息的有效监测监管①。推动电商直播作为农产品销售的另一条主要渠道，力争建立农业与互联网联通平台。协助推进三派村数字乡村建设工作，选

---

① 李道亮. 我国数字乡村建设的重点、难点及方向 [J]. 国家治理，2021（20）：21-26.

定各类设备安装地址，协调解决工作推进中遇到的堵点难点。

三、乡村治理取得一定成效

近年来，海南各乡村振兴示范镇按照点、线、面相结合的方式积极推进乡村治理工作，形成了"党建＋乡村治理""产业＋乡村治理""文化＋乡村治理"等发展格局，乡村治理工作取得了一定成效[①]。

（一）儋州市南丰镇等地逐步形成了"访调一体＋乡村治理＋党建"的发展模式

南丰镇将乡村治理工作与党建、信访工作进行紧密融合，产生了一定成效。截至 2022 年，南丰镇有党支部 16 个、党员 761 名，打造企业党建带动农村党建示范点 1 个，市级基层党组织示范点 2 个，实现全镇党建阵地、活动场所建设全覆盖。建设完善南丰琼崖纵队总部旧址特色红色革命教育基地，累计举办、参加市级"三月三"特色活动共 5 场，建成油文、陶江等新时代文明实践站 2 个，组建镇新时代文明实践志愿服务大队 1 支、村新时代文明实践志愿服务中队 2 支，在儋州市新时代文明活动考核中获第一名。推行信访工作联席会议机制，探索创新"访调一体＋乡村治理＋党建"发展模式，典型经验被海南省信访局等多家单位推广。近年来，南丰镇未发生突发性群体事件、非正常上访事件，全镇社会大局祥和稳定，营商环境越来越好。

村企党组织联结发展的党建引领乡村振兴模式成效明显。南丰镇推动企业党组织和农村党组织结对共建、党建共抓、资源共享，积极探索出一条抓党建促发展、发展产业促党建的乡村振兴"儋州模式"。南丰镇以油文村党支部和嘉禾农业公司党支部为试点，在儋州市首个创新推进村企党组织联结共建模式，通过实施带动组织建设、带动产业发展、带动创业就业等"九个带动"村企共建措施，推动油文村在儋州市首个开展"三块地改革"工作，仅 2021 年就带动油文村集体收入增收 308 万元，典型案例获新华社、《人民日报》、中新社、"学习强国"等主流媒体平台宣传报道。

（二）定安县龙湖镇在乡村治理中重视发挥村规民约和人民群众调解委员会的作用

龙湖镇积极发挥村规民约的作用，推动男女平等、勤劳致富、文明饮酒、厉行节约、尊老爱幼、卫生整洁，组织乡村振兴工作队队员开展思想教育工作，并在安仁、里变 2 个村推广积分制。完善网格化治理体系助推乡村治理，

[①] 在儋州市、定安县、白沙县、海口市、乐东县等地实地调研的基础上形成文字材料。

不断完善平安建设工作组织，配齐配强综合工作站、治保会、调解会等综合维稳工作队，形成覆盖全镇的防控网络。发挥人民群众调解委员会的作用，针对群众信访较多的难题，做好调解和处理，把工作做在前头，进一步发挥人民调解、行政调解、司法调解等调节途径的作用，逐步建成"大调节"工作格局。2020年安仁村荣获"全国乡村治理示范村"。

（三）白沙县打安镇积极推进"三治"体系建设

1. 完善村民自治制度

建立健全村级议事协商制度，形成民事民议、民事民办、民事民管的多层次协商格局①结合海南省政务一体化服务平台、海南数字"三农"服务平台等线上办理渠道，优化村级公共服务职能，帮助提供"一站式"综合服务。推进村级事务阳光工程，完善党务、村务、财务"三公开"制度，探索建立村级事务"阳光公开"监管平台。出台村委会工作职责事项指导清单和协助政府工作指导清单，厘清权责边界。在农村基层党组织领导下，因地制宜推广积分制，充分调动农民群众的积极性。建立村干部"权力清单"和小微权力监督制度，形成全程实时、多方联网的监督体系。规范乡村老年协会、妇联、民兵连、团支部等组织，发挥其在联系群众、团结群众、组织群众参与民主管理和民主监督方面的作用②。稳定发展乡贤理事会、参事会、议事会等乡贤组织，聚合激活乡贤资源，吸引专家学者、党政干部、华人华侨等回馈故里，推动项目回归、信息回归、人才回归、技术回援、文化回哺。

2. 推进法治乡村建设

持续组织"法律进乡村"宣传教育活动，引导干部群众学法守法用法。以农村干部群众需求为导向，大力宣传与农村集体产权制度改革密切相关的法律法规和政策。加大法律下乡活动开展力度，不断提升农村干部群众法律素养。积极配合建立打安镇农村法律服务体系，加快健全镇村两级社会矛盾纠纷调解体系，推广用好农村公共法律服务平台，加强农村人民调解工作，及时化解涉农矛盾纠纷。

3. 重视道德教化作用

强化道德教化作用，引导村民向上向善、孝老爱幼、重义守信、勤俭持家。推动文化与道德相融合，大力推进"读书角""文化角""书香村"等文化惠民工程建设，丰富农民群众的业余生活。充分发挥村规民约作用，引导农户

---

① ② 王勇. 支持多方主体参与乡村治理［N］. 公益时报，2019－06－25.

讲道德，树文明之风。细化治理机制，加快建立健全积分制、清单制等创新经验，开展文明家庭、文明户等评选活动。

（四）海口市演丰镇初步开创了"制度建设＋文明乡风"的治理格局

1. 重视顶层设计

完善镇、村两级书记及13支乡村振兴工作队齐抓共管工作机制，抓实抓细各项工作任务，确保建档立卡脱贫户"两不愁三保障"，持续推进巩固拓展脱贫攻坚成果同乡村振兴有效衔接，围绕巩固提升目标，落实落细"四个不摘"，盘活农村资源要素，壮大农村集体经济。加强顶层设计，成立实施乡村振兴战略领导小组，建立健全例会、调度、通报、督导等工作制度，全面加强对推进乡村振兴工作的领导。

2. 完善组织机构

强化党建引领乡村振兴，坚持以习近平新时代中国特色社会主义思想武装头脑，推动基层工作有序开展，自觉接受镇人大和社会监督。深入推进法治政府建设，建立健全法律顾问聘用机制，有效防范和化解政府决策法律风险。建立党员"五包责任制"，增强党组织领导班子的凝聚力、创造力、战斗力，推动软弱涣散党组织整体提升，实现全镇村（社区）党组织书记、村（居）委会主任"一肩挑"。推动党风廉政建设和反腐败斗争纵向发展，实现党风廉政建设与重点工作同部署、同落实、同检查、同考核，形成齐抓共管的良好工作格局。加强基层干部业务培训，通过"党建＋业务＋廉政"教育，全面提高新一届村级干部素质能力，为加快推进演丰镇农业农村现代化、基层治理体系和治理能力现代化提供坚强人才保障和智力支撑。

3. 通过精神文明建设赋能乡村治理

①深化群众性精神文明创建活动。深化社会文明大行动，开展"阅读分享""万泉河讲堂"活动和"邻里守望""净滩"志愿服务行动。推动"万泉河讲堂"微信公众号与"学习强国"平台开展合作，创新宣传方式，及时有效地通过互联网宣传思想工作。②弘扬传统乡村美德。引导鼓励各村成立红白理事会，组建农村志愿服务队、文明劝导队，开展乡风评议、志愿服务、文明劝导等活动，宣扬传统婚庆文化。③树立良好家风榜样。举办传承良好家风行动、家风家训讲座和"孝老爱亲"活动，挖掘和弘扬传统文化。组织农村群众开展亲子诵读、诗词朗诵等系列活动，宣传尊老爱幼的传统美德和中华家庭文化。

4. 通过文化建设带动乡村治理

①推进农村公共文化建设。深入开展村级运动场、健身器材、文体活动室等乡村公共文化服务设施建设，充实乡村文化室内容。②开展文化惠民活动。

精心组织开展周末文化广场、"琼剧下乡、进校园"惠民演出、阅读推广、读书交流、书画展等各类文化艺术活动。依托 14 个农家书屋及村级活动场所，开展"我的节日"系列文化活动，举办琼剧、公仔剧及农民文艺晚会演出。③文物保护有序推进，非物质文化遗产保护传承成效明显。启动椰子寨战斗遗址等保护展示利用项目工程建设，完成可移动文物数字化保护、馆藏瓷器文物保护修复、市博物馆可移动文物保护修复等项目，涉及保护的可移动文物200 余件。

（五）乐东县利国镇逐步形成了"党建＋精神文明＋积分制"等多元治理的新格局

1. 形成"党建＋乡村治理"的良好格局

围绕"能力提升建设年"活动，深入学习贯彻习近平总书记重要讲话精神，2023 年利国镇党委共召开 8 次党委会专题研究党建工作，不断强化党建责任机制。优先从年轻优秀的返乡大学生、致富能人、退役军人等人员中发展吸收 15 名党员，100％完成年度发展党员计划。制定镇级"查破促"实施方案，排查并解决 21 个堵点问题，促进乡村治理日常问题的解决。

2. 形成"乡村治理＋精神文明＋生态文明"的良好格局

①抓实精神文明建设。发展乐罗地区及望楼河文艺协会，传承崖州民歌文化，发扬乐罗古郡文化。强化乡村振兴夜校教学管理，指导 25 个村（社区）更新村规民约，建立道德红黑榜，发动群众订家训、正家风。②大力推进生态文明建设。全面落实河（湖）长制，将全镇范围内 22 条河流纳入管理，建立健全巡河制度。2023 年全镇清退虾塘 120 亩，有效遏制了虾塘废水污染问题。持续开展"镇村容貌整治""六水共治"等行动，出动无人机 1 台、车辆 3 辆、挖机 4 台，先后发动人力 500 余人次，清理了 78 吨水浮莲，畅通河道。联合龙马公司共开展大小型整治活动 80 余次，清理卫生死角 960 处，清理转运垃圾 6 000 余吨，强化禁烧秸秆工作力度，不断改善人居环境。

3. 探索推进乡村治理新方法

选取荷口村、官村作为积分制试点村，积极组织推动积分制落实，以量化积分引导树立标杆，激发村庄内生活力，实践出全民共建共治共享的乡村治理道路，总结实践中的经验和不足，为后期在全镇村（社区）推广做准备。打造荷口村新时代"枫桥经验"示范点，以荷口村法治服务站为阵地，充分用好"6＋N"联动调处及矛盾纠纷防范机制，多元化解矛盾，推动实现矛盾纠纷调处化解"一站式"受理、一揽子解决，以"五治"统领推动提升乡村社会治理水平。积极发挥村规民约在乡村治理中的积极作用，结合"文明家庭""最美家庭"评选、"七个倡导"活动等，深入宣传倡导男女平等、勤劳致富、文明饮酒、厉行节约、孝老爱幼、卫生整洁等，用身边事教育身边人，着力营造农民群众自发参与乡村自治管理、培育文明乡风的浓厚氛围，让农民群众成为参与者和受益者，为构建共建共享的乡村治理工作格局夯实基础。

4. 着力维护社会稳定

①深入开展矛盾纠纷调处工作，各村（社区）重点信访人员 61 人均已建立台账。②推动矛盾化解。2023 年 1—10 月利国镇各村（社区）新排查登记矛盾纠纷 20 宗，化解 18 宗，化解率 90%。③加强法治服务阵地建设。2023 年利国镇法治服务中心共收到 12345 热线工单 3 447 件，截至 2023 年 10 月已办结 3 360 件；共接到网上信访 83 件，已办结 73 件；线下信访 25 件，已办结 16 件。近年来利国镇辖区内没有发生重大矛盾纠纷和因调处不当引发的民转刑案件，辖区总体平稳。

5. 强力开展作风整顿

坚持把纪律和规矩挺在前面，综合运用"四种形态"开展监督执纪问责。2023 年立案审查 3 件 4 人，办结 2 件处分 2 人。组织召开镇村组干部专题警示教育大会 5 次，教育党员干部 450 余人次，在清廉村居望楼港社区发放党员干部清廉村居建设党风廉政承诺书，确定清廉村居望楼港试点阵地。建立了近 800 人的纪检监察对象信息台账，确保监督全覆盖。推动清廉村居建设，开展廉政志愿服务活动、崖州民歌倡廉等廉政宣传活动，大力弘扬和传承优秀家风家训，以优良的家风促党风政风、带民风社风，营造风清气正的社会环境。

（六）屯昌县新兴镇以"网格化＋积分制"为抓手推进乡村治理

1. 压实网格化管理

按照"就近就便、规模适度、有利治理"原则，因地制宜优化网格区域。按照"一网格一党小组"模式建立村党组织统一领导下的网格党小组，由村"两委"成员担任党小组长兼网格长，由网格内的村干部、党员、入党积极分子、村民小组长、离任村干部等担任网格团队成员，每个团队约 5～10 人，制定"网格任务＋成员职责"两张清单，形成以党员干部为主体、各类乡村本土人才共同参与的治理新格局[①]。2022 年共成功化解矛盾纠纷 27 宗，未发生重大群体性事件以及越级上访事件。截至 2022 年，吸毒人员占比从 2016 年的 6.7‰降至 1.06‰。

---

① 强化党建引领 创新网格治理——浙江省温岭市推动基层治理和为民服务不断延伸 [J]．农村经营管理，2021（1）：19 - 20.

2. 创新社会治理调解机制

建设社会治理联调联处中心，整合综治、信访、禁毒、司法、执法、消防、教体、民政资源，形成一条龙、一揽子接待群众、解决问题机制，实现群众矛盾纠纷"只进一扇门、最多跑一地"，实现"一站式"联调联处，努力做到"小事不出村、大事不出镇、矛盾不上交"。打造"大昌叔"调解室、"小屯妹"咨询台品牌，为群众纾解心结，定分止争，提升镇域社会治理水平。

3. 积极推广"党建＋积分制"试点

把"七个倡导"内容融入积分管理，实施一事一记录、一月一审核、一季度一公示，以个人为单位进行计分，以户为单位累计。充分利用好村集体产业分红资金，每月以实物奖励的形式鼓励被评为优秀的家庭，引导村民们积极向上，培育尊老爱幼、诚实守信、团结和谐、自力更生的良好风尚。

第二节　乡村振兴示范村创建进展

一、海南乡村振兴示范村有了一定程度的发展

海口市石山镇施茶村等 120 个申报单位被纳入 2022 年度省级乡村振兴示范村创建名单。海口市秀英区永兴镇永德村等 57 个申报单位被纳入 2023 年度省级乡村振兴示范村创建名单。2022—2023 年共计 177 个村被纳入省级乡村振兴示范村行列。

（一）乡村振兴示范村基本上是从镇里层层选拔出来的优秀村庄

海南各市县乡村振兴局均高度重视乡村振兴示范村的创建工作。以儋州市为例，儋州市充分调动各乡镇的积极性，积极申报乡村振兴示范村，各乡镇对辖区内的村庄进行了摸排，挑选出在产业、乡村建设、乡村治理等方面有一定的发展基础或在一二三产业融合上有一定特色的村庄，或集体经济发展有一定成效的村庄，将这些村庄推荐为乡村振兴示范村，使乡村振兴示范村在后续的建设中具备了一定的基础。

（二）乡村振兴示范村都制定了系统的规划

已经纳入申报行列的乡村振兴示范村，均对村庄未来发展制定了系统的规划。以儋州市为例，前后制定了两次系统规划。一是在申报前对 13 个拟申报的示范村做了初步的规划，从发展现状（乡村基本情况、乡村产业情况、乡村建设情况、乡村治理情况）、创建条件（创建基础条件、创建优势、短板弱项）、思路目标（创建思路、路径、目标）、创建任务（产业振兴、人才振兴、

文化振兴、生态振兴、组织振兴)、重点项目、支持政策、保障措施等方面制定初步规划。二是被纳入海南乡村振兴示范村行列后,再次组织调研,对示范村未来创建的方案进行了充实和完善,增加了创建原则,尤其对创建期内未来的发展方向进行了厘清和细化,如:对创建目标进行了切实可行的规划,对创建任务进行了系统的梳理和确定,尤其在产业、人才、文化、生态、组织"五大振兴"领域做到了一村一方案、一村一特色。由此可见,海南在推进乡村振兴示范村创建过程中,思路是清晰的,规划是切实可行的。

(三)乡村振兴示范村至少在"五大振兴"中有一定的基础

已经被纳入乡村振兴示范村的村庄,基本上都有一个共同的特征,即产业基础相对较好,"五大振兴"中至少有一个比较有特色的发展格局。以儋州市为例,油文村是儋州市的乡村振兴示范村。第一,初步形成热带特色农业的产业集群。油文村引进嘉禾农业公司、田夫子公司、那大沉香研究院。嘉禾农业公司占地面积 4 992.3 亩,投资 15 亿元,建设以热带农业生产、热带农业景观和热带农业产品为主要特色的嘉禾共享农庄。那大沉香研究院以"政府主导、企业主体、农民参与、市场运作"方式,打造一二三产业融合的特色沉香产业小镇,整个基地沉香种植面积达到 600 多亩。田夫子公司集农产品种植、生产、加工、销售为一体,采取"公司+基地"的产业模式,发展以现代休闲观光旅游为主的特色农业。第二,油文村积极发展和壮大村集体经济。油文村率先在儋州市开展"三块地"改革,2019 年油文村提供 11 亩集体土地与嘉禾农业公司合作开发建设儋州旅游集散中心项目,2020 年建成并投入使用,2021 年油文村集体获得项目合作的收益超过 300 万元,村集体经济实力有效增强。嘉禾农业公司与油文村农户签订种植协议,提前落实好种植群体、供应数量、价格标准,实行订单种植、保护收购、供销一体。既有效保护了农户利益,增强了群众发展产业的积极性,又为公司提供了稳定货源,实现供求两旺。2021 年嘉禾农业公司承租中间村村民土地 50 亩,种植 6 500 株奇楠沉香,增加村集体经济收入。此外,依托那大沉香研究院,着力打造现代特色油文村奇楠沉香品牌,发展沉香产业基地,带动周边农户种植沉香 5 万株,进一步提升农户种植热情,逐步扩大儋州沉香影响力。第三,民宿产业发展初见成效。嘉禾农业公司开发的乡村旅游集散中心和配套民宿已建成,民宿拥有客房 31 间,配套餐厅、产品展厅,2021 年 2 月已开业。2021 年 10 月以最高分被评为海南第八家"金宿",已成为海南首屈一指的网红民宿。第四,在乡风文明方面,油文村在推进乡风文明工作中坚持多措并举的原则,完善村规民约制度,使农户在乡村振兴中有软的约束力提示和引导,并逐渐内化为日常的行为准则。油文村通过积分制、电视夜校、村民代表大会、发宣传册和入户引导等形式开展优良家风家训的宣传和教育活动，使农户逐渐养成了尊老爱幼的好习惯，培养出一批"好儿媳""好公婆"的典型。通过新时代文明实践站开展"感党恩、跟党走"系列主题教育活动，让农户的幸福感和获得感逐渐增强。同时，通过社会主义核心价值观"上文化墙"、琼剧下村、参加镇篮球赛等形式丰富农户的精神文化，进而形成淳朴民风、文明乡风的良好局面。

由此看来，海南的乡村振兴示范村创建各有特色，在乡村产业振兴的基础上，朝着一村一特色、一村一品牌的方向发展。

（四）乡村振兴示范村的未来发展均有一定的前景

海南被列入乡村振兴示范村创建名单的村庄总体上具有一定的发展基础和特色，基本上是各个乡镇发展比较好的村庄，各市县农业农村部门均投入了一定的人力、物力和财力助力乡村振兴示范村建设。各乡镇的领导干部对乡村振兴示范村创建工作均比较重视，成立了乡村振兴示范村创建工作领导小组，将工作任务压实到责任人，协同推进乡村振兴示范村创建工作。同时，在177个被纳入省级乡村振兴示范村行列的村庄中，很多村庄都有一定的发展前景。如：海口市施茶村以石斛产业种植为特色，吹起了乡村振兴的号角，逐步形成了"基层党组织建设＋石斛产业＋民宿＋农家乐"的乡村振兴发展模式，给当地的村庄带来了发展活力；儋州市南丰镇松门村以葡萄、竹笋等特色产业为依托，逐步探索出"采摘＋旅游"的发展路子；三亚市博后村在"小康不小康，关键看老乡"的路上开创了一条"星光大道"，截至2023年4月，博后村已经开了58家民宿，共有1 800多间客房，带动了餐饮、培训等业态的蓬勃发展，更有外地企业前来"淘金"，乡村旅游已成为博后村农民增收的重要产业。

二、海南乡村振兴示范村的典型案例

（一）儋州市那大镇石屋村

1. 基本情况

儋州市那大镇石屋村是历史名村、文化名村，有着深厚的红色文化底蕴。20世纪50—70年代，在时任石屋村党支部书记胡松同志的带领下，石屋人民艰苦奋斗、开山劈岭、兴修水利，大力发展经济，把农业合作社办得红红火火。创下大队集体存款100万元、粮食存粮50万千克（100万斤）的"双百万村"，建有运输队、粮食加工厂、橡胶加工厂、建筑队、养猪场、卫生院、电影队、招待所等，农民基本住上村集体统一建造的楼房。石屋村成为海南农业战线上的一面旗帜，被国内新闻媒体誉为"南方的大寨"。胡松同志曾当选为党的十大、十一大代表，中共中央十一届候补委员，多次受到毛泽东、周恩来等中央领导同志的接见。

石屋村位于儋州市区西北部方向，西联居的南侧，省道 308 从北侧经过，国道 225 从南侧经过，万洋高速公路从西南侧方向经过，距儋州市区约 2 千米，区位交通优势明显。石屋村下辖石屋、富豪、冒坤、五岭、大坡新村等 5 个村民小组，总户数 518 户，共 2 396 人。石屋村党支部成立于 1957 年，现设党支部书记 1 名、副书记 2 名、委员 4 名，有党员 65 名（其中预备党员 1 名）。

2. 乡村产业情况

石屋村土地面积共 11 500 亩，村民主要收入来源于种植橡胶、水果和劳务输出，年平均降雨量 1 815.6 毫米，年平均气温 23.2℃，绿化率达 90％以上。石屋村着力打造稻虾共养、九品香莲、相思茶、油茶苗圃等"四大基地"和百果园、蜜柚、圣女果、菠萝蜜、百香果、荔枝等"六类果园"特色产业[①]。截至 2022 年，先后成功引入三家企业投资近 2 000 万元开展九品香莲、相思茶和稻虾共养等种植养殖项目。为发展相思茶项目，村集体利用财政下拨的产业扶持资金 50 万元与海南甘田生态农业有限公司合作，村集体占 12％股份（已签订协议）；引入公司发展九品香莲项目，种植九品香莲 60 亩；引入"稻虾共养"产业 160 亩，每年给农户租金 16 万元；扶持村民合作发展百香果采摘园，前期村集体投入扶持资金 4.2 万元；扶持村民发展油茶苗圃基地，年收入达 180 多万元。

3. 基础设施建设情况

石屋村多措并举完善基础设施建设。①建设 10 条乡村生产公路，共 5 000 多米。②推进石屋村高标准农田建设。海南省农业农村厅投入资金 400 万元，建设硬化防渗渠道 4 条 6 000 余米，覆盖灌溉农田面积 1 800 亩。③争取那大镇政府支持，投入 74.57 万元新建冒坤村民小组 1 300 米排水沟，投入 21.22 万元改造冒坤村民小组 8 栋房屋外立面，投入 27 万元改造石屋村委会新办公楼周边护坡及排水排污工程，投入 51 万元整修石屋进村（南北农家乐）塌方路段 50 米，对石屋村 11 条排污沟进行了整治，解决了多年来石屋村每逢大雨天雨水会浸入路边农户家中的难题，让群众切实有了安全感、幸福感。④给村民安装路灯。给各村民小组安装太阳能路灯共 200 盏，真正实现了各村民小组之间路路通路灯。

---

① 曹马志. 模范村的二次创业［N］. 海南日报，2022－12－04.

4. 党建示范基地建设情况

石屋村已建成乡村带头人精神馆、驻村第一书记馆、胡松纪念馆、吴仁宝纪念馆、中国村官精神艺术馆、咖啡馆、红色民宿、田园休闲驿站、公社食堂等 9 个区域①，初步蹚出了"教育培训＋红色旅游＋胡松产业园"的路子。2016 年以来，石屋村共接待参观学习的党员干部、游客 20 多万人次，成为海南基层党建教育基地和游客向往的旅游目的地。

5. 乡村治理情况

石屋村在乡村治理中形成了党建引领"三治"融合的良好局面。①在自治层面，充分发挥党员干部、乡村振兴工作队及中坚农户的作用，积极落实教育补贴、产业帮扶、就业奖补、住房保障等政策，做好常态化防止返贫动态监测工作，做到精准帮扶、稳定就业。通过有事好商量平台，解决群众急难愁盼问题，成功调解村民土地纠纷 10 余宗。建立由"村'两委'干部＋中坚农户"组成的安全志愿者服务队，通过设立值班卡点和机动巡逻扑火队伍常态化等方式做好森林防火工作。②在法治层面，深入开展"法律下乡"活动，实施农村"法律明白人"培养工程。③在德治层面，结合村庄"党建＋旅游"的整体布局，开展淳朴民风、文明乡风、文明行为的培养和教育活动，开展文明家庭和文明户的评选活动，助力乡村振兴示范村建设。

6. 村庄荣誉

2016 年、2017 年石屋村分别承办了第一届、第二届中国（海南）基层党建与村官创业论坛，提升了石屋村的知名度和影响力。近年来，石屋村先后荣获海南省文明村镇、海南五椰级乡村旅游点、中国特色村、国家森林乡村、全国乡村旅游重点村、全国文明村镇等称号。

如今的石屋村，已经打造出党建品牌，成为远近闻名的党建示范村。同时，在产业发展上坚持"一二三产联动，特色化经营"的战略，形成"党建＋旅游＋会展＋乡村振兴"的发展模式，通过党建文化馆和人居环境整治等基础设施建设，增加石屋村的内在吸引力，通过党建培训、生态观光旅游、会议会展等形式吸引游客到村，通过开展民宿、餐饮、农耕体验、休闲采摘、农产品销售等商贸业活动促进农户就业增收。

（二）儋州市兰洋镇南罗村

1. 基本情况

儋州市兰洋镇南罗村位于儋州市南部，距儋州市区 10 千米。南罗村下辖

---

① 杨曼琳. 乡村振兴背景下四川特色农产品网络营销模式创新研究［J］. 经济师，2019（12）：15－16，19.

南罗、墩响、文芳、南江、洋龙 5 个村民小组及企业场。现常住人口 333 户，1 392 人。全村土地面积 12 210.95 亩，森林覆盖面积 80%，气候温暖湿润，土地肥沃，适合种植热带特色农作物，有文芳水库、兰洋地质温泉、七叶葡萄、沃柑、杨梅等采摘园生态旅游资源，被评为海南三椰级乡村旅游点。南罗村是一个典型的黎族村，有着浓厚的黎族文化和风俗。

南罗村先后获得 2016 年儋州市先进基层党组织、2017 年全国文明村镇、2018 年全国五四红旗团支部、2018 年海南省打赢脱贫攻坚战先进集体、2019 年全国乡村治理示范村、2019 年海南省少数民族特色村寨、2019 年儋州市脱贫攻坚战先进集体、2023 年海南省卫生村等荣誉称号。

2. 基础设施建设情况

南罗村基础设施建设情况良好。实现南罗村 5 个村民小组公路、路灯全覆盖。村公路水泥硬化率达 100%。排水沟渠建设全面覆盖，确保生活污水不乱排乱放。实现互联网村村通。完成农村户厕改造，农村卫生厕所普及率 100%，由第三方公司提供后续粪污清掏等工作。完成生活垃圾无害化处理 100%。天然气管道改造工程完成 80%。

3. 乡村产业发展情况

南罗村耕地面积 1 500 亩，林地面积 8 500 亩，山地约 950 亩。其中，橡胶种植面积 6 500 亩。2011 年，引进儋州丰盛生态农业发展有限公司，发挥毗邻 S307 省道交通网优势，构建"党支部＋公司＋合作社＋贫困户"模式，承包村集体土地，主要种植七叶葡萄 500 亩、沃柑 200 亩，以每亩土地 800 元的租金，签订 30 年合同，每 10 年每亩土地租金上涨 50 元，壮大村集体经济。高流量季节可提供 30～40 人次临时用工，实现农民增收。葡萄园实现全年种植、产果、采摘，采摘园内建有小规模餐饮店，可满足游客吃、玩等旅游需求。结合电商线上销售渠道，农产品销售情况可观。通过"工资收入＋入股分红＋土地租金""农民入股＋保底收益＋按股分红"等方式，实现整村贫困户脱贫增收。通过创新"7＋2＋1"收益分享模式，率先完成儋州市产业分红试点工作，实现村集体收入约 10 万元。

4. 党建引领乡村治理情况

南罗村党组织现有党员 48 名，其中村干部 10 名、平均年龄 45 岁。南罗村坚持以党建促振兴，积极构建基层组织体系。村党组织书记和村委会主任实现"一肩挑"，为乡村振兴提供强有力、精而优的骨干队伍，真正发挥战斗堡垒的政治引领作用。建有村卫生院 1 家，有"市招村用"的村医 1 名，由儋州市承担用人成本。人才回引岗人才已就位，承担村委会报表制作、材料整理等重要村务。实行门前"三包"政策，积极宣传村规民约，推动实施村民积分制，实行周评分、月评审、季颁奖，评出卫生户、文明户等，由村委会招商引资，赞助商提供相关奖品奖励评分前 10 名的村民家庭。通过参加活动累计积分的方式，充分调动农民的积极性、主动性、创造性，引导农户主动参与到乡村治理中。村中无重大刑事、民事案件，无非法上访。村干部和党员进村入户开展宣传，调解邻里间纠纷矛盾。

5. 乡村文化发展情况

南罗村注重村民精神文化建设。在儋州市文明办、团市委、市志愿服务联合会的共同指导下，建设南罗村志愿服务站，把开展志愿服务与助力"一创两建"、提升城市文明形象结合起来，大力培育和践行社会主义核心价值观，弘扬志愿服务精神。实现村民家训牌全覆盖，推动"传家两字读与耕，兴家两字俭与勤"训言深入民心。围绕社会主义核心价值观的内容，在村民房屋外墙上描有中华传统美德相关的特色图案和样式，在语言和感官上向村民传递传统文化、优良家风等文化信息。积极开展民族团结联欢活动、黎歌大赛、黎族美食品鉴等文化活动，丰富村民精神文化生活，扎实推动乡村文化建设。

如今的南罗村，按照"产业生态化、生态产业化"的要求，以海南五椰级乡村旅游点为目标，充分发掘民族文化、休闲农业和自然旅游资源等资源要素优势，将七叶葡萄等种植作为产业发展的重要内容，推动农旅深度融合，逐步形成了"吃住游玩"一体的田园综合体，带动农户增收致富。

（三）儋州市木棠镇铁匠村

1. 基本情况

儋州市木棠镇铁匠村原名北岸村，建村已 600 余年，位于儋州市北部，距儋州市区 43 千米，距木棠镇墟不足 1 千米。铁匠村下辖铁匠、南行、美里、东山、昌文、谈里 6 个村民小组，共有 425 户，2 446 人。明清时期的铁匠村村民，出于资源限制被迫背井离乡，习得一身打铁的好手艺，打铁成为铁匠村村民谋求生计的主要手段。至 20 世纪 80 年代，随着手工打铁被现代科技所淘汰，铁匠村人开始寻求新的生计方式。他们购置了轻型、高效的小型加工机械，从加工牛角等工艺品开始，逐步变成现在家家户户以加工花梨木为主、同时加工贝壳和海柳等工艺品的局面，产品畅销至全国各大城市。铁匠村"两委"干部共 8 名，其中：村党组织干部 5 名、村委会干部 5 名，交叉任职 2 名；40 岁以下干部 6 名，45 岁以下干部 2 名，平均年龄 37.4 岁；无初中及以下学历人员，高中学历干部 2 名，大专及以上学历干部 6 名；男性干部 6 名，女性干部 2 名。

铁匠村农用地面积共 3 104 亩，公共绿地 39 亩，村内绿化面积高达 80％。现届村"两委"班子共 8 人，与往届相比，现届村"两委"干部更加年轻化和知识化。

铁匠村获得 2011 年海南省先进基层党组织、2011 年海南省卫生村、2011 年海南省小康环保示范村、2011—2013 年度海南省文明村镇、2014 年海南省最美乡村、2015 年全国文明村镇、2017 年中国美丽休闲乡村、2019 年全国乡村旅游重点村、2018 和 2019 年儋州市先进基层党组织、2021 全国乡村特色产业亿元村等荣誉称号。

2. 乡村产业发展情况

全村耕地 1 680 亩（水田 550 亩），人均耕地约 0.7 亩，实际耕种 240 亩，已流转耕地 1 680 亩。铁匠村的农业生产主要是种植黑皮冬瓜、辣椒、香蕉等农作物，主导产业是花梨木手工艺加工业，年人均可支配收入达 2.5 万元，村民收入主要来源是黄花梨工艺品的加工和销售。2020 年全村建档立卡贫困户 23 户 124 人已全部脱贫。

截至 2021 年，全村有加工作坊 180 多户，网上店铺 80 余家，实体店铺 60 余家，销售额达 1 亿元左右，从业人员超过 2 000 人。2021 年到铁匠村旅游的游客达 1.1 万人次。2021 年铁匠村总产值达到 1.5 亿元，仅花梨木手工艺加工业的产值就占到 93％以上。巨大的产业规模，不但解决了当地人的就业问题，还不断吸纳周边十几个村庄的闲散劳动力，形成辐射效应，带动其他村子发展 200 余户加工作坊。如今的铁匠村已成为木棠镇发展"一村一品"经济模式的"领头羊"。

3. 乡村建设情况

建成铁匠村工艺品商铺一条街，21 个海南黄花梨工艺品商铺已投入营业。铁匠村发展休闲旅游业，集工艺品加工、销售和体验于一体，工艺品商铺一条街上前店后厂的设计让游客可以亲身体验工艺品加工过程。此外，建成农家图书馆、村史馆、休闲广场等。

4. 基层党建情况

铁匠村党组织结构相对合理。全村共有党员 42 名，其中预备党员 2 名。35 岁及以下党员 12 名，占 29％；35～60 岁党员 24 名，占 57％；60 岁以上党员 6 名，占 14％。女党员 5 名，男党员 37 名。初中及以下学历党员 12 名，高中、中专学历党员 11 名，大专及以上学历党员 19 名。党龄 30 年以上党员 3 名，党龄 50 年以上党员 2 名。

铁匠村在党组织建设中始终不忘加强自身建设和提升工作能力。①加强党员管理。认真贯彻执行《中国共产党发展党员工作细则》，严格遵循发展党员原则、程序和要求，扎实做好发展党员工作。2021年来发展党员2名，培养积极分子4名。②提升村级工作规范化水平。持续抓好"三会一课""四议两公开一监督"等村级制度落实，2021年共召开党支部会议12次，组织学习23次，其中外出学习1次、讲党课4次。③开展"不忘初心、牢记使命"主题教育活动。2021年走访慰问脱贫户23户123人、低保户18户53人、突发严重困难户2户7人、老党员2户2人，认真宣传落实党的相关政策，深入了解他们的生产生活情况，解决他们的实际困难。④组织开展党史内容广泛学，确保党史学习全覆盖。通过专题党课讲党史等方式深化党支部成员对党史内容的学习掌握，引导党支部成员从党史中汲取奋斗力量，担当使命、勇于作为。组织开展"我身边的老党员"活动，邀请铁匠村退休老党员、老革命等讲述亲身经历，以口述历史的方式引导广大党员干部听党话、感党恩、跟党走。召开会议以"七一勋章"评奖颁授和颁发形式为李树强、李发宏两位老党员颁发"光荣在党50年"纪念章。组织全体党员干部到琼海椰子寨战斗遗址及万宁六连岭烈士陵园开展党史学习教育主题活动。

铁匠村以花梨木手工艺加工业为特色，形成了"花梨加工＋零售点售卖＋网上直播"的发展模式，奠定了农户增收的基础。同时，铁匠村注重村庄文化传承与党建工作"双推进"，形成了经济发展和文化建设"两手抓"的局面。铁匠村村内政通人和、环境优美、学习氛围良好，成为海南名副其实的乡村振兴示范村。

第三节　乡村振兴示范村创建过程中存在的问题

一、村庄的定位和规划没有做实

调研发现，很多乡村振兴示范村没有制定乡村振兴规划，只有个别村庄制定了乡村振兴规划，大部分村庄基本上处于"规划墙上挂"的状况。一些基层干部对乡村振兴示范村建设的思路、做法及未来的发展路径不清晰，只知道发展产业，却不知道发展什么样的产业，在人才振兴、文化振兴、组织振兴、生态振兴方面的想法很少甚至没有。在制定了乡村振兴规划的村庄，乡村振兴规划在操作层面的指导性不强，可行性较差。

二、农户和基层干部普遍认为政府应下拨资金支持乡村振兴示范村创建

调研反馈，很多农户和基层干部都赞同推进乡村振兴，也表示对推进乡村振兴工作非常有信心。但是，基层干部和农户普遍存在"等、靠、要"思想，认为政府应该下拨资金支持乡村振兴示范村创建，不积极主动地去争取招商引资。乡村振兴示范村创建工作的造血功能明显不足。

三、乡村振兴示范村创建中同质化较为严重

调研显示，海南很多乡村振兴示范村在创建过程都主动提及要发展旅游业来带动村庄发展。以 D 市为例，在正在建设的 14 个乡村振兴示范村中，90％以上的村委会干部提到了发展旅游业来促进乡村振兴，还特别提到要加强共享农庄建设来提升村庄建设的知名度，但并没有考虑到村庄自身的基础条件、资源禀赋、市场前景、人力资源等因素，乡村建设的同质化现象较为严重。

四、支撑乡村振兴示范村创建的人才队伍急需加强

乡村振兴示范村创建中人才队伍短缺始终是一个难点和瓶颈问题，尤其是缺少经济精英来带领全村农户发展产业，走出一条乡村特色产业发展之路。乡村振兴示范村的村干部年龄普遍偏大，思路僵化，视野不够开阔，影响村庄未来的规划和设计。乡村振兴示范村内劳动力普遍外流，影响了村庄产业发展、农村人居环境整治等乡村建设活动的开展，村庄后续发展乏力。

五、乡村振兴示范村创建中抓手不明确

调研发现，海南在推进乡村振兴示范村建设中，建设的标准和规则、建设的成效、建设的责任和分工、建设奖励机制等方面不是很清晰。虽然从大环境看十分重视乡村振兴示范村创建工作，但具体工作抓手不明确，落实工作的机制和推进工作的实施细则不健全，实施目标不完善，工作推进相对缓慢，带动和辐射作用不明显。

六、乡村振兴示范村创建的成效有待加强

海南乡村振兴示范村创建中虽然有个别村庄取得了一定成效，但与海南自由贸易港乡村建设的要求相比还有较长的距离。例如，H 市 S 村以"特色产业＋党建品牌"的发展模式获得了多项荣誉，村庄变美了，农户变富了，但该

模式的可复制性和可推广性目前还处于探索阶段；D市的14个正在建设的乡村振兴示范村正在积极落实乡村振兴示范村创建方案，但创建成效并未完全显现，需要在因地制宜的基础上，走出特色创新之路。综上所述，海南的乡村振兴示范村创建工作任重而道远，建设成效有待加强。

第四节 乡村振兴示范村镇创建的对策建议

一、高位推动乡村振兴示范村镇创建工作

建议将五级书记抓乡村振兴工作落到实处，将乡村振兴示范村镇创建工作落到实处。市委、市政府主要领导应亲自部署、亲自推动，分管领导应对乡村振兴示范村镇创建工作进行定点包片，亲自挂帅、亲自安排。应在村镇设立指挥部和作战组，设立明确的目标任务并限时完成，对未完成任务的单位进行跟踪督办，确保任务高质高效完成。

二、加强部门之间的协同，共同推进乡村振兴示范村镇创建工作

建议市县各职能部门拧成一股绳，形成合力，聚焦人力、物力、财力，统筹各类资源，将基础设施建设、产业发展资金等项目重点向乡村振兴示范村镇倾斜，支持乡村振兴示范村镇建设。应加大对乡村振兴示范村镇的政策供给力度，对共享农庄等乡村建设用地指标调整予以支持。落实奖励扶持机制，加大乡村振兴示范村镇创建的奖励力度，建议设立300万～500万元奖励资金鼓励村镇开展创建工作。

三、加快乡村振兴示范村镇的公共基础设施建设

在宜居宜业和美乡村目标指导下，对标海口市、儋州市、三亚市等城市的公共基础设施标准，开展乡村振兴示范村镇公共基础设施建设。应实现农村生活污水治理覆盖率100%，基本实现农村垃圾"零增长""零填埋"，实现农村卫生厕所全面覆盖。加快完善通村公路、入户巷道、排水排污设施、供水供电、公共停车场、通信网络等民生工程建设，实施乡村道路畅通工程，推进行政村公路升级改造和自然村（组）道路硬化，使村庄主干道路路面硬化率达到100%。应解决村庄灌溉用水难的问题，通过打井和引入光电控水等方式，解决农业生产缺水的现实问题。应推进城乡供水一体化建设和管理。加快数字乡村建设，实现乡村振兴示范村镇"双千兆"网络覆盖率达100%。

四、加强农村基层党组织建设

将农村基层党组织建设作为乡村振兴示范村镇建设的重要内容，发挥基层党组织的战斗堡垒作用，与农户一同推动乡村振兴示范村镇建设。完善农村基层党组织的政治、经济和组织等功能，管好带好农村基层党员，充分发挥党员的示范带头作用，推动村"两委"班子能力提升，加强村干部的政策学习能力、村庄发展规划与布局能力、发展集体经济能力、引入工商资本和企业的能力、基层党建能力、乡村治理能力等。

五、用好人才政策为乡村振兴示范村镇创建赋能

继续发挥乡村振兴工作队对村镇乡村振兴示范创建的指导和推动作用，提升村镇乡村振兴示范创建的效能。继续推行科技特派员制度，为村镇产业发展提供技术指导。完善乡村人才评价和激励机制，对长期服务乡村振兴的人才在职称晋升、职称评定等方面实施倾斜政策。推进乡村振兴急需紧缺人才培养示范工程，围绕基层组织建设、种植、养殖、产品加工、共享农庄发展、电子商务发展等开展培训，培养一批新型农业经营主体，促进乡村振兴发展。

六、通过特色产业发展带动乡村振兴示范村镇创建工作

以海南"六棵树"为切入点，根据本市县的实际情况，鼓励企业和新型农业经营主体连片、规模化种植"六棵树"，鼓励与"六棵树"产业链相关的种植企业、加工企业、电商平台、营销主体、技术专家团队等落户市县，使留在村里从事农业生产的新型农业经营主体和农户有信心从事"六棵树"产业、有途径找到科技专家、有平台销售农产品、有地方吸纳劳动力就业，使农户愿意留在农村生产和生活，使"一县一业""一村一品"工作落到实处，集中各种资源要素助力村镇乡村振兴示范创建工作。

七、通过乡村治理工作推动村镇乡村振兴示范创建工作

提升村"两委"干部服务村镇乡村振兴示范创建的能力。通过各种文化教育活动及村规民约等无形力量规范好农户的文明行为，形成"爱我村庄，服务旅游"的大格局，增加村庄内在吸引力和凝聚力，争取做到每个村干部都是党史讲解员、每个农户都是诚信商户、每个农户都可以化身导游和志愿者服务者，提升整个村庄的服务质量。

做好乡村治理积分制和清单制助力村镇乡村振兴示范创建工作。通过设立

村"两委"的权力清单事项，着力明晰权力边界，厘清村"两委"的权责关系，强化村"两委"的乡村治理和公共服务职能。系统梳理村党组织、村委会、村务协商会、村监委会的权责清单，厘清相互之间的权责关系，形成治理合力和监督机制。通过全面推行村级权力清单制度，厘清各治理主体的权力责任边界，努力形成各主体合作治理的合力，实现有效治理①。同时，围绕"七个倡导"建立完善乡村治理清单制，实行月评比、季度评比等方式，累计积分，积分排在前面的农户可以用积分兑换米、油、洗衣用品等奖励，引导农户积极参与乡村治理与乡村建设，助力村镇乡村振兴示范创建。

---

① 张国强. 治理有效是乡村振兴的基石［N］. 内蒙古日报，2019－08－12.

第六章 农村集体经济与乡村振兴

第一节 农村集体经济发展的实态分析

一、引言

集体经济作为社会主义公有制经济的重要组成部分，是发展农业农村、全面推进乡村振兴战略绕不开的重要议题。2004—2023 年，中共中央、国务院连续发布了 20 个以"三农"为主题的中央 1 号文件，成为我国农业农村发展的重要指引。2023 年中央 1 号文件《中共中央 国务院关于做好 2023 年全面推进乡村振兴重点工作的意见》提出，巩固提升农村集体产权制度改革成果，构建产权关系明晰、治理架构科学、经营方式稳健、收益分配合理的运行机制，探索资源发包、物业出租、居间服务、资产参股等多样化途径发展新型农村集体经济，健全农村集体资产监管体系。这指明了农村集体经济发展的新路径。

农村集体经济是集体成员利用集体所有的资源要素，通过合作与联合实现共同发展的一种经济形态。农村集体经济在传统意义上主要是指劳动者的劳动联合，而新型农村集体经济是指在农村地域范围内，以农民为主体，相关利益方通过联合与合作，形成的具有明晰的产权关系、清晰的成员边界、合理的治理机制和利益分享机制，实行平等协商、民主管理、利益共享的经济形态①。换言之，新型农村集体经济不仅包括劳动者联合，还包括劳动与资本、技术、管理等联合，联合的目的是实现个体的发展②。

二、全国农村集体经济发展现状

近年来，我国在农村集体经济发展上主要做了三方面工作。一是开展扶持

---

① 武凤平. 新型农村集体经济发展的现实困境与制度破解 [J]. 山西农经，2023 (13)：74-76.
② 张录全. 全面建成小康社会进程中的农村思想政治工作研究 [D]. 天津：天津师范大学，2019.

村级集体经济发展试点。2016年以来，中央财政通过以奖代补形式，支持28个省份和4个计划单列市开展扶持村级集体经济发展试点。2018年中央组织部、财政部、农业农村部联合印发《关于坚持和加强农村基层党组织领导扶持壮大村级集体经济的通知》，在全国范围内扶持约10万个村发展壮大集体经济。二是支持贫困地区薄弱村发展提升。2019年6月农业农村部制定《关于进一步做好贫困地区集体经济薄弱村发展提升工作的通知》，提出薄弱村发展提升的任务目标，鼓励各地以发展产业、盘活资源等为抓手，探索贫困地区薄弱村集体经济发展提升的有效路径。三是完善集体经济发展扶持政策。2017年农业农村部协调财政部、国家税务总局出台《关于支持农村集体产权制度改革有关税收政策的通知》，明确减免改革过程中相关契税、印花税，降低改革成本。2018年农业农村部联合中国人民银行、国家市场监督管理总局印发《关于开展农村集体经济组织登记赋码工作的通知》，指导各地做好农村集体经济组织登记赋码、银行开户等业务。截至2022年，全国乡镇、村、组共建立组织约96万个，全部在农业农村部门登记，领取"农村集体经济组织登记证"。

根据农业农村部统计数据，截至2019年底，全国拥有农村集体资产的5 695个乡镇、60.2万个村、238.5万个组，共计299.2万个单位，完成1.2亿张报表在线数据报送。全国共有集体土地总面积65.5亿亩，账面资产6.5万亿元，其中：经营性资产3.1万亿元，占47.4%；非经营性资产3.4万亿元，占52.6%。集体所属全资企业超过1.1万家，资产总额1.1万亿元。资产高度集中在村级，村级资产4.9万亿元，占总资产的75.7%，村均816.4万元；乡镇、组级资产总额分别为0.7万亿元和0.9万亿元，分别占比11.2%和13.1%[1]。

从资产构成看，全国有3.1万亿元经营性资产，这类资产是集体经济收入的主要来源，其中，预期可带来收益的厂房、商铺、机器设备等经营性固定资产超过1万亿元。未承包到户的耕地、园地、林地、草地等集体土地资源共有15.5亿亩，其中，有36%对外出租经营或投资入股到新型经营主体。从资产分布看，村庄之间资产分布还不均衡，有超过3/4的资产集中在14%的村。从资产经营收益看，有10.4%的村收益在50万元以上，主要集中在城中村、

---

① 本刊记者.扎实开展全国农村集体资产清产核资工作——农业农村部有关负责人答记者问[J].农村工作通讯，2020（14）：21-23.

城郊村和资源充沛的村庄①。集体经济薄弱村仍旧存在。

三、海南农村集体经济发展现状

近年来，海南农村集体经济发展较快。但由于起步晚、底子薄，存在农村资源资产闲置时间长、社会资本下乡难、农村人才留不住等问题，"空壳村""薄弱村"问题较为突出。这里讨论的农村集体经济"空壳村"是指农村集体经济收入较少、村民乡村治理参与度较低、村级组织缺乏有效管理和服务能力的村庄。截至2019年底，海南2 558个行政村中，无集体经济收入的"空壳村"有359个，占比14.03%；集体经济收入1万元以下的村有506个，占比19.78%；1万~10万元的村有1 247个，占比48.75%；10万元以上的村只有446个，占比17.44%②。

为了消除农村集体经济"空壳村"，海南陆续颁布多个政策文件。如《海南省扶持壮大村级集体经济财政补助资金实施办法》《海南省消除农村集体经济"空壳村"两年行动计划（2021—2022年)》《关于大力发展农村市场主体壮大农村集体经济的十八条措施》等政策文件，提出实施更加开放的人才政策、盘活农村资源要素、创新财税金融政策、全面加强组织领导四大方面十八条措施，通过大力开展协作帮扶、实行台账管理、探索村企联合抱团发展、积极发展飞地经济等途径，力争全面消除220个行政村集体经济"空壳村"，进一步优化集体经济发展模式，增强农村持续稳定增收能力。近年来，海南各市县的政府工作报告中表示，在消除集体经济"空壳村"、提高村集体经营性收入上取得了一定成绩。如2021年万宁市47个村集体经济"空壳村"全部摘帽；2022年文昌市全面消除23个村集体经济"空壳村"，66个村集体经济经营性收入达到10万元以上。

2023年海南政府工作报告提出，巩固消除村集体经济"空壳村"成果，推动一批集体经济组织年收益超10万元，壮大新型农村集体经济。在海南各级政府的政策激励和专项资金的支持下，海南涌现出一批农村集体经济发展村级典型案例，并获得农业农村部的推荐，如2023年的万宁市和乐镇六连村。

---

① 本刊记者. 扎实开展全国农村集体资产清产核资工作——农业农村部有关负责人答记者问 [J]. 农村工作通讯，2020（14）：21-23.

② 傅人意. 以制度集成创新壮大农村集体经济 [N]. 海南日报，2020-10-16（001）.

第二节 农村集体经济发展的影响因素分析

一、农村集体经济的文献回顾

农村集体经济"空壳村"是伴随着大量农村劳动力外出务工，村内青壮劳动力短缺而形成的。"空壳村"的基本特征有：①集体资产少；②无集体创收渠道，甚至拖欠外债；③村集体经济实体少，甚至没有村集体经济实体。

学界对影响农村集体经济发展的因素做出如下分析：①人才带动。首先是复合型人才，如集政治家、企业家于一身的人才（王景新，2014）或"强带动、强道德"型的能人（黄振华，2015）；其次是基层优秀党员干部（赵意焕，2019），这些带头人能够组织起坚强有力的农村基层党支部和具有向心力的农民，实现农村集体经济的有效发展。②制度改革，尤其是产权改革。产权是经济发展的基础，学者们将视角聚焦在产权相叠（徐勇，2015）、产权明晰和产权激励（张应良等，2019），并在此基础上重新设计当前农村集体土地制度来组织农村和村民（贺雪峰，2019），意图加快探索集体经济组织特别法人的实现形式（高强，2020），建立各种形式的、农民更认可的、更有生命力的合作经济（黄延信，2015），推动农村集体经济制度改革（彭海红，2014）。

产权改革在成为共识的基础上，也出现两种截然不同的路径观点：一方提出放开农村集体产权，城市资本会大量圈占农村土地，损害农民的利益（韩松，2012；瞿理铜，2018）；另一方认为应开放农村产权结构，让集体资产进入市场经济，带动集体经济发展（党国英，2017；高强，2020）。此外，学者们还提出重塑农村集体经济组织的组织和管理职能（刘鹏凌等，2020）、多村跨区股份合作（郭晓鸣，2019）以及因地制宜发展产业等（苏会，2018；许汉泽等，2020）影响农村集体经济发展的因素。

消除农村集体经济"空壳村"，不仅是推进农村基层组织建设和加快农村现代化建设步伐的迫切需要，也是促进农村社会稳定和各项事业全面发展的经济基础，还是实现巩固拓展脱贫攻坚成果与乡村振兴有效衔接的关键。

二、农村集体经济的发展模式

以农村集体经济发展资金和资源的来源作为划分标准，农村集体经济可分为外生型发展模式、合作型发展模式、内生型发展模式（丁波，2020）。外生型发展模式是指依靠政府行政资源发展集体经济；合作型发展模式是指外来资源与村集体、村民通过股份合作，形成股份合作形式发展集体经济；内生型发展模式则是借助村内非农资源开发产生集体经济积累，激活村级集体经济发展活力。

（一）外生型发展模式：作为浙江省委书记联系点的下姜村

在国家资源输入乡村社会过程中，项目制是政府转移支付资金以及扶持村级集体经济的重要手段。外生型农村集体经济依靠政府项目经费拨款进行发展，对村级集体经济项目进行打包，成为村级集体经济发展的关键。

下姜村位于浙江杭州市淳安县西部两山夹一沟的枫林巷下，四面都是高山。20世纪末全村面积10.76平方千米，山林面积12 375亩，最高的山峰海拔1 078米。耕地贫瘠且面积小，仅有540亩。村中的枫林巷溪上游一发洪水，溪上的桥梁和两边的耕地就会被冲垮、冲毁、淹没。村集体收入薄弱，曾是当地著名的贫困村。到2001年，下姜村全村人均可支配收入仅有2 154元，村集体收入仅有1万多元。无论是经济发展程度、卫生条件，皆位于浙江的平均水平以下。

2001年起，习近平、张德江、赵洪祝等多任浙江省委书记都把下姜村作为基层工作联系点。他们多次到下姜村走访调研，指出下姜村土地较少，尤其耕地更少，"要惜土如金，集约节约用地，坚守耕地红线，向土地要效益"，"优质高效，错位发展"。从提高土地利用率起手，下姜村的发展经历了环境整治期、资源探索和利用期、多种方式共同发展期。

一是环境整治期。环境综合整治工程主要有五大块内容：①建沼气池。习近平在浙江工作期间到下姜村调研，听取当时下姜村书记姜银祥通过建沼气来改变下姜村生态环境的建议，强调省委、省政府要大力支持和帮助。在省委、省政府的大力推动下，经过市、县两级政府的组织走访，下姜村启动了生态能源示范村沼气项目建设和环境综合整治工程。全村一年节省居民用电9 000千瓦时，节省液化气6 000千克，附近340亩山林得到彻底保护。②建2个污水处理池，规模分别是80立方米和120立方米，并铺建污水处理管道1 800多米，解决下姜村污水乱排乱放等问题。③建立垃圾中转站。针对下姜村的垃圾处理脏乱差等问题，省、市、县联合出资12万元，在下姜村建了1个垃圾中转站，增加村内保洁员，最终形成户集、村收、镇运、县处理的垃圾处理模式，并向淳安县推广。在垃圾中转站试行期间，习近平一直关心项目工程的进展，他工作忙抽不开身，就委托省委办公厅的同志联同省建设厅、环保厅的相关负责同志到下姜村查看具体情况。④80%以上的农户都要用上太阳能热水器。⑤跟露天厕所"要土地"。下姜村原来家家户户都建有露天厕所，其面积至少占地10～35平方米。不仅气味难闻，影响村容村貌，而且土地利用率极低。村"两委"在调研走访后，决定跟厕所"要土地"，将村内200多个露天厕所全部拆除，在村内建起4座公共厕所，并为建有卫生户厕的农户家庭提供一定的补贴。从2004年12月到2005年12月，一年时间内下姜村容村貌发生了翻天覆地的变化。

二是资源探索和利用期。2000年，下姜村通过土地流转种植桑蚕169亩。2004年桑蚕正式投产后，增加村集体收入8.5万元。2003年对240亩老茶园进行低产改造，并请师傅教学茶叶炒制，增加村集体收入5.5万元。习近平在下姜村考察期间特为下姜村增加了1个科技特派员。科技特派员俞旭平主要研究中药材种植，他在下姜村工作多年，主要为村民提供中药材种植的品种选择、技术指导等。下姜村在茶叶、竹叶、蚕桑叶这"三张叶子"外，又增加了药叶这"第四张叶子"，中药材种植规模达到近600亩。2007年，习近平调往上海工作，但他仍心系下姜村。到上海工作前，他要求省委办公厅带领相关厅局干部到下姜村调研，主要目的是对他在下姜村提出的工作要求进行督查落实，最终形成调研报告《淳安县下姜村有关项目协调落实情况汇报》。习近平对这个报告作了重要批示，要求下姜村继续发扬自力更生艰苦奋斗精神，努力建设社会主义新农村。截至2016年，下姜村全村170多个人经营着240亩茶叶园、500亩中药材、800亩竹笋、310亩水果。

三是多种方式共同发展期。按照习近平对下姜提出的"要做'四种人'的要求"，下姜村"两委"结合下姜村实际情况，积极开展党支部建设和活动，把党建工作体现在发展乡村"五大振兴"重点工作上。2014年，下姜村以严守生态保护和促进绿色经济为共生机制，以"原山""原水""原村落"为基础，深入推进农旅融合新模式。建成下姜林下中药材、枫林港精品水果基地、源塘猕猴桃园等多个创意农业园区。实施13个市级生态修复村项目。加快推进创建下姜及周边地区4A级旅游景区，实现五狼坞登山环线和森林景观等旅游项目的落地，重点依托千岛湖以及村内的自然环境发展乡村旅游。2016年的游客量达11.6万人次，乡村旅游毛收入达700万元，村民人均可支配收入达21 902元。2018年杭州市出台了《下姜村及周边地区乡村振兴发展规划》，并发布了交通发展、乡村旅游、农业发展、乡村建设4个专项规划，简称"1+4"规划。这相当于在下姜周边"画了一个圈"，面积从10.76平方千米扩大到350平方千米，涉及人口近2.5万人。2019年"千岛湖·大下姜"乡村振兴联合体（以下简称"大下姜"联合体）正式成立。它致力于探索在不打破行政区划的前提下，形成心往一处想、劲往一处使的"大下姜"联合体共富模式。"大下姜"联合体的25个行政村因村制宜制定产业发展方案，实现"一村一方案"。此外,"大下姜"联合体注册成立了"强村"的大下姜振兴发展公司和"富民"的大下姜帮带科技公司,还总结了数字变革法、品牌赋能法、慈善信托法、共富工坊法等"强村富民十法"。大下姜帮带科技公司将"提低"作为重点,专注于共享酒厂、共享茶厂、豆腐厂等一批联市场带农户的"共富工坊"建设,形成良性循环共富效应。如今,山茶油、地瓜干、红高粱酒等已成为"大下姜"联合体区域村民的主要增收农产品。特别是通过"大下姜"联合体采取"党建统领、帮带共富"发展模式,实施以"我们一起富"行动为载体的"强村帮弱村""先富帮后富""乡贤帮老乡"后,村民增收成效明显。现在"大下姜"联合体已经注册了"大下姜""下姜红""下姜甜""下姜绿""下姜美"等五大商标,还编制了美丽乡村指导手册、农林产业基地建设规范、乡村旅游服务准则等标准,成立了大下姜农产品销售中心。从"单打独斗"到"抱团发展",2022 年"大下姜"联合体 25 个行政村集体经济总收入 2 617.8 万元,其中经营性收入 1 355.6 万元,较 2018 年分别增长 73.8%、209.01%。农村常住居民和低收入农户人均可支配收入分别达到 36 757 元、19 626 元,较 2018 年分别增长 47.13%、87.29%。

作为浙江多任省委书记的基层联系点,下姜村通过项目制逐个突破解决村内的重点难点问题,在经历了环境整治期、资源探索和利用期、多种方式共同发展期等 3 个发展期后,成功转变农业经营方式,加快土地流转,完善经营机制,逐步发展和完善乡村旅游等新业态。2022 年,下姜村农民人均可支配收入达到 48 818 元,比 2001 年增长了 22.7 倍;村集体收入达到 153.41 万元,比 2001 年增长了百余倍。下姜村实现了从"空壳村"到"富裕村"的转变。

(二)合作型发展模式:王英镇的"抱团飞地"

合作型农村集体经济是外来资源与村集体、村民通过股份合作,形成股份合作形式的集体经济。2013 年中央 1 号文件提出,要鼓励和引导城市工商资本到农村发展适合企业化经营的种养业。此后,大批城市资本下乡成立农业企业,成为农村集体经济发展的重要资源。下乡农业企业与村集体(或村民)进行股份合作,企业提供启动资金、专业技术、市场销售渠道等资源,村集体(或村民)以土地、资金等生产要素入股,从而实现"资产变资源、资金变股金、农民变股东"[①]。按照股份分红,壮大村集体经济并提高村民收入,形成村企合作的股份合作形式农村集体经济。目前,"企业+村集体(+村民)"成

---

① 丁波.乡村振兴背景下农村集体经济与乡村治理有效性——基于皖南四个村庄的实地调查[J].南京农业大学学报(社会科学版),2020,20(3):53-61.

为国内较为普遍的村集体经济发展模式。

湖北阳新县王英镇辖区面积 273 平方千米，下辖 29 个行政村，268 个村民小组，5.88 万人[①]。过去 29 个行政村分散居住于王英水库周边，由于水系隔绝、位置偏远、交通不便、土地资源分布零散且稀少，产业发展阻力较大，投资效益低，王英镇成为国家级贫困县中最具代表性的乡镇之一，是典型的库区、山区、老区，全镇贫困人口占 80%。

为破解贫困现状，王英镇以仙岛湖为依托，大力发展生态旅游业，同时大力发展以香菇种植基地为主导的特色种植养殖产业。2018 年，王英镇党委牵头整合 27 个行政村的产业扶贫资金 800 多万元，选择了水质良好、地势平坦、交通便捷的新街村，征用河滩平地 86 亩，建设食用菌大棚 400 多个，以及冷库、烘干房、分拣厂房等食用菌产业基地，以"抱团飞地"的模式发展食用菌产业[②]。在内部形成发展合力后，王英镇依托仙岛湖生态旅游景区的辐射带动效应，提出"合作社＋公司＋贫困户＋旅游商品"的产业发展格局，在延伸产业链的同时，提高食用菌的产业附加值。王英镇党委牵头成立王英镇仙岛湖食用菌种植专业合作社，并选举 9 名村党支部书记担任合作社理事会、监事会成员，建立和完善了 27 个行政村和 618 户贫困户年度分红机制，实现贫困户全部脱贫。王英镇还引进了武汉岁岁丰农业科技开发有限公司等 3 家公司。一方面，开展分工合作。由 3 家公司对食用菌产业基地进行现代企业管理，食用菌的种植、加工、销售等环节交由 3 家公司负责，镇、村两级党委提供其他环节所需的服务，提高村级集体经济的市场化水平。另一方面，开展员工培训。3 家公司对员工进行常态化培训，通过强化员工的企业文化意识，提高员工的工作效率和工作积极性。此外，注重发挥品牌效应。合作企业注册"太平塘·小仙姑"品牌，让"王英制造"开始小有名气。

通过"抱团飞地""合作社＋企业＋贫困户＋旅游商品"的发展模式，王英镇让地理位置偏远、资源匮乏、发展空间较小的村集体经济"空壳村"有了起色。2019 年，鲜菇、干菇两项收入达 200 多万元，27 个行政村获利 52 万元。王英镇仙岛湖食用菌种植专业合作社拥有固定资产 400 多万元。

（三）内生型发展模式：红色文旅阵地木排村

内生型农村集体经济则是借助村内非农资源开发产生集体经济积累，激活

---

① 数据截至 2019 年末。

② 唐敏，刘盛. 农村集体经济"抱团飞地"发展新模式研究——关于黄石市王英镇的实践探索及启示 [J]. 湖北师范大学学报（哲学社会科学版），2020，40（5）：52-55.

村级集体经济发展活力。木排村位于儋州市和庆镇西北部，地处于 225 国道旁，距离儋州市区 12 千米。木排村下辖 9 个村民小组，现有常住人口 494 户 2 281 人。全村乡村建设用地面积 35.2 公顷。木排村曾为夺取琼崖抗日战争和解放战争胜利作出了重大贡献。木排抗日根据地是中共琼崖特委在琼西建立的第一块抗日根据地，也是琼西坚持到抗战胜利和海南解放的主要根据地，是海南岛西北部的重要战略要地。作为抗战时期大南区抗日根据地核心区，木排村辖区内有歃血结盟园区（包括会面遗址、临儋抗日联合政府遗址、琼崖四支队遗址、红军井、结盟园等）、大南区抗日根据地纪念馆、木排抗日革命英雄纪念碑、木排村民活动中心（木排党史展馆）等红色资源，毗邻尧龙水库，是儋州市重点打造的红色文旅阵地。

一是建设红色文旅发展团队。2022 年木排村利用村集体资金 20 万元注册木排文旅有限公司。以"党建＋人才＋文旅"模式，引入儋州市青年人才协会的专业运维团队，充分利用红色资源和休闲农业资源策划、打造"革命老区、红色木排"一系列红色研学购买服务项目。组织 18 名返乡大学生开展"红色讲解员"宣讲学习活动。以"了解木排故事""讲好木排故事""传承木排故事"为教学目的，通过歃血结盟园区、大南区抗日革命根据地纪念馆等党史学习平台，身体力行做好红色文化的传承者，向全省甚至全国讲好木排红色故事。

二是以合作发展壮大红色产业。发挥农村基层党组织政治功能和组织功能，木排村党组织积极与儋州市纪委第二党支部、市青年人才协会党支部、金林通航木排联合党委结成党建联盟，加强党建联动互助，开展主题党日活动联动、主题宣讲、服务群众活动等多项党建活动，通过党建活动推动产业合作。依托金林春晓共享农庄的"航空馆""航海馆"等蓝色资源，进一步丰富木排村旅游资源。

截至 2022 年底，木排村已接团 40 余个，接待人次 1 000 余人，创收约 10 万元，实现红色产业收入"零"突破。下一步，木排村将围绕红色文创产品、党员示范种植基地等项目，进一步丰富和发展木排红色文旅产业，提高村集体收入。

三、农村集体经济发展的影响因素分析

（一）各级党组织的有力保障

习近平总书记强调，"办好农村的事情，实现乡村振兴，关键在党"。首先，强化党建引领。发挥基层党组织在乡村发展过程中总揽全局，统筹协调村

民、企业等各方力量的作用，为乡村产业发展提供坚强有力的政治保障。湖北阳新县王英镇的"抱团飞地"能够突破集体经济"空壳村"的现状，根源在于王英镇党委不仅在全镇各村的专项扶贫资金整合利用、土地流转集中、项目选择上"抱团"，还在乡村发展理念、村民合作协同上"抱团"。"抱团"发展需要充分发挥各级党组织的战斗力，实现土地、资金、人员、项目各要素的集合利用，营造良性发展、合作共赢的局面。其次，顶层设计的定调。强调各级党组织用同一个声音说话，保障乡村发展规划的一致性。在农村集体经济发展的过程中，土地流转政策、产业项目选择、合作经营模式等要素最终的落地都需要各级党组织的一致同意。只有"心往一处想，劲往一处使"，围绕乡村经济发展这一个中心点，才能发挥自身优势，积极主动作为。

（二）多类型人才的培育与引进

国家"十三五"规划纲要、2018 年中央 1 号文件都明确提出，要培育"新乡贤文化"，积极发挥新乡贤在基层治理和村集体经济发展中的重要作用。近年来，随着国家对涉农产业的补贴力度不断加大，土地流转政策等的放活，以及基层政府对农业企业、返乡创业就业人才的积极引进、优惠政策和创业就业补贴，大批大学生、乡贤回乡创业就业，成为村庄新型经营主体。这些返乡大学生、乡贤大都是从事农业产业方面的精英，与村集体合作紧密，能够形成"企业＋村集体"的合作模式，发展壮大村集体经济。

（三）因地制宜选择发展模式

消除农村集体经济"空壳村"势在必行，发展项目的选择与落地需要考虑众多因素。可以将农村集体经济的发展模式分为外生型发展模式、合作型发展模式、内生型发展模式。①外生型发展模式的典型案例如浙江淳安县下姜村，下姜村是浙江多任省委书记的基层联系点，下姜村能够获得的专项项目支持是其他村难以复制的。②内生型发展模式的典型案例如海南木排村，作为抗战时期大南区抗日根据地核心区，木排村辖区内有歃血结盟园区、大南区抗日根据地纪念馆、木排抗日革命英雄纪念碑、木排村民活动中心（木排党史展馆）等众多红色资源，能够以红色文旅资源为基础，延伸产业链，发展村集体经济。这一发展类型需要村庄有文化历史遗迹等资源，人造景点在文旅资源顺位中较低，因此，这一模式复制较为困难。③合作型发展模式是目前乡村经济发展选择的最为普遍的发展模式。通过"企业＋村集体"的合作，紧扣当地的资源禀赋、生产条件、区位条件、发展潜力等，科学选择产业发展项目，制定相应的产业发展方案，合理规划发展空间和用地指标，与周边村镇形成错位发展的格局，降低发展成本。

（四）宜居宜业融合发展

习近平总书记在 2022 年 12 月召开的中央农村工作会议上强调，要全面推进产业、人才、文化、生态、组织"五个振兴"，统筹部署、协同推进，抓住重点、补齐短板。产业振兴是乡村振兴的物质基础。习近平总书记在 2020 年 12 月召开的中央农村工作会议上指出："现在，发展乡村产业，不像过去就是种几亩地、养几头猪，有条件的要通过全产业链拓展产业增值增效空间，创造更多就业增收机会。"这意味着，发展产业不能只发展"产业"，产业振兴要成为推进生态宜居、乡风文明和治理有效的重要抓手，弥补乡村社会治理中公共财政投入不足等短板，加大乡村基础设施建设投入，不断促进农村人居环境整治提质增效、农民增收，提高农民的幸福指数和满意度，从而实现乡村全面振兴。

（五）构建利益联结机制

在农村集体经济的研究中，行之有效的利益联结机制一直是学界重点关注的问题。传统农村集体经济发展水平大多较低，收益分配形式单一，普遍采取平均主义且分配不透明，村民在集体经济"大蛋糕"中难以获得较高收益。新型农村集体经济的利益联结机制，是土地、资产、资金、技术和管理的元素合集，尤其是"企业＋村集体（村股份经济合作社）＋农民"的发展模式中，要求各方建立契约型、股份型和分红型的合作模式，形成了"订单收购＋分红""村集体土地租金＋分红""土地流转＋劳务用工＋利润返还""农民入股＋保底收益＋按股分红"等较为紧密、透明的利益联结机制，实现村级集体经济的发展。如海南万宁市六连村的咸鸭蛋深加工产业，采取"企业＋合作社"的合作模式，村集体的收入包括村股份经济合作社占食品厂股份的 20％所获得的分红、食品厂用地的租金；海南文昌市水北村的小黄牛养殖项目，采用"公司＋村集体"的合作模式，村集体收入包括黄牛出栏的保底收入、黄牛销售净盈利额 15％的分红。上述发展案例中，企业优先为当地村民提供就业岗位，村民的年人均可支配收入在产业落地后实现"三级跳"。只有行之有效的多元主体利益联结机制，将企业、村集体（村股份经济合作社）、村民牢牢绑定在一起，才能运用市场经济手段发展和壮大村级集体经济。

第三节　农村集体经济的实践案例分析

一、全国村典型案例：海南文昌市公坡镇水北村

（一）经济发展基础

水北村地处海南文昌市公坡镇的西南方，紧连镇中心，交通便捷。水北村

有 25 个自然村，27 个村民小组，现有村民 515 户 2 400 人。土地面积共 17 490 亩，其中耕地面积 4 964.9 亩。全村经济收入主要来源于种植辣椒、瓜菜、荔枝、水稻、花生等的收入。因水利水源灌溉设施配套不足、土地贫瘠及生产条件较差等原因，传统种植业难以支撑村民收入。2018 年全村贫困户 46 户 212 人，村集体经济收入低，是文昌市"十三五"整村推进贫困村。

（二）产业发展探索

水北村在探索村集体经济发展的路径选择上，将目光对准了产业发展多样化，实现多渠道增收。在多方调研之后，2017 年水北村党组织开始引入"党建＋村集体经济＋公司＋贫困户"的扶贫模式，利用省、市集体经济帮扶资金，引入海南传味文昌鸡产业股份有限公司，由村委会提供养殖基地，公司免费提供鸡苗、饲料和养殖技术并以保底价回收成品鸡，确保参与养殖农户的收益。养鸡收益农户获得 70％，村集体获得 30％。2018 年以来，水北村先后投入上百万元建设鸡舍。2022 年水北村集体累计收入 151.93 万元，全村人均收入达 24 988 元。2020 年，水北村贫困户全部脱贫。

为了丰富增收渠道，2020 年水北村利用 490 万元专项资金，与海南慧牛农业科技有限公司合作开展小黄牛养殖项目。由海南慧牛农业科技有限公司指派技术骨干负责养牛基地的技术管理、销售端，水北村委会提供养殖基地用地，企业优先为水北村当地村民提供就业岗位。在这一合作模式中，村集体收入分为两个部分：①保底收入，即每出栏一头黄牛可以给村集体增加最少 350 元的保底收入；②销售分红，村集体可获得黄牛销售净盈利额 15％的分红。2021 年水北村又在黄牛养殖项目上增加专项投资 490 万元，增设养牛基地 2 400 平方米。利用海南省就业局的专项资金 15.5 万元，种植牧草 60 亩，就地解决基地的牛饲料供给问题，逐步形成"种养一体"的循环农业发展模式。为了扩大黄牛基地规模，增加村集体经济收入，实现村民增收，水北村又引入"公司＋农户＋银行"的合作发展模式，由公司提供养殖技术和销售管理，并为农户向银行提供贷款担保，为农户参与黄牛养殖提供启动资金，持续辐射带动公坡镇小黄牛养殖业、牧草种植业、加工业和冷链业的发展，进一步推动产业升级优化，提高农产品的附加效益，实现村集体经济持续增加。

（三）集体经济发展成效

2023 年，中央组织部通过中国干部网络学院平台发布全国基层干部培训课程典型案例，围绕农村党建、乡村产业发展、农村文明建设等方面，重点推介一批"全国村典型案例"，海南共有 11 个村庄入选，水北村亦在入选名单。水北村通过党建引领，大力发展村集体产业项目，推进乡村建设，先后获评国家森林乡村、海南省打赢脱贫攻坚战先进集体、海南省先进基层党组织，成功实现由"整村推进贫困村"到"集体经济典型村""基层党建先进村"的华丽蜕变，为集体经济"空壳村"的成功转型提供了生动的水北范例。

二、2023 年全国农村集体经济发展村级典型案例：海南万宁市和乐镇六连村

（一）经济发展基础

海南万宁市和乐镇六连村有 11 个自然村，1 523 人，耕地面积 8 000 亩。六连村背靠六连岭，是著名的革命老区。以种植业和养殖业为主，产业基础薄弱。2016 年，万宁市军田水库主水渠北大镇丰丹村段引水渡槽受当年台风影响而损坏，流经六连村段 4.5 千米长的水渠突然断水。2016—2021 年，水渠内淤泥堆积，杂草丛生。水渠荒废后，六连村的土地很快就撂荒。2021 年初，六连村还是村集体经济"空壳村"。

（二）产业发展探索

六连村乡村振兴工作队和村"两委"在一系列的调研、征求村民意见和开会论证后，决定由村股份经济合作社与港北老渔民有限责任公司合作，成立万宁市禄禄红食品有限责任公司，采取"合作社＋公司"的运作模式，由村委会提供集体土地并利用中央扶持的 300 万元专项资金，建设 1 200 平方米的村食品加工厂，发展集咸鸭蛋加工、特色粽子加工、海产品加工、农产品展销中心和电子商务于一体的特色产业项目。除此之外，六连村还与海南新禾乐生物科技有限公司签订农村土地对外出租合同书，利用 17.5 亩土地发展有机肥产业。

六连村作为海南 9 个红色美丽村庄之一，是海南著名的红色革命老区。六连岭革命根据地创建于 1927 年，是党领导人民群众在海南坚持对敌斗争时间最长、规模最大的革命根据地[①]，坚持"二十三年红旗不倒"开展武装斗争，曾被誉为"海南的井冈山"。被确定为海南首批红色美丽村庄建设试点之一后，六连村逐步探索具有鲜明红色印记和当地特色的复合型产业，为红色美丽村庄注入新的内生活力。

（三）集体经济发展成效

六连村集体收入有两种：一是按照村股份经济合作社占食品厂股份的20％获得分红，二是以每年 5 万元的租金将食品厂厂地租赁给公司使用。通过"合作社＋公司"的模式，2021 年底村集体经济已收入 8 万元，实现消除村集

---

① 刘梦晓. 六连岭：青山不语抱丰碑［N］. 海南日报，2020－01－06（004）.

体经济"空壳村"目标。村民人均年收入亦实现"三级跳",从 2020 年的几千元增加到 2021 年底的 2.3 万元。2022 年万宁市禄禄红食品有限责任公司正式生产营业,直接带动该村近 60 名劳动力就近就业。从食品加工厂到蛋鸡养殖基地,从发展屋顶光伏产业到壮大养牛产业,六连村的产业发展日渐兴旺。2022 年 11 月,六连村被认定为第十二批全国"一村一品"示范村镇(鸭蛋)。

第四节 农村集体经济发展面临的困境与挑战

海南农村集体经济的发展不可避免地面临一系列阻碍。一方面,农村集体资产产权虚置、经营收益不清,存在村级集体经济发展不够、集体资产积累走低、集体资产被"虚化"、集体收益分配不公开等问题;另一方面,农村金融仍然是个老大难问题,具体表现为农村金融供给不足、农村金融资源配置不合理、农村金融功能被弱化等。除了这些共性问题外,海南农村集体经济还面临以下的困境和挑战。

一、农村基层党组织弱化

农村基层党组织全面领导乡镇、村的各种组织和各项工作,是党在农村全部工作和战斗力的核心。党的十八大以来,以习近平同志为核心的党中央高度重视农村基层党组织,强调要大抓农村党支部,充分发挥党组织战斗堡垒作用和党员先锋模范作用,为农村改革发展稳定提供坚强政治和组织保证。随着农村改革不断深化,农村基层党组织弱化的问题逐渐凸显。在入村调研访谈期间,普遍存在的问题有:①村党组织自身定位不明。村党组织作为乡村全面工作的"领头羊",肩负着党建引领乡村振兴的重要使命。在实践过程中,一些村庄出现村"两委"在发展村集体经济上完全依赖乡村振兴工作队的情况,乡村振兴工作队从"帮办"变成了"全办",导致村党组织在村集体经济发展中缺位。②村党组织干部思想认识有待提高。一些基层干部对自身工作职责认识不清,"等、靠、要"思想严重,缺乏干事的积极性和主动性,认为乡村工作最重要的是"不出错"。村"两委"班子五年换届一次,而村集体经济发展是长期工作,尤其是项目选址、土地流转、项目落地、正式投产经营是一个较为漫长、艰难的过程,需要尽量保证干部队伍的稳定性。③党员引领作用不强,特别是老龄化程度明显。大多数村庄超过 50% 的党员是 60 岁以上、未接受过文化教育的老年人。在实际乡村振兴工作中,尤其是招商引资、项目落地等产业发展过程中,这些老党员发挥党员引领作用较困难。

二、资产资源挖掘利用不充分

一是资产资源挖掘不充分。①产业发展缺乏特色。海南农村农牧产业发展势头良好，但整体来看，大部分村庄的产业项目都停留在橡胶种植和猪、牛养殖等传统行业，产量、销量不多，缺乏有特色、需求量高的产业。②销售渠道有限，导致大量产品通过"定点认购"的方式进行销售，未与大型商超等进行稳定合作，以农业贸易推动农产品发展的逻辑在这里无法形成闭环。

二是资产资源利用不充分。例如，海南 W 市某村辖区有一座历史文化名人的院落，是市级文物保护单位。但是目前该院落已经成为垃圾回收的集散地，无人管理、清扫。此外，一二三产业融合发展还未寻求到破题之法。

三、村集体经济来源单一

村集体经济的发展壮大，关键在于产业振兴。调研发现，海南村级集体经济收入主要来源于土地租金、橡胶种植、乡村振兴衔接资金分红、民宿等资产租金等。①村集体橡胶种植获得的收入多在 700～15 000 元。②乡村振兴衔接资金的分红只有小部分被纳入村集体经济。③民宿、厂房等资产出租的合约期较短，如海南新风村的民宿以每年 50 万元的租金出租，合同期为两年，合约期结束后新的合作还在洽谈中。④半数以上的村庄土地租金占村集体经济收入的比例超过 50%，且各村土地出租合约年限较长，多在 10～30 年，而租金较低，土地租金多在每亩 400～1 200 元，还存在土地出租合同签订后出现官司纠纷等情况。如海南美万新村有 1 860 亩的美万水库，美万新村委会曾与天一盟公司就美万水库签订了 50 年出租合同，且租金低，但该公司长时间不开发、不利用，导致美万水库一直处于闲置状态，已经违反合同的相关条约。目前，美万新村正在请求和庆镇政府和相关单位协商解决该合同纠纷。从调研结果来看，在今后 5～10 年，土地租金仍是海南村集体经济的主要来源。虽然土地租金为村集体带来了长期、稳定的收益，有一定的抗风险能力，但是这种长期合约的土地租金是低风险、低收益的，它意味着产业结构的单一和固定，而其他产业项目缺乏相关土地指标落地，发展空间有限且经济活力不足。

四、乡村人才资源短缺

第七次全国人口普查数据显示，全国居住在城镇的人口占 63.89%，居住在乡村的人口占 36.11%。与 2010 年相比，全国城镇人口比重上升 14.21 个百分点，且这个比例一直在持续增加。2020 年全国流向城镇的流动人口 2.49

亿人，较 2010 年增加 1.06 亿人。这些数据表明，在城镇化水平提升的同时，乡村"空心化"问题日益严重。海南乡村"空心化"问题同样存在。调研发现，海南乡村村民的受教育程度较低，重点分布在"初中""高中或中专"学历，这一部分占比高达 80.5%；"大专"学历的占比 9.6%，"小学"学历的占比 7.2%；"文盲""本科及以上"学历的占比较低，分别是 1.3%、1.4%。并且年龄和受教育程度呈反比，年龄越高，受教育程度可能越低。总体而言，可概括为以下几方面。①难以吸引人才。一方面，受地理区位影响较大。海南地处我国南端，去往国内各省份所需的交通时间较长。海南出岛的方式主要是飞机和轮渡（火车是拆分之后上轮渡），受天气因素影响较大。另一方面，海南的 GDP 在全国 34 个省级行政区中排名第 31 位。经济总量低，意味着在项目启动经费、人员奖励等方面的竞争力较弱。②难以留住人才。海南乡村对专业技术人才的晋升通道、人才激励和保障机制不健全。乡村中多存在一次性的创业就业补贴，但金额有限，激励作用不强。此外，城市与农村在基础设施建设、人文关怀等方面差距较大。③难以培育人才。当前人才培育的主要手段是农民技能培训，包括市场营销、农村电子商务、休闲农业、农林经济管理、特色项目讲解等。而对于技能培训，有的村民表示"记不得讲什么了""完成任务就好了""（培训是以）广播的（形式），听不清楚"等，说明技能培训效果较差。另外，乡村人才培训条件差、办学硬件落后，实训场地不足，培训质量不高。选出来的村"两委"成员缺乏带领村民增收致富的本领，乡村振兴工作队在实际工作过程中存在被行政任务挤占工作时间等情况。

五、农产品市场顺位较低

农产品竞争力的影响因素是多样的，包括区域因素、品牌因素、产业因素和支持因素等。区域因素作为农产品区域品牌最容易打上的标签，也是其竞争力中最为天然的部分；品牌因素包含着品牌的知名度、市场认可度等；产业因素涉及区域产业链的各个方面，包括产业集群、龙头企业的引领等；支持因素包括专业技术、产业资金、政策支持等。而海南的农产品在上述的竞争力影响因素中，或多或少都缺乏其中的一种或者几种。以海口火山荔枝为例，通过政府扶持、标准引导、品牌推动和项目带动多措并举，海口火山荔枝入选全国第二批地理标志。但是海口火山荔枝的发展也存在许多困难：①品牌影响力有限，海口火山荔枝品牌成立时间短，消费者的认可度、忠实度不高，回购率低，且品牌传播范围有限，通过传统媒体的宣传已经远远不能达到预想中的品牌影响力；②产业链不完善，以销售初级农产品为主，产品附加值低，市场规模和空间拓展能力有限；③产品规模小，海口火山荔枝生产的地域局限性决定了其生产规模的大小。这也是海南农业企业、农产品的普遍现状。海南农业龙头企业少，大部分农业企业无法适应现代农业规模化、标准化和品牌化的发展趋势。没有龙头企业的带动，使得海南农产品在产品流通环节缺少话语权，价格机制无法有效传导。此外，农村土地家庭承包经营制推行以来，村集体仅拥有少量的零散土地，无法支撑产业落地。

第五节　农村集体经济发展的具体路径

一、强化村级党组织建设，提升基层组织力

习近平总书记强调："要健全村党组织领导的村级组织体系，把农村基层党组织建设成为有效实现党的领导的坚强战斗堡垒，把村级自治组织、集体经济组织、农民合作组织、各类社会组织等紧紧团结在党组织的周围，团结带领农民群众听党话、感党恩、跟党走。"从实践上看，村级集体经济"空壳村"的破题之法，关键在于强化村级党组织建设。①村级领导班子的高配置。优化村级领导班子的年龄结构，将有文化、懂技术、有经营管理经验、能够发展经济的年轻人才选到领导岗位上来，通过制度、成长通道用人，用高薪留人，推动建设优化农村专业化队伍。②提升基层干部队伍素质。加强对党员干部在党的方针政策、法律法规、经营管理等方面的培训，实现农村党员干部培训的制度化、规范化。进一步推动干部评价考核机制的完善，激励基层干部"想干事、能干事、干好事"。③党建联盟的合作共赢。通过"村村联合""村企联合""村社联合""城乡联合"等形式，在各级党组织的推动下，在有共同发展远景、村集体经济内在需求一致的村党组织之间广泛开展联建，引导企业和村集体、村与村抱团推进产业项目、联合培育特色地域品牌，逐渐形成规模效益，推动村集体经济发展和村民增收致富。

二、构建乡村人才体系，增强发展内生动力

习近平总书记指出："人才振兴是乡村振兴的基础，要创新乡村人才工作机制体制，充分激发乡村现有人才活力，把更多城市人才引向乡村创新创业。"2020年海南印发《关于大力发展农村市场主体壮大农村集体经济的十八条措施》，首要解决如何发展农村市场主体问题，即"谁下乡、谁领办、谁兴办、谁创办"农村集体经济的人才问题。制定和完善农村集体经济组织带头人的引

进、培养和奖励方案，从科技致富带头人、农村经营能手、企事业单位工作人员、大学生村官、返乡人员以及退伍军人中选拔懂经营、会管理、能致富的优秀人才，让他们成为村级集体经济发展的带头人，鼓励有条件的地区聘请职业经理人充实带头人队伍[①]。同时，加强新型农村集体经济组织管理人才队伍建设，吸引、培育和留住一批熟悉市场经济规则、有专业经营管理能力的人才队伍，为新型农村集体经济发展注入新鲜血液。在吸引更多城市人才到乡村创新创业的同时，乡村现有人才也是壮大乡村人才队伍的重要力量。一方面，积极依托培训项目、夜校、农村大讲堂和远程教育等平台，常态化、多频次开展村民文化素质和农业技术学习，鼓励暑期回乡的大学生、青壮年就地就业，尤其是鼓励影响力较大的乡贤积极参与到村级集体经济的发展中来；另一方面，利用村级广播、村级公示栏、宣讲活动等多种形式的传播活动，从根本上扭转村民对村级集体经济是"不关我的事""我很忙""我不会""我年纪大了，什么都干不了"的刻板印象，推动村民思想从被动消极的"我干不了"到积极主动的"我想干""我能干"转变，进一步增强村级集体经济发展的内生动力。

三、完善利益联结机制，实现多方合作共赢

在土地流转、出让的过程中，往往会出现这样的现象：以每亩 10 万元左右的价格将村民土地买断或以每亩 100～1 500 元的价格将土地流转后，村民在乡村产业发展过程中失去利益联结机制的角色，产业振兴与村民断开连接，农村集体经济发展失去可持续推动力。可采取以下措施完善利益联结机制，实现多方合作共赢。①进一步明确农村集体经济组织的经营收益归属权，在"合作社＋农户""企业＋村集体＋农户""企业＋合作社＋农户"等合作模式中，产业项目应以方案、协议等形式明确土地流转、就业务工、带动生产、帮助产销对接、资产入股、收益分红等利益联结机制，盘活乡村土地资源及农村集体性资产。②村集体通过为农民提供有偿服务增加收入，按照"谁入股谁收益，切实让村民群众得实惠"的原则，合理分配集体经济收益所得，将经营收益所得与村委会收入厘清、脱钩，实现"政经分开"，形成农民稳定增收的长效机制。③进一步明确乡镇经管部门对农村集体经济组织监管方面的职责职能，加快推动农村集体经济组织土地流转审批、村民土地和资金入股份额认定、收益审计以及分配监管等，切实保障村集体、村民的利益紧紧绑定。

---

① 方志权. 发展壮大新型农村集体经济之我见 [J]. 上海农村经济，2023 (1)：30 - 32.

四、加大对村级集体经济发展的政策支持

①加大资金投入力度。各级政府应采取整合项目、财政预算、招商引资、贷款融资等方式建立村级集体经济发展基金和专项资金，协调税务、市场监管和自然资源等部门和金融机构加大对村级集体经济发展项目的支持。尤其是加强与金融部门的对接，鼓励金融机构将农村集体经济组织纳入授信范围，开发适合农村集体经济组织特点的金融产品。所有下达到村使用的各类资金统归村党组织、村集体经济组织调配管理，以发挥最大效益。②明确村级集体经济组织的法人地位，加快推动赋予农村集体经济组织特别法人资格政策落地，加快配套措施调整，让村级集体经济组织具有与非公企业相当的市场经营权利与义务，使其成为真正的现代市场竞争主体，提高发展的灵活性与自主性①。③推进农村产权流转交易市场体系建设，进一步推动农村产权流转交易和管理信息网络平台建设，结合县乡现有农村土地流转服务中心，加强与其他市场主体合作，扩大交易品种，规范交易程序，建立健全交易制度、管理制度，积极引导各类农村产权交易，实现农村产权交易市场健康有序发展②。

五、强调特色产业错位发展

乡村特色产业是乡村产业的重要组成部分，是地域特征明显、乡土气息浓厚的小众类、多样性的乡村产业，包括特色种养、当地美食、当地特色手工业和特色文化等，有着巨大的发展潜力③。农村产业发展，既要强调"特色"，也要强调"错位"。海南有着得天独厚的自然条件，在发展热带特色农业方面有着显著优势。海南岛属于热带季风气候，土壤肥沃，日照充足，雨量充沛，为热带农业产业发展的培育提供了天然良好的条件。在热带农产品上，芒果、菠萝、荔枝等都在国内外市场上小有名气。此外，海南岛周围的海域资源丰富，渔业发展有不可替代的优势。2023年3月海南首家共享渔庄落户陵水，成为疍家文化对外展示的新窗口。海南文昌市冯家湾现代化渔业产业园成为近海养殖退养、渔业转型升级的样板。此外，海南民族众多，黎族、苗族等民族文化和黎族织锦、苗族银饰等特色民族手工艺品有着极高的文化价值和市场潜力。通过扶持民族文化的特色产业，将民族文化资源转化为经济发展的内生

①　方志权. 发展壮大新型农村集体经济之我见［J］. 上海农村经济，2023（1）：30－32.
②　蒲晓磊. 补齐短板加快农业农村现代化步伐［N］. 法治日报，2023－03－28（004）.
③　郑军南. 融合化 组织化 品牌化 数字化——"四化联动"促进乡村特色产业高质量发展［N］. 中国农民合作社，2022－07－15（004）.

动力。

因此，海南农村发展本村产业，应当立足当地特色、原生的优势资源，找准产业定位，做好"土特产"文章，发展热带特色农产品、渔业产品等的深加工，将产业链增值环节更多留在乡村。既要着重于品牌建设，采用地理标志产品保护、品种技术提升等方式，提高产品的市场竞争力和产品价值；也要紧跟时代，挖掘当地优秀文化，着力打造村域特色，形成"一村一品""一村一业"的发展格局，避免同质化竞争，实现当地资源的最优配置和互补性发展。

第六节　小结与探讨

2023 年中央 1 号文件首次明确了"新型农村集体经济"是什么、怎么干，重点是做好农村集体产权制度改革的下半篇文章，巩固提升农村集体产权制度改革成果。既要抓好运行机制的完善，推动构建产权关系明晰、治理架构科学、经营方式稳健、收益分配合理的运行机制；也要探索多样化发展途径，探索资源发包、物业出租、居间服务、资产参股等多样化途径，提高集体经济收入和服务带动能力。同时，要健全农村集体资产监管体系，充分保障集体成员的知情权、参与权、经营权。从实践上看，能够影响农村集体经济发展的因素有各级党组织的有力保障、多类型人才的培育与引进、因地制宜选择发展模式、宜居宜业融合发展以及构建利益联结机制等。

现实情境中，乡村分别从内生型发展模式、外生型发展模式以及合作型发展模式寻求消除农村集体经济的破解之法。海南乡村在发展过程中，同样面临着农村基层党组织弱化、资产资源挖掘利用不充分、村集体经济来源单一、乡村人才资源短缺以及农产品市场顺位较低等问题。我们应当从强化村级党组织建设、提升基层组织力，构建乡村人才体系、增强发展内生动力，完善利益联结机制、实现多方合作共赢，加大对村级集体经济发展的政策支持，强调特色产业错位发展等途径上，消除海南农村集体经济"空壳村"，壮大村级集体经济。

第七章　城乡融合发展与乡村振兴

第一节　城乡融合发展现状

本节主要是对海南城乡融合发展现状多维度地进行分析，以 2012—2021 年为时间阶段，从空间布局、经济发展水平、社会协调程度三个方面入手进行比较分析。

一、城乡空间发展现状

（一）城镇化率

城镇化率是衡量一个地区城镇化水平的指标，反映了城镇人口在总人口中所占的比例。海南的城镇化率在过去几年有所提高，这主要是因为国家及地方政府的政策引导与重视。根据历年《海南统计年鉴》数据，2021 年海南的城镇化率为 60.97%，低于全国城镇化率 3.75 个百分点，但比 2012 年海南城镇化率的 51.60% 提高了 9.37 个百分点。图 7-1 显示了 10 年来海南城镇化率的变化趋势，可以看出，城镇化率呈现稳定增长的趋势，增长速度在 2018 年之后有所放缓。

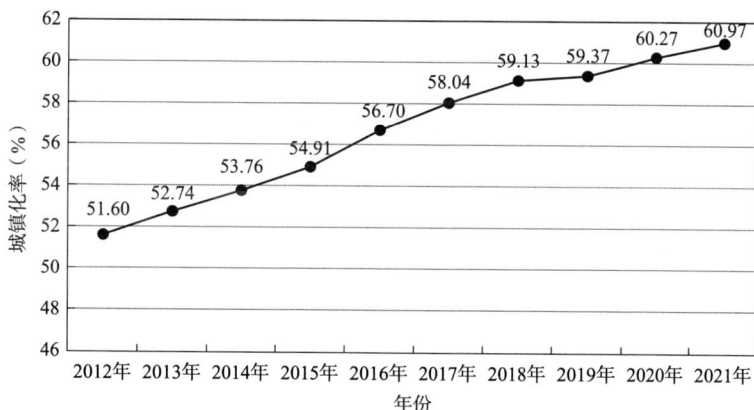

图 7-1　2012—2021 年海南城镇化率变化情况

近年来海南的城镇化水平呈现一定程度的提升，但该水平与全国相比存在着一定的差距。主要原因可能为海南是一个以农业为主的省份，城市化进程相对较慢。然而，随着海南综合改革试验区、自由贸易港建设的推进以及旅游业的发展，海南的城镇化进程有望加快。目前，海南正在积极推动城镇化发展，加大对城市基础设施建设、公共服务体系建设和产业转型升级的支持力度。同时，海南也在积极吸引外来人口和资本，促进城市人口增长和城市经济发展。

海南区域间发展差异较大，整体表现为东部优于西部和中部，全省城镇化率较低的区域占多数。从表7-1可以看出，2021年海南19个市县城镇化水平存在较大差异。三沙市、海口市、三亚市的城镇化水平较高，无论是城镇人口还是农村人口的数量都趋于稳定；白沙县、琼中县、乐东县和保亭县的城镇化水平较低。尤其是白沙县2021年的城镇化率仅有20.02%，约80%的人口依旧在农村。主要原因可能在于：白沙县位于海南西部，地理位置相对偏远，地理环境的限制可能导致交通不便、资源匮乏；而经济主要以农业为主，农村人口较多，农业就业机会相对较多；基础设施建设滞后，限制了城镇化的发展；城市化过程中缺乏多样化的产业发展和吸引力，在教育、医疗、文化等方面的服务水平有限等。

表7-1　2021年海南19个市县城镇化率排名

序号	地区	城镇化率（%）
1	三沙市	100.00
2	海口市	82.61
3	三亚市	71.16
4	文昌市	61.60
5	澄迈县	61.18
6	昌江县	61.13
7	五指山市	60.39
8	东方市	58.38
9	儋州市	54.57
10	琼海市	50.28
11	临高县	50.24
12	屯昌县	45.46
13	陵水县	43.24
14	万宁市	42.42
15	定安县	41.19

（续）

序号	地区	城镇化率（％）
16	保亭县	35.28
17	乐东县	31.64
18	琼中县	30.96
19	白沙县	20.02

数据来源：《海南统计年鉴》。

（二）互联网应用

2012—2021年海南互联网覆盖率显著提升，这一趋势存在于城市和乡村地区。海南针对新型基础设施的建设一直在积极推进。社会逐渐步入数字化时代，互联网经济的带动能力在促进城乡融合发展方面至关重要。表7-2显示了2012—2021年海南城镇与农村互联网宽带接入用户数变化情况。2012—2021年城乡差距逐渐缩小，2012年海南城镇互联网宽带接入用户数达到农村互联网宽带接入用户数的3.46倍，到2021年这一比值下降为2.16倍。城镇互联网宽带接入用户数10年内增长315.38％，农村互联网宽带接入用户数10年内增长565.42％，可见海南城乡互联网普及程度逐年上升。

表7-2　2012—2021年海南城镇与农村互联网宽带接入用户数变化情况

年份	城镇互联网宽带接入用户数（万户）	农村互联网宽带接入用户数（万户）
2012年	74.1	21.4
2013年	85.0	26.0
2014年	85.1	26.8
2015年	97.9	35.9
2016年	126.3	60.2
2017年	149.1	79.6
2018年	196.5	82.6
2019年	223.5	99.7
2020年	240.3	111.2
2021年	307.8	142.4

数据来源：历年《海南统计年鉴》。

互联网基础设施的普及对城乡融合具有重要的促进作用，主要体现在以下五个方面：

（1）信息共享和传播：互联网的普及使得信息的获取和传播更加便捷。城乡之间可以通过互联网获取相同的信息，了解市场动态、政策变化、技术创新等，从而减少信息不对称，促进城乡间的经济合作和资源共享。

（2）电子商务和电子支付：互联网的普及推动了电子商务的发展，使得城乡居民可以通过网络购买商品和服务。电子支付的普及也方便了城乡居民之间的交易，降低了交易成本，促进了城乡消费的互通。

（3）在线教育和远程医疗：互联网技术提供了在线教育和远程医疗的机会。通过互联网，城乡居民可以获得高质量的教育资源和医疗服务，在一定程度上解决了城乡教育和医疗资源不平衡问题，促进了城乡间人力资源的流动和共享。

（4）电子政务和在线服务：互联网的普及促进了电子政务的发展，提供了更加便捷的政府服务。城乡居民可以通过互联网办理各种证件、申请政府福利、查询政策信息等，减少了行政程序和距离带来的不便，维护了城乡居民的平等权利。

（5）社交网络和文化交流：互联网提供了城乡居民相互交流和分享的平台。通过社交网络，城乡居民可以互相了解彼此的生活、文化和兴趣，促进了城乡之间的文化交流和互动，强化了城乡之间的联系和认同感。

因此，互联网基础设施的普及通过信息共享、电子商务、在线教育、远程医疗、电子政务、社交网络等方式，缩小了城乡间的信息差距和服务差距，促进了城乡居民的互通互利和共同发展。

二、城乡经济发展现状

（一）二元对比系数

二元对比系数是一种用来衡量城乡融合情况的指标。它通过比较城市与农村在某个特定指标上的差异程度，反映了城乡之间的不平衡情况和发展差距。二元对比系数的取值范围在0～1。二元对比系数数值越接近1，表示城乡融合程度越高，差异越小；数值越接近0，表示城乡融合程度越低，差异越大。

二元对比系数计算公式为：

$$R_1 = \left(\frac{G_1}{L_1}\right) \bigg/ \left(\frac{G_2}{L_2}\right) = \frac{B_1}{B_2} \tag{7.1}$$

其中：G_1代表第一产业生产总值，G_2代表第二、三产业生产总值，L_1代表第一产业就业人数，L_2代表第二、三产业就业人数。

2012—2021年海南二元对比系数呈现逐渐增加的趋势。2012年海南二元对比系数为0.38，随着时间的推移，逐年上升到2020年的0.56，然后在2021年稍微下降至0.53。这样的趋势表明，在这段时间内，海南城乡之间的差距逐渐减小，城乡融合程度逐步提高。这与政府在城乡发展平衡方面的政策措施和投入有关，如加强农村基础设施建设、提高农村居民收入水平、促进城乡劳动力流动等（表7-3）。

表7-3 2012—2021年海南二元对比系数

年份	B_1	B_2	R_1
2012年	0.53	1.39	0.38
2013年	0.57	1.29	0.44
2014年	0.59	1.26	0.47
2015年	0.60	1.24	0.49
2016年	0.62	1.22	0.51
2017年	0.61	1.21	0.51
2018年	0.61	1.19	0.51
2019年	0.62	1.18	0.52
2020年	0.65	1.16	0.56
2021年	0.62	1.17	0.53

数据来源：根据历年《海南统计年鉴》计算得出。

（二）二元反差系数

二元反差系数（Duality Index）可以用来衡量城乡融合情况。它反映了城乡在某一指标上的差距程度，数值越小表示城乡融合程度越高、差距越小。如果二元反差系数的值持续下降，说明城乡融合程度不断提升，城乡之间的差距正在逐步缩小。这反映出政府在推动城乡融合方面开展了很多工作，如推进基础设施建设提升工程、增加农村居民收入、促进城乡劳动力无障碍流动等。如果二元反差系数的值保持稳定，表明在该指标下，城乡之间的差异已经得到较好的缩小，城乡发展较为均衡，城乡融合程度较高。如果二元反差系数的值波动较大，表明城乡之间的差距变化较大，城乡融合程度有待改善，也意味着城乡发展不平衡，某些领域或地区存在明显的城乡差距。

二元反差系数计算公式为：

$$R_2 = \frac{1}{2} \times \left(\left| \frac{G_1}{G} - \frac{L_1}{L} \right| + \left| \frac{G_2}{G} - \frac{L_2}{L} \right| \right) \tag{7.2}$$

其中：G代表第一、二、三产业生产总值，G_1代表第一产业生产总值，G_2代表第二、三产业生产总值，L代表第一、二、三产业就业人数，L_1代表第一产业就业人数，L_2代表第二、三产业就业人数。

从2012年的0.21开始，海南二元反差系数的值逐渐下降到2021年的

0.12。这表明在这段时间内，相对于前一年，变量之间的差异或变化程度逐渐减小。2016—2018 年海南二元反差系数的值稳定在 0.14 和 0.13 之间。这表示在这段时间内，变量之间的差异或变化程度相对稳定，没有出现显著的变化（表 7 - 4）。从二元对比系数和二元反差系数的分析可以看出，海南城乡融合程度逐年增加。

表 7 - 4 2012—2021 年海南二元反差系数

年份	R_2
2012 年	0.21
2013 年	0.17
2014 年	0.16
2015 年	0.15
2016 年	0.14
2017 年	0.13
2018 年	0.13
2019 年	0.12
2020 年	0.11
2021 年	0.12

数据来源：根据历年《海南统计年鉴》计算得出。

（三）城乡居民收入

城乡居民收入差距是指城市居民和农村居民在经济收入方面存在的差异情况[①]。通常情况下，由于城市地区的经济发展、产业结构、教育和就业机会等因素的影响，城市居民的收入相对较高，而农村居民的收入相对较低。城乡融合的目标是缩小城乡差距，实现城乡一体化发展，使城市和农村能够共享发展机遇和公共服务，促进社会公平和可持续发展。城乡居民收入差距与城乡融合之间是相互作用的关系。一方面，城乡融合的推进能够促进农村经济社会可持续发展，提高农村居民的可支配收入水平，进一步缩小城乡居民收入差距。这可以通过农村产业结构的调整、农村地区的基础设施建设、农民就业机会的增加等途径来实现。另一方面，缩小城乡居民收入差距也可以促进城乡融合的进程。当城乡居民收入差距过大时，可能会导致城乡之间的社会不平等加剧、资源流失、农村人口流失等问题，这会阻碍城乡融合的发展。因此，通过采取政策措施来减少城乡居民收入差距，可以为城乡融合提供良好的社会和经济环境。

---

① 王家文. 昆明市城乡经济一体化动力机制初步研究 [D]. 昆明：云南师范大学，2007.

从表 7-5 中可以看出，海南城镇居民和农村居民的人均可支配收入都呈现逐年增加的趋势。城镇居民人均可支配收入从 2012 年的 20 446 元增加到 2021 年的 40 213 元，增长 96.68%；农村居民人均可支配收入从 2012 年的 7 816 元增长到 2021 年的 18 076 元，增长 131.27%。说明尽管城市居民的人均可支配收入较高，但是农村居民的人均可支配收入增长速度更快。

表 7-5　2012—2021 年海南城乡居民人均可支配收入比较

年份	城镇居民人均可支配收入（元）	农村居民人均可支配收入（元）	城乡居民人均可支配收入比值	城乡居民人均可支配收入差距（元）
2012 年	20 446	7 816	2.62	12 630
2013 年	22 411	8 802	2.55	13 609
2014 年	24 487	9 913	2.47	14 574
2015 年	26 356	10 858	2.43	15 498
2016 年	28 453	11 843	2.40	16 610
2017 年	30 817	12 902	2.39	17 915
2018 年	33 349	13 989	2.38	19 360
2019 年	36 017	15 113	2.38	20 904
2020 年	37 097	16 279	2.28	20 818
2021 年	40 213	18 076	2.22	22 137

数据来源：根据历年《海南统计年鉴》计算得出。

城乡居民人均可支配收入比值是城乡居民收入差距的一个衡量指标。从表 7-5 中可以看出，2012—2021 年城乡居民人均可支配收入比值呈现逐年减小趋势，数值从 2012 年的 2.62 降低到 2021 年的 2.22。这表明城乡居民收入差距在这段时间内有所缩小；也表明尽管城乡居民人均可支配收入比值在逐年减小，但是减小的速度相对较慢。2012—2020 年数值减小了 0.34，而 2020—2021 年数值仅减小了 0.06，这意味着近年来城乡居民收入差距的缩小速度有所放缓。

在海南尽管城市居民人均可支配收入总体上高于农村居民，但值得注意的是，农村居民人均可支配收入的增长速度却高于城市居民人均可支配收入的增长速度。这种现象与近年来国家开展的脱贫攻坚、乡村振兴等一系列政策密切相关。这些政策的实施促使农村居民收入快速增长，各种有特色的优势产业在海南农村地区得以扎根，为当地农民创造了更多的增收机会，从而为海南的城乡融合工作作出了积极贡献。

然而，2012—2021 年海南城乡居民的可支配收入差距显著增加，从 2012

年的 12 630 元逐渐增加到 2021 年的 22 137 元。这表明城乡居民收入差距在这段时间内有所扩大，农村居民人均可支配收入的增长并未缩小城乡居民人均可支配收入差距。

（四）城乡居民人均全年消费性支出

城乡居民人均全年消费性支出可以反映城乡融合的程度。消费水平的差距体现了城乡居民在年度消费支出方面的不同。当年度消费支出差距逐渐减少时，表明城乡居民在消费水平方面的差异正在缩小，这意味着城乡融合进程正在朝着更进一步的方向推进。城乡居民的消费支出结构也是城乡融合状况的一个重要方面。如果城乡居民的消费支出结构逐渐趋于一致，表明城乡居民在消费习惯和消费偏好上的差异正在减少，意味着城乡融合的进展顺利。如果农村居民的全年消费支出呈现稳定增长或超过城市居民全年消费支出的增速，表明农村居民的消费能力和消费水平在提升，城乡融合进程对农村居民的经济状况产生了积极的影响。城乡居民全年消费支出的增加是否对当地经济产生积极的拉动作用也是衡量城乡融合状况的重要指标。如果农村居民全年消费支出增长带动了当地经济的发展和就业机会的增加，代表着城乡融合在经济层面取得了一定的进展。

数据分析显示，2012—2021 年海南的城镇居民人均全年消费性支出从 14 457 元增长到 27 565 元，而农村居民人均全年消费性支出从 4 395 元增长到 15 487 元。城乡居民人均全年消费性支出差距从 2012 年的 10 062 元上升到 2021 年的 12 078 元。然而，城乡居民人均全年消费水平对比在这段时间内逐渐趋于平衡，城乡居民人均全年消费水平对比从 2012 年的"3.29：1"逐年降至 2021 年的"1.78：1"。这一趋势的背后，离不开脱贫攻坚和乡村振兴等政策措施的推动，这些政策措施在很大程度上促进了农村居民收入的增长和生活水平的提高。同时，乡村特色产业的发展也为农村居民创造了更多的收入来源，推动了城乡融合进程。虽然城乡消费水平差距还存在，但海南正在朝着消除城乡差距、促进城乡一体化发展的方向迈进。这一进展有助于进一步提升城乡居民的生活质量，实现更加均衡的社会发展（表 7 - 6）。

表 7 - 6　2012—2021 年海南城乡居民人均全年消费性支出比较

年份	城镇居民人均全年消费性支出（元）	农村居民人均全年消费性支出（元）	城乡居民人均全年消费性支出差距（元）	城乡居民人均全年消费水平对比（农村居民=1）
2012 年	14 457	4 395	10 062	3.29：1
2013 年	15 593	5 091	10 502	3.06：1
2014 年	17 514	7 029	10 485	2.49：1

（续）

年份	城镇居民人均全年消费性支出（元）	农村居民人均全年消费性支出（元）	城乡居民人均全年消费性支出差距（元）	城乡居民人均全年消费水平对比（农村居民＝1）
2015 年	18 448	8 210	10 238	2.25：1
2016 年	19 016	8 921	10 095	2.13：1
2017 年	20 372	9 599	10 773	2.12：1
2018 年	22 971	10 956	12 015	2.10：1
2019 年	25 317	12 418	12 899	2.04：1
2020 年	23 560	13 169	10 391	1.79：1
2021 年	27 565	15 487	12 078	1.78：1

数据来源：根据历年《海南统计年鉴》计算得出。

三、城乡社会发展现状

（一）城乡最低生活保障人数

城乡社会融合内涵深远，意指确保城乡居民在公共服务领域能够享受同等权益，包括社会保障的平等性、教育文化和医疗卫生等方面的公平投资。特别是社会保障体系的完善，直接影响着城乡居民能否实现安居乐业、收入稳定增长。在这一进程中，海南正致力于逐步完善城乡社会保障体系，以确保公平与平等的机会①。

海南农村地区的社会保障体系建设虽然起步较晚，但取得了积极进展。然而，也要意识到仍存在一些遗留问题，这些问题影响了社会保障体系的完善。不过，海南农村地区正在积极采取行动，致力于改进完善社会保障体系。

在不断探索中，海南农村地区积极寻求途径以确保城乡居民在社会保障方面能够享有平等的权益。通过加强政策的制定和执行，提高保障范围和水平，海南农村地区正在不懈努力，推动城乡社会融合进一步发展。这一努力有助于消除城乡差距，促进社会公平，让每一位城乡居民都能够充分享受到社会保障带来的福祉。通过不断完善社会保障体系，海南农村地区为实现城乡居民在公共服务领域的平等权益创造了良好的条件。

数据分析显示，10 年来海南城镇最低生活保障人数在逐步下降，从 2012年的 157 735 人逐年下降到 2021 年的 33 978 人。这反映了城镇居民生活条件的改善或其他社会福利政策的调整。10 年来海南农村最低生活保障人数在波

---

① 麦迪娜·热皮卡提 . 新疆城乡融合发展对经济增长的影响研究［D］. 乌鲁木齐：新疆师范大学，2022.

动中下滑，人数在 2012—2013 年保持稳定，之后逐年下降，但在 2020 年有小幅上升。这可能受到了农村经济状况、政策调整和农村人口变化等多种因素的影响。总体来看，海南城镇与农村的最低生活保障人数都在逐年减少，反映了海南城乡经济条件有所改善，更多的人能够脱离最低生活保障的需求；同时，政府进行了社会保障政策的调整，提供了各种类型的社会救助或福利措施，通过改善就业、教育和社会服务等方面来帮助城乡居民摆脱最低生活保障的需求。社会保障体系的逐渐健全标志着经济社会发展速度的提升。2023 年 5 月 1起《海南城乡居民基本养老保险办法》开始实施，该办法的基本方针是"全覆盖、保基本、有弹性、可持续"，助力海南在实现城乡公共服务均衡上迈出了一大步（表 7 - 7）。

表 7 - 7　2012—2021 年海南城乡最低生活保障人数对比

年份	城镇最低生活保障人数（万人）	农村最低生活保障人数（万人）
2012 年	157 735	247 028
2013 年	145 324	247 210
2014 年	110 853	214 757
2015 年	83 949	187 896
2016 年	75 354	182 906
2017 年	63 153	181 390
2018 年	48 345	146 704
2019 年	36 846	146 949
2020 年	36 142	152 961
2021 年	33 978	147 312

数据来源：根据历年《海南统计年鉴》计算得出。

（二）城乡居民教育、文化和娱乐支出

提升在教育、文化和娱乐方面的支出，不仅是生活水平提升的体现，更意味着消费观念的提升，反映了居民对更美好生活的追求。城乡居民在教育方面的投入增加，也体现了城乡教育资源的逐步均衡和融合。当城乡居民在教育支出上逐渐趋同时，就意味着农村地区正不断加大对教育的投入，使农村居民能够享受更充足的教育机会和资源，有助于缩小城乡教育差距。同样，城乡居民在文化领域的投入提升，也反映了城乡文化资源的共享与交流。当城乡居民在文化活动、艺术表演、文化产品等方面的支出逐步增加时，说明农村居民对文化活动的参与、享受正在增加，城乡文化资源正在逐渐均衡。这种现象不仅促进了城乡之间文化交流的融合，也推动了农村地区文化资源的多样化开发和

利用。

综上所述，城乡居民在教育、文化和娱乐方面的支出提升，不仅体现了居民生活水平的提高，更象征了城乡社会融合进程的推进。这种趋势有助于消除城乡间的不平等现象，创造更加均衡和共享的发展环境，让所有居民都能够享受到更丰富的教育和文化资源，共同分享美好的生活。

海南城镇居民教育、文化和娱乐支出呈现波动中上涨趋势，最高支出是2019年的3 135元，2020年下滑到2 383元，2021年回升到2 961元。农村居民的教育、文化和娱乐支出在2019年之前呈现逐年上涨趋势，2019年达到1 519元，是2012年的4.42倍；但2020年受新冠疫情影响，农村居民的教育、文化和娱乐支出显著减少，为1 245元；2021年农村居民的教育、文化和娱乐支出大幅增加，达到1 789元。从城乡居民教育、文化和娱乐支出差距上看，2012—2021年城乡居民教育、文化和娱乐支出差距在波动中呈缩小趋势。2012年农村居民教育、文化和娱乐支出仅为城镇居民教育、文化和娱乐支出的26.11%，而到2021年则增加到60.24%，这反映了城乡居民教育、文化和娱乐支出逐渐趋于一致。这些结果表明，海南城乡居民的教育、文化和娱乐支出差距在逐渐缩小，城乡融合的进程在这个方面取得了一定的成果。农村居民的教育、文化和娱乐支出逐渐增加，但城乡居民之间在这个方面仍然存在一定的差距，需要进一步加快城乡融合进程，以促进城乡居民分配和享受更加均衡的教育、文化和娱乐资源（表7－8）。

表 7 - 8　2012—2021 年海南城乡居民教育、文化和娱乐支出比较

年份	城镇居民教育、文化和娱乐支出（元）	农村居民教育、文化和娱乐支出（元）	城乡居民教育、文化和娱乐支出差距（元）	城乡居民教育、文化和娱乐支出对比（农村居民＝1）
2012 年	1 319	344	975	3.83：1
2013 年	1 924	516	1 408	3.73：1
2014 年	1 913	760	1 153	2.52：1
2015 年	1 618	904	714	1.79：1
2016 年	1 931	1 109	822	1.74：1
2017 年	2 236	1 197	1 039	1.87：1
2018 年	2 856	1 376	1 480	2.08：1
2019 年	3 135	1 519	1 616	2.06：1
2020 年	2 383	1 245	1 138	1.91：1
2021 年	2 961	1 789	1 172	1.66：1

数据来源：根据历年《海南统计年鉴》计算得出。

（三）城乡医疗卫生体系

完善农村医疗卫生体系对促进城乡融合具有重要的作用。它可以提高医疗服务均等性，增加医疗资源投入，促进健康与经济社会发展，减轻农村居民的医疗负担。这将有助于缩小城乡医疗卫生方面的差距，推动城乡融合和可持续发展。加强农村医疗卫生体系建设，不仅有助于确保农村居民获得与城市居民均等的医疗服务，还能够减少城乡居民在医疗卫生方面的差距，提升农村居民的整体健康水平，实现医疗服务公平和平等的目标。通过加大对农村医疗资源的投入，包括医务人员的增加和医疗设备、药品供应的改善等方面，可以确保农村居民获得更为便捷和优质的医疗服务，从而逐步缩小城乡医疗资源的差距。这种努力旨在保障农村居民能够更方便地获得及时有效的医疗服务，从而改善他们的健康状况，提升劳动生产力，促进农村经济社会的全面发展。通过提高农村居民的健康水平，不仅能够改善他们的生活质量，还能够推动农村社会的整体发展。这对于实现城乡融合和可持续发展至关重要。

随着医疗卫生体系的不断完善，农村居民将能够享受到更平等和更优质的医疗服务，能不再因医疗资源的不足而受到限制。这将进一步推动城乡之间的交流与融合，缩小城乡差距，促使全体城乡居民共同分享健康、幸福和繁荣的未来。同时，这也将为城乡社会的和谐发展注入新的动力，推进整个社会的进步。

10年来海南城镇医疗卫生机构床位呈现上涨趋势，2021年床位数达到48 537张，相比2012年增长113.80%。乡村基层医疗卫生机构床位数在2017年之前大致呈现逐年上涨趋势，2017年达到7 340张，是2012年床位数的1.24倍；但2018年乡村基层医疗卫生机构床位数显著减少，为7 090张，2019年进一步缩减至6 986张；2020年受新冠疫情影响，乡村基层医疗卫生机构床位数大幅增加，达到9 580张，同比增长37.13%；2021年继续增加到10 171张。从城乡医疗卫生机构床位数差距看，2012—2021年，医疗卫生机构床位数差距逐渐增加。2012年城乡医疗卫生机构床位数对比为"3.84：1"，2019年之前城乡医疗卫生机构床位数对比在波动中不断扩大，达到"5.83：1"；2020—2021年乡村扩大医疗卫生机构床位数，保证农村居民的基本医疗条件，城乡医疗卫生机构床位数对比开始缩小。这些结果表明，海南城乡居民医疗卫生体系差距先扩大后缩小，城乡融合的进程在这个方面取得了一定的成果，但仍然存在很大的差距，需要进一步加快城乡融合进程，以促进城乡的医疗卫生体系更加均衡。完善农村医疗卫生体系可以减轻农村居民的医疗费用负担。通过建立健全医疗保险制度、提供医疗救助和补贴政策等措施，农村居民可以享受到更多的医疗费用补贴和保障,减轻因病致贫的风险,提高农村居民的社会保障水平(表7-9)。

表7-9 2012—2021年海南城乡医疗卫生机构床位数比较

年份	城镇医疗卫生机构床位数(张)	乡村基层医疗卫生机构床位数(张)	城乡医疗卫生机构床位数差距(张)	城乡医疗卫生机构床位数对比(乡村=1)
2012年	22 702	5 913	16 789	3.84∶1
2013年	24 555	5 826	18 729	4.21∶1
2014年	26 456	6 178	20 278	4.28∶1
2015年	30 181	6 398	23 783	4.72∶1
2016年	31 844	6 493	25 351	4.90∶1
2017年	32 524	7 340	25 184	4.43∶1
2018年	35 940	7 090	28 850	5.07∶1
2019年	40 762	6 986	33 776	5.83∶1
2020年	47 587	9 580	38 007	4.97∶1
2021年	48 537	10 171	38 366	4.77∶1

数据来源:根据历年《海南统计年鉴》计算得出。

第二节 城乡融合发展水平测度

一、城乡融合评价指标体系构建原则

城乡融合发展的核心在于充分发挥城市和农村的优势,通过资源的互补和文化的交流,建立一个有机融合的整体。由于城乡融合包含众多基础要素,所以构建相应的评价指标体系必须符合一定的原则,以确保评价指标体系的合理性和有效性。

(1)全面性与综合性。评价指标体系应全面反映城乡融合的各个方面,包括经济、社会、环境等多个维度,并能够综合考量城乡融合的整体效果。

(2)可量化与可衡量性。评价指标应具备可量化的特性,能够通过数据的收集和统计进行衡量,以实现评价指标的客观性和可比性。

(3)可操作性与实用性。评价指标应具备可操作性,能够为城乡融合的实际工作提供指导和决策支持。评价指标体系应能够为政府部门和相关机构提供实际可行的行动方案。

(4)相关性与权重确定。评价指标应与城乡融合的目标和要求相关,并能够准确反映城乡融合的发展情况。在确定评价指标权重时,应充分考虑不同评价指标的重要性和影响程度。

（5）可持续性与动态性。评价指标体系应具备可持续性，能够适应城乡融合的长期发展和变化。评价指标体系应具备一定的动态性，能够随着城乡发展的变化进行调整和优化。

（6）参与性与透明性。构建评价指标体系应充分考虑不同利益相关方的参与，包括政府、学术界、社会组织和公众等。评价指标的选择和权重的确定过程应透明，并接受利益相关方的监督和意见。

二、城乡融合评价指标体系构建

（一）数据来源

研究的对象为海南，研究时限为 2012—2021 年，数据收集自 2013—2022 年的《海南统计年鉴》《中国农村统计年鉴》《海南国民经济和社会发展公报》等权威数据资源。

（二）指标体系构建

城乡融合是一个涵盖多个要素的综合性系统，其评价不能仅依赖于经济指标，还需要考虑到空间布局、社会协调等多方面因素。目前的研究尚未形成明确的城乡融合评价指标体系，但正在朝着更为系统化、全面化的方向不断推进。评价城乡融合需要综合考虑经济发展、社会进步、资源分配、基础设施建设等多个层面的因素，以确保城乡发展的协调和均衡。在评价指标的选择和权衡过程中，需要结合地区实际情况，充分考虑城乡之间的差异性和发展阶段，以促进城乡融合的可持续发展。国内的许多学者也从不同角度开展了城乡融合评价指标体系的构建，归纳起来主要包含以下几个方面：①经济发展指标，包括城乡经济增长率、城乡居民人均收入差距、农村产业结构调整、城市化水平等指标，反映城乡经济发展的均衡性和协调性。②社会发展指标，涵盖教育、医疗、社会保障等领域的指标，如城乡教育资源差距、健康保障覆盖率、社会福利服务水平等，反映城乡社会发展的公平性和可及性。③基础设施指标，考虑城乡基础设施建设和覆盖水平，如交通网络密度、供水供电覆盖率、信息通信设施普及度等，反映城乡基础设施的均衡性和便利性。④文化交流指标，考虑城乡文化交流和互动的指标，如城乡人员流动率、文化活动参与率、乡村旅游发展等，反映城乡文化的融合性和多样性。⑤治理能力指标，考虑城乡治理体系和治理能力的指标，如城乡政府协调机制、农村社会组织发展、社区自治能力等，反映城乡治理的协同性和有效性。

基于海南的实际情况，借鉴了一系列有关文献，旨在从空间布局、经济发展水平、社会协调程度等多个维度构建评价指标体系。该体系充分考虑了城乡差异，包含了 17 个具体的二级指标。在探讨海南城乡空间布局方面，特别关注了城镇化水平与土地利用之间的关系、城市空间的拓展以及公路密度、移动电话和互联网普及率等因素。在探讨海南城乡经济发展水平方面，主要关注了城乡居民的消费支出和可支配收入、地区内部的生活水平对比、产业结构是否趋于多元化、政府对农业投入的程度以及就业等多个具体指标。通过综合这些指标，可以更好地理解城乡经济发展的状态。在探讨海南城乡社会协调程度方面，考察了教育、文化、医疗等领域的对比情况，以及城乡社会保险的普及程度等关键因素。这些指标的综合评估有助于了解城乡社会协调的进程和状况。这一城乡融合评价指标体系的目标在于全面评估海南城乡融合发展水平，为相关决策和规划提供更加科学的依据。通过深入分析不同领域的指标，可以描绘出海南城乡融合的全貌，为城乡一体化的可持续发展提供支持和引导。同时，城乡融合评价指标体系的不断优化和更新也将促进城乡融合评价逐步实现系统化、科学化和动态化的目标（表 7 - 10）。

表 7 - 10　城乡融合评价指标体系

一级指标	二级指标	变量
城乡空间融合	城镇化率	X_1
	土地城镇化水平	X_2
	城市空间扩张	X_3
	公路网络密度	X_4
	城乡互联网宽带接入用户数比	X_5
城乡经济融合	城乡居民可支配收入比	X_6
	城乡居民人均消费支出比	X_7
	二元对比系数	X_8
	城乡人均地区生产总值	X_9
	农业从业人员与非农从业人员数量比	X_{10}
	二元反差系数	X_{11}
	城乡恩格尔系数比	X_{12}
城乡社会融合	城乡医疗卫生机构床位数比	X_{13}
	城乡最低生活保障人数比	X_{14}
	邮电业务总量	X_{15}
	城乡居民基本养老保险参保人数	X_{16}
	城乡居民教育、文化和娱乐支出比	X_{17}

（三）测度方法

1. 指标权重的确定

用熵值法测算指标权重。熵值法是一种用于多指标综合评价和决策的方法，它基于信息熵的概念，用于量化多个指标之间的相对重要性和差异性。当涉及多指标的复杂问题时，它能够提供一种有效的决策支持。在熵值法中，每个指标的熵值表示该指标的信息量，即其不确定性程度。熵值越大，表示该指标的变化越大，该指标对整体评价结果的影响越大。通过计算各个指标的熵值，可以对各个指标的重要性进行排序，从而更好地理解各个指标对决策结果的贡献。熵值法的具体操作步骤如下：①数据标准化。对原始数据进行标准化操作，让所有指标的值都处于相同的量级范围，避免因指标单位和量纲不同而导致评价结果的不准确性。②计算权重。计算每个指标的熵值，然后根据各个指标的熵值计算其权重。指标的熵值越大，权重越小，反之亦然。熵值计算可以使用信息熵或其他熵相关的方法。③综合评价。将各个指标的标准化值与对应的权重相乘，并将所有指标的加权值进行加总，得到综合评价结果。综合评价结果越高，表示该方案或决策在多指标综合考虑下越优。

熵值法的优点在于能够将不同指标的权重自动计算出来，避免了主观主义和人为干预的问题。同时，它能够适用于多指标、多目标的问题，对于复杂的决策问题提供了一种有效的解决方案。

具体计算步骤如下：

假设有 n 个指标，每个指标的取值用矩阵表示为 X，即：

$$X = [X_1, X_2, \cdots, X_n] \tag{7.3}$$

其中，X_i 为第 i 个指标的取值，为一个一维的数组。

（1）计算归一化矩阵。将每个指标的取值标准化到 $[0, 1]$，假设 X_i 的最小值为 $\min(X_i)$，最大值为 $\max(X_i)$，则 X_i 的标准化值为：

$$Y_i = [X_i - \min(X_i)] / [\max(X_i) - \min(X_i)] \tag{7.4}$$

（2）计算归一化矩阵的权重向量。对归一化矩阵按列求均值，得到每个指标的权重：

$$W = [w_1, w_2, \cdots, w_n] \qquad w_i = \frac{1}{n} \times \sum_{i=1}^{n}(Y_i) \tag{7.5}$$

（3）计算信息熵。计算每个指标的信息熵，假设 X_i 的标准化值为 Y_i，则指标 X_i 的信息熵为：

$$E = -Y_i \times \ln(Y_i) \tag{7.6}$$

（4）计算权重向量。根据信息熵计算每个指标的权重，假设总的信息熵为

E_t，指标 X_i 的权重为：

$$w_i = \frac{-E_i}{n - E_t} \qquad E_t = \sum_{i=1}^{t}(E_i) \qquad (7.7)$$

最终得到的权重向量 W_i 即为各个指标的权重①。

指标体系中，正向指标包含：城镇化率，土地城镇化水平，城市空间扩张，公路网络密度，城乡人均地区生产总值，城乡居民基本养老保险参保人数，二元对比系数，邮电业务总量。负向指标包含：城乡互联网宽带接入用户数比，城乡居民可支配收入比，城乡医疗卫生机构床位数比，城乡最低生活保障人数比，城乡居民人均消费支出比，农业从业人员与非农从业人员数量比，二元反差系数，城乡恩格尔系数比，城乡居民教育、文化和娱乐支出比。

基于海南城乡融合发展水平指标体系，使用熵值法对 17 个二级指标的权重进行确定。同时，结合标准化后的数据（表 7-11），计算出各指标的相应权重，具体结果如表 7-12 所示。

表 7-11　城乡融合评价指标体系数据标准化

指标	2012 年	2013 年	2014 年	2015 年	2016 年	2017 年	2018 年	2019 年	2020 年	2021 年
X_1	0.000 1	0.121 8	0.230 6	0.353 4	0.544 4	0.687 4	0.803 7	0.829 3	0.925 4	1.000 1
X_2	0.007 8	0.319 1	0.374 4	0.547 8	0.458 6	0.536 8	0.822 3	0.887 5	0.926 8	1.003 0
X_3	0.885 7	0.377 3	−0.015 7	0.407 2	−0.153 6	0.038 6	0.111 7	−0.095 5	−0.096 4	−0.114 3
X_4	−0.751 1	−0.734 5	−0.701 9	−0.677 7	−0.639 3	−0.569 5	−0.446 8	−0.354 5	−0.296 1	−0.268 4
X_5	−0.001 9	0.146 8	0.219 0	0.563 9	1.047 8	1.220 8	0.831 7	0.937 2	0.999 4	0.998 9
X_6	−0.989 7	−0.815 2	−0.625 4	−0.518 2	−0.456 2	−0.421 3	−0.409 8	−0.407 9	−0.147 0	−0.011 6
X_7	0.000 6	0.150 5	0.528 8	0.690 8	0.767 3	0.773 4	0.790 4	0.828 8	0.994 1	1.000 2
X_8	0.020 9	0.342 5	0.506 0	0.592 8	0.708 9	0.711 8	0.713 6	0.794 5	0.976 6	0.851 0
X_9	0.000 1	0.093 6	0.188 8	0.266 4	0.367 4	0.478 5	0.589 0	0.701 2	0.747 3	1.000 1
X_{10}	0.009 2	0.412 8	0.540 1	0.644 9	0.686 2	0.784 8	0.889 9	0.912 07	0.971 7	0.998 4
X_{11}	−0.032 2	0.357 5	0.519 8	0.618 2	0.708 0	0.750 9	0.800 9	0.857 1	0.983 8	0.930 8
X_{12}	0.705 6	−0.009 6	0.665 3	0.533 8	0.482 7	0.576 2	0.802 5	0.984 2	0.731 3	0.896 7
X_{13}	1.000 4	0.811 8	0.777 8	0.559 3	0.465 2	0.703 1	0.382 5	−0.002 3	0.433 6	0.531 7

① 方晓萍，李洋，熊曦. 湖南省经济社会高质量发展水平评价与障碍因素研究 [J]. 统计理论与实践. 2021 (11)：55-62.

（续）

指标	2012 年	2013 年	2014 年	2015 年	2016 年	2017 年	2018 年	2019 年	2020 年	2021 年
X_{14}	0.003 7	0.127 3	0.302 1	0.471 4	0.556 2	0.711 9	0.757 3	0.949 5	0.984 8	0.998 5
X_{15}	0.000 1	0.009 1	0.045 5	0.100 3	0.049 8	0.209 6	0.612 7	1.000 1	0.056 7	0.079 8
X_{16}	0.000 1	0.151 0	0.245 3	0.310 8	0.093 8	0.232 8	0.381 3	0.581 5	0.793 8	1.000 1
X_{17}	−0.001 9	0.046 8	0.605 1	0.940 3	0.962 7	0.904 2	0.808 6	0.814 0	0.883 0	1.002 4

表 7-12　城乡融合评价指标权重

一级指标	二级指标	权重
城乡空间融合（0.340 3）	城镇化率 X_1 min－max 标准化	0.065 6
	土地城镇化水平 X_2 min－max 标准化	0.146 7
	城市空间扩张 X_3 min－max 标准化	0.030 7
	公路网络密度 X_4 min－max 标准化	0.031 2
	城乡互联网宽带接入用户数比 X_5 min－max 标准化	0.066 1
城乡经济融合（0.316 3）	城乡居民可支配收入比 X_6 min－max 标准化	0.022 1
	城乡居民人均消费支出比 X_7 min－max 标准化	0.019 5
	二元对比系数 X_8 min－max 标准化	0.033 1
	城乡人均地区生产总值 X_9 min－max 标准化	0.086 0
	农业从业人员与非农从业人员数量比 X_{10} min－max 标准化	0.078 5
	二元反差系数 X_{11} min－max 标准化	0.037 8
	城乡恩格尔系数比 X_{12} min－max 标准化	0.039 3
城乡社会融合（0.343 4）	城乡医疗卫生机构床位数比 X_{13} min－max 标准化	0.035 2
	城乡最低生活保障人数比 X_{14} min－max 标准化	0.096 1
	邮电业务总量 X_{15} min－max 标准化	0.046 7
	城乡居民基本养老保险参保人数 X_{16} min－max 标准化	0.125 2
	城乡居民教育、文化和娱乐支出比 X_{17} min－max 标准化	0.040 2

　　城乡融合的核心在于评价各层面的发展程度，分别考虑了城乡空间融合、城乡经济融合和城乡社会融合三个方面。这一评价过程中，对各级指标进行了权重的计算。这个过程可以理解为一个综合的"加权求和"，将二级指标的权重累加即可得到一级指标的权重系数。在这个权重系数中，城乡社会融合指数拥有最高的权重，达到了 0.343 4，表明城乡社会融合在整体评价中具有重要地位。①在城乡社会融合方面，城乡居民基本养老保险参保人数指标的权重最大，为 0.125 2；其次是城乡最低生活保障人数比，其权重为 0.096 1。这意味着城乡社会保障水平的提升对于促进城乡社会融合的作用尤为重要。②在城乡

空间融合方面，发现土地城镇化水平是具有最高权重的二级指标，其权重达到了 0.146 7。这表明土地城镇化水平在评价城乡空间融合中起着关键作用，城市化进程对城乡空间融合的影响显著。③在城乡经济融合方面，首先，城乡人均地区生产总值指标的权重最大，为 0.086 0。这也反映出在城乡经济融合中，经济总量的平衡发展对于城乡融合起着重要推动作用。其次是农业从业人员与非农从业人员数量比指标，其权重为 0.078 5，显示了农村产业结构调整在城乡经济融合中的重要性。通过这一权重系数分析，可以更深入地理解城乡融合评价指标体系中各指标的作用和关联。这有助于为城乡融合的决策和规划提供更具科学性的依据，推动实现城乡一体化发展的目标。

2. 指标体系综合得分情况

根据前述计算，可以得出海南城乡融合发展水平综合指数的计算结果，涵盖了 2012—2021 年的数据。城乡融合综合指数呈现出稳定增长的趋势，从 2012 年的 0.039 5 上升至 2021 年的 1.661 1。这意味着海南城乡融合的综合水平正在逐步提升，发展态势良好。特别值得注意的是，在海南自由贸易港建设的背景下，各级政策的积极支持使得城乡融合水平有望进一步提升，为海南全面发展开辟更广阔的道路。在城乡融合发展的三个层面中，城乡空间融合指数显著增长，从 2012 年的 0.004 8 跃升至 2021 年的 0.266 9，增长了近 55 倍。城乡空间更加融合，反映出城市化和乡村现代化进程的推进，城乡之间的联系与互动更加紧密。城乡经济融合指数同样呈现上升的趋势，发展速度较快，从 2012 年的 0.012 2 迅速发展至 2021 年的 1.110 3，增长了约 90 倍，这突显了城乡经济之间相互促进的局面。新兴产业的兴起以及农村经济结构的多元化，都在推动城乡经济的融合与发展。相较之下，城乡社会融合指数的发展进展较为缓慢，从 2012 年的 0.022 5 提升至 2021 年的 0.283 9，增长幅度约 12 倍。这一趋势可能与社会保障体系需要更多时间来完善有关，但随着政府和社会的共同努力，城乡社会融合水平也有望逐步提高。海南城乡融合发展的综合水平持续提升，不仅展现了海南发展的良好势头，也反映出政策支持和社会共识对于城乡融合的积极作用。这一趋势有望在未来继续延续，为海南的全面发展注入新的活力（表 7-13）。

表 7-13　2012—2021 年海南城乡融合发展水平综合指数

年份	城乡融合综合指数	城乡空间融合指数	城乡经济融合指数	城乡社会融合指数
2012 年	0.039 5	0.004 8	0.012 2	0.022 5
2013 年	0.164 6	0.053 2	0.049 4	0.062 0

（续）

年份	城乡融合综合指数	城乡空间融合指数	城乡经济融合指数	城乡社会融合指数
2014 年	0.379 9	0.062 1	0.204 2	0.113 6
2015 年	0.575 5	0.132 2	0.297 0	0.146 4
2016 年	0.679 5	0.147 6	0.409 3	0.122 6
2017 年	0.890 5	0.188 0	0.534 1	0.168 4
2018 年	1.077 7	0.217 8	0.664 8	0.195 1
2019 年	1.267 3	0.232 6	0.791 3	0.243 4
2020 年	1.349 9	0.250 5	0.852 0	0.247 4
2021 年	1.661 1	0.266 9	1.110 3	0.283 9

三、城乡融合发展水平评价结果

（一）海南城乡融合综合发展水平

2012—2021 年，海南城乡融合综合发展水平呈现持续上升的态势，这突显了海南在城乡融合方面的积极探索与创新。这个趋势表明，海南城乡融合进程正在稳健推进，并不断深化。在这一过程中，海南不仅形成了城市引领农村、城乡互促共进的新型城乡关系，而且在城乡一体化的战略部署中取得了重要进展。城乡融合发展的核心目标之一是促进公共服务均等化。在这一方面，海南采取了一系列有力举措，如全面推行新农保、完善农村最低生活保障制度，并逐年提升政府财政补助水平等。这些举措既提升了城乡居民共享公共服务的水平，也为城乡融合发展水平的快速提升提供了有力支撑。近年来，海南在养老保险制度方面也取得了显著成就。通过建立统一的城乡居民养老保险制度，实现了制度、筹资和待遇的整合，进一步强化了城乡一体化发展的实际效果。在教育领域，海南持续加大对农村义务教育经费的投入，并扩大面向农村学生的资助规模，确保教育资源的公平分配。在国家的支持下，海南逐步实现了城乡标准的统一，如义务教育经费和公共医疗卫生经费保障等，为城乡融合发展奠定了制度基础。

通过上述政策和举措的有效实施，海南 2021 年的城乡融合综合指数达到 2012 年城乡融合综合指数的约 42 倍（图 7 - 2）。尽管与一些发达省份相比，海南的城乡融合水平仍相对较低，但值得注意的是，在国家乡村振兴政策的强力推动下，海南的城乡融合水平将持续迈上新台阶。综合而言，海南在城乡融合发展方面取得的显著进展表明，城乡融合发展已经成为海南全面发展的关键支撑。海南在不断加大政策投入的同时，也应当继续深化制度改革、优化资源配置，不断提升城乡融合发展水平，为实现更高质量的发展和人民幸福生活创造更加有利的条件。

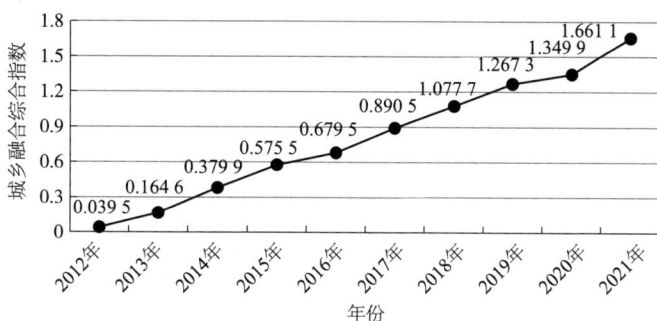

图 7 - 2　2012—2021 年海南城乡融合综合发展水平

（二）海南城乡融合三个层面发展水平

根据图 7 - 3 可以看出，2012—2021 年海南城乡社会融合指数逐年上升，表明海南城乡社会服务和公共服务的均等化程度在不断增强；城乡空间融合指数一直呈现上升趋势，说明海南城乡间的基础设施和交通条件在逐步改善；城乡经济融合指数持续增长，表明海南城乡经济联系和互动不断加强，农村经济不断融入全局经济发展中。综合来看，海南城乡融合指数在 2012—2021 年总体上呈现稳步上升的趋势，说明海南在城乡融合发展方面取得了显著的进展。这些数据反映出政府在城乡融合发展方面采取了有效措施，提升了农村地区的发展水平和农村居民的生活质量。在未来，继续加强城乡融合发展将对海南的可持续发展和乡村振兴产生积极的影响。

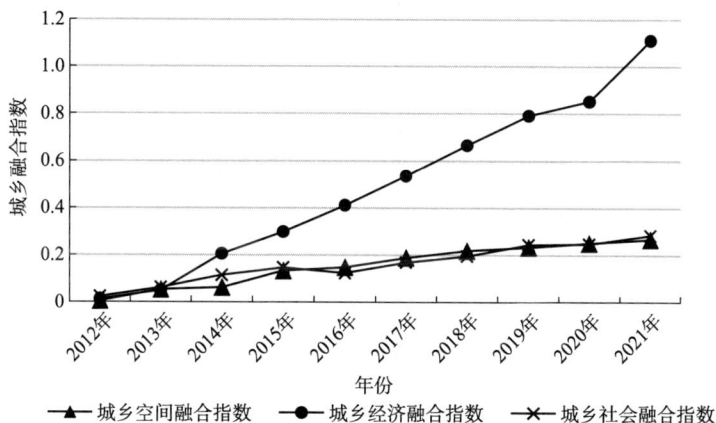

图 7 - 3　2012—2021 年海南城乡融合三个层面发展水平

四、评价结果分析

（一）城乡空间融合水平结果分析

根据之前的数据分析，可以观察到 2012 年海南的城乡空间融合水平相对较低，然而，令人欣慰的是，近些年这一指标一直呈现出积极的上升趋势。城乡空间融合水平的评估主要依赖于城镇化率、土地城镇化水平、城市空间扩张、公路网络密度以及城乡互联网宽带接入用户数比等多个指标。这些指标综合考量，揭示了海南城乡空间融合的动态发展情况。在这些指标中，土地城镇化水平权重最高，凸显了土地在城乡融合中的重要性。海南在土地的开发和利用方面取得了显著进展，为农村向城镇的转型发挥了积极作用，为城乡空间融合贡献了显著的推动力。通过扩大土地规模和提高土地利用率，不仅可以促进城乡融合，而且能为经济的可持续增长创造有利条件。城镇化率的权重位列第二位，尽管海南城镇化率有所增长，但相较于其他省份，海南的城镇化率仍处于中下水平。城镇化涉及城市空间的扩张、人口的流动以及产业的升级。随着城镇化水平的提高，城市基础设施将进一步加强，居民的生活水平也将提升。城镇化的进程还会带动更多的外资投入，拓宽市场范围，加速地区的经济增长。此外，公路网络密度也在城乡空间融合中发挥着关键作用。高密度的公路网络有助于促进城乡经济交流，吸引外资，扩大市场，提高地区的生产力。公路网络的畅通对农村居民来说尤为重要，它为农村居民提供了更方便的外部联系，促进了当地就业和非农产业的发展。

从综合角度来看，尽管海南在城乡空间融合方面还有改进的空间，但近年来的发展趋势显示，在政府的坚定支持和政策引导下，海南正朝着更加融合和协调的方向迈进。特别是数字经济的崛起和城镇化进程的不断推进，在未来将对海南的城乡融合发展产生深远的影响。

总的来说，海南的城乡融合发展蓄势待发，正以积极的姿态朝着全面融合和可持续发展的目标前进。政府将继续加大政策支持力度，鼓励城乡一体化的制度创新，提升公共服务水平，推动数字经济的蓬勃发展，为海南的城乡融合之路开创更加美好的前景。这一过程将在不久的将来继续带来实实在在的改善，助力海南成为一个城乡融合发展的典范。

（二）城乡经济融合水平结果分析

近年来，海南的城乡经济融合水平呈现持续提升的趋势，这一趋势通过多个关键指标的评估得以确立，其中包括城乡居民可支配收入比、城乡居民人均消费支出比、二元对比系数、二元反差系数、城乡人均地区生产总值、农业从业人员与非农从业人员数量比以及城乡恩格尔系数比等。城乡人均地区生产总值、农业从业人员与非农从业人员数量比这两个指标具有较高的权重。城乡人均地区生产总值的不断提升反映了城乡居民在生产力和消费水平方面的双重增长，这意味着居民可支配收入的增加以及生活水平的提升。农业从业人员与非农从业人员数量比的下降是一个积极信号，它显示出非农业部门的壮大和就业机会的增加，这进一步推动了城乡经济的融合。近年来，海南的社会经济发展迅猛，消费水平的提升带动了消费性和服务性行业的岗位增加，这对城乡经济融合产生了积极影响。农村富余劳动力的转移为农民提供了农业以外的就业机会，这在很大程度上是城乡经济融合的推动力之一。农村工业化进程的加速和乡村振兴政策的实施，促进了非农产业向村镇聚集，打破了城乡二元结构，为农村居民提供更多非农产业方面的工作机会。城乡恩格尔系数比作为一个反映居民生活水平和富裕程度的指标，也在逐步上升。这表明城乡居民对生活质量的需求日益增长，不再仅满足于基本生活需求，也更多地投入文化、娱乐等方面。二元反差系数和二元对比系数评估了城乡间的经济结构，显示出农业部门比非农业部门的产值和劳动生产率更低。这导致二元经济结构逐渐扩大，揭示了城乡经济融合仍面临的一些挑战。为了促进城乡经济更加均衡发展，需要进一步推动农业现代化和农村产业的升级。总之，从数据分析的角度来看，海南的城乡经济融合水平正在稳步提升。政府的政策措施和经济发展的推动，共同促进了城乡间的经济一体化。然而，仍需加强农业现代化进程和农村产业的升级，以推动城乡经济更加均衡、协调和可持续发展。随着海南在自由贸易港建设中的不断发展，城乡经济融合将进一步得到推动，城乡一体化进程将进一步提升。

（三）城乡社会融合水平结果分析

海南的城乡融合水平中，城乡社会融合是当前达到最高水平的领域。通过多个关键指标的评估，可以对海南的城乡社会融合水平进行综合分析。这些指标包括城乡最低生活保障人数比、城乡医疗卫生机构床位数比、邮电业务总量、城乡居民基本养老保险参保人数以及城乡居民教育、文化和娱乐支出比等。在这些指标中，城乡居民基本养老保险参保人数和城乡最低生活保障人数比的权重较高。城乡居民基本养老保险参保人数的权重最高，这是因为自海南建立统一的城乡居民养老保险制度以来，政府加快健全了城乡居民基本养老保险制度。城乡最低生活保障人数比的权重排名第二位。近年来，海南高度重视居民最低生活保障工作，坚持群众第一，逐步完善制度并加大支持力度。自2012年以来，海南逐渐完善了城镇最低生活保障制度，并大力支持乡村低保工作。由于海南最低生活保障人数较多，所以该指标在城乡社会融合方面发挥着一定的影响。综上所述，海南在城乡社会融合水平方面取得了显著进展。城乡居民基本养老保险的普及和城乡最低生活保障的改善为城乡社会融合水平的提升作出了积极贡献。然而，为了进一步推动城乡社会融合，仍需关注和加强农村地区的社会保障和教育发展。政府的支持和政策措施在推动城乡社会融合方面将起到至关重要的作用。在海南自由贸易港建设的大背景下，社会融合将进一步得到促进，从而使海南在城乡一体化发展方面走在前列。城乡社会融合的不断深化不仅将改善居民的生活质量，也将为海南的可持续发展注入更大的活力和动力。

第三节　城乡融合的实践经验与模式

一、国外城乡融合发展的经验与模式

（一）德国"区域一体化规划"发展经验与模式

1. 基本情况

1980 年起，德国面临农村人口向城市转移所带来的一系列社会问题，农村逐渐丧失了原有的面貌和独特的文化。为了改变这一现象，德国政府采取了很多的政策措施，其中的"乡村振兴"措施，就是要赋予农村居民更多的自主权，让他们决定农村未来的发展方向，同时在法律层面上建立相关制度来保障乡村规划的落实。这一农村发展政策工具为德国乡村的可持续发展提供了有力支持，成功应对了城市化对农村带来的挑战。德国"乡村振兴"战略使得乡村居民成为决策的主体，让他们能够自主规划乡村未来的发展方向。这种参与式的规划过程确保了制定的政策符合乡村居民的需求和意愿，增强了政策的执行力和可持续性。德国政府通过明确的法律制度和规划准则，为乡村的发展提供了清晰的方向和目标。这些法律制度和规划准则为乡村的规划、建设和保护提供了指导，在尊重传统文化和保护生态环境的同时实现了乡村发展现代化。通过德国"乡村振兴"战略，德国取得了显著的成效。乡村居民获得了更多参与发展的机会，乡村地区的社会和经济条件得到了改善。同时，德国乡村保留了其独特的文化和历史风貌，实现了乡村的可持续发展。这一成功经验为其他国家在面对城市化和农村发展问题时提供了有益的启示。

2. 发展经验

德国在推行城乡融合方面，采取了一系列具体做法，统筹城乡规划是其中之一。以下是德国统筹城乡规划的具体做法和经验：

（1）制定区域一体化规划。德国进行区域一体化规划，将城市和农村纳入同一规划体系，实现城乡规划的统一。这意味着城市规划和农村规划在制定过程中相互考虑，将农村地区的功能和需求纳入城市规划的考虑范围，确保城乡规划的协调和一致性。

（2）地方自治和居民参与。德国强调地方自治和居民参与，在城乡规划制定过程中广泛征求当地居民的意见和建议。这样可以确保城乡规划的制定符合当地实际情况和居民的真实需求，提高城乡规划的执行力和可持续性。

（3）加强城市边缘管理。德国重视城市边缘地带的管理，将城市与农村之间的过渡区域纳入规划考虑，以避免城市扩张过快对农村资源的侵占，保护农村环境和农业用地。

（4）推进农村开发项目。德国积极推进农村地区的发展项目，通过农村基础设施建设、农村旅游等方式，促进农村地区的经济增长和社会进步，吸引城市居民前往农村居住和投资。

（5）鼓励乡村再生项目。德国鼓励乡村再生项目，通过对老旧农村建筑的修复和改造，提升乡村形象和吸引力，促进农村的经济和文化发展。

（6）促进农村产业升级。德国支持农村产业的升级和多样化发展，通过技术创新和转型升级，推动农村地区从传统农业向现代农业和其他产业转变，提高农民收入和生活水平。

（7）改善农村居民服务。德国注重提高农村居民的服务水平，包括医疗、教育、文化等方面。通过完善农村居民的社会保障和公共服务，提高农村居民的生活质量和幸福感。

德国统筹城乡规划的具体做法体现在制定区域一体性规划、参与式决策、加强城市边缘管理、鼓励乡村再生项目和促进农村产业升级等方面，这些做法有助于实现城乡融合，促进城乡协调发展。这可以为海南在推进城乡融合发展时提供有益的借鉴和启示。

（二）美国"城乡一体化"发展经验与模式

1. 基本情况

美国自20世纪30年代以来，对农村采取了一系列政策措施，旨在促进农村发展、增加农民收入、改善农村生活，并解决城乡不平衡的问题。在大萧条时期，美国政府实施了罗斯福新政，通过一系列的立法和政策来刺激经济增长和扶持农村。这些政策包括美国《农业调整法案》（Agricultural Adjustment Act)，通过提供农业补贴和限制农产品产量，稳定了农产品市场，增加了农民收入。美国政府通过设立农业信贷机构，为农民提供低利贷款，帮助农民购买种子、肥料、农具等必需品，从而提高了农业生产效率。20世纪30年代和40年代，美国政府推动了农村电气化计划，为农村地区提供电力设施，促进了农村现代化发展和农业生产的提升。美国政府投资了大量资金用于农村道路建设，改善了农村基础设施，提高了农民运输效率，促进了农村地区的发展。同时加大了对农村教育和卫生的投入，改善了农村居民的教育和医疗条件，提高了农村人口的生活质量。还鼓励农村社区合作，通过合作社、农民协会等形式，帮助农民解决生产和销售中的问题，提高了农产品的市场竞争力。总的来说，美国在20世纪30年代以来通过一系列政策措施，致力于促进农村发展，提高农民收入，改善农村基础设施和生活条件，从而推动了城乡融合发展。这些政策措施的实施，既促进了农村经济的增长，也为农民提供了更好的生活环境，助力了美国整个国家的社会经济进步。

2. 发展经验

美国在城乡融合发展方面采取了多种模式和策略，以促进城乡协调发展和减少城乡差距。以下是美国城乡融合发展的一些模式和做法：

（1）区域规划与合作。美国政府鼓励城市和周边农村地区进行区域规划和合作，共同制定发展战略和政策。这有助于实现城乡的互惠合作，共同解决跨地区的问题，如基础设施建设、环境保护等。

（2）农村经济多样化。为了减少对传统农业的依赖，美国鼓励农村地区发展多样化经济，包括农村旅游、生态农业、能源产业等。这有助于拓展农民的收入来源，促进农村地区的经济发展。

（3）城乡基础设施建设。美国政府投资于城乡基础设施建设，包括交通、通信、水利等方面。这有助于提升农村地区的生产力和生活水平，吸引城市居民前往农村居住或投资。

（4）农村再生计划。美国推动农村再生计划，通过改造和重建老旧农村建筑，提升乡村形象和吸引力。这些项目有助于改善农村环境，增强农村吸引力。

（5）城乡社会服务均等化。美国致力于提高农村居民的社会服务水平，包括医疗、教育、文化等。美国努力提供公共服务，确保农村居民享有与城市居民均等的服务水平。

（6）环境保护与可持续发展。美国重视农村地区的环境保护和可持续发展，推动生态农业和资源保护。这有助于保护农村的自然环境和资源，提高农村地区的生态价值。

（7）教育和技能培训。为了提高农村居民的教育水平和就业技能，美国政府鼓励在农村地区推动教育和技能培训项目，增加农村居民的就业机会和收入。

需要指出的是，美国的城乡融合发展并非没有挑战。城市化和人口外流仍然是一些农村地区面临的问题，导致农村地区的人口减少和劳动力不足。同时，城乡差距仍然存在，一些农村地区面临基础设施不足、社会服务不均等问题。因此，美国继续探索更多的策略和模式，以推动城乡融合发展，实现更加协调和可持续的城乡发展。

二、海南城乡融合发展的经验与模式

（一）定安县"区域协同互动"发展模式

1. 基本情况

新中国成立初期，定安县经济逐步恢复和发展。随着党的十一届三中全会后改革开放的推进，定安县迎来了经济发展的新时期。在此期间，定安县积极探索发展道路，特别是在海南成为经济特区后，加速了定安县的发展步伐。定安县坚持以糖、茶、爆竹为主导产业，财政收入不断增加，经济水平在全省名列前茅。1993 年，定安县开发建设塔岭工业园区，随后制定了"两区一城一调整"和"一城三地"战略，进一步推动了定安县经济的快速发展。同时，定安县也转向打造全国知名的休闲康体养生胜地和海南特色生态产业强县。在过去的几十年间，定安县经济和社会各领域发生了巨大变化。定安县 GDP 从1988 年的 2.64 亿元增长到 2022 年的 122.86 亿元，农村居民人均纯收入从1988 年的 460 元增长到 2022 年的 18 274 元，2022 年城镇居民人均可支配收入更是达到 35 485 元。这充分展示了定安县在经济发展方面取得的显著成就。定安县的经济逐渐多元化，特色产业逐步壮大，农村居民和城市居民的收入水平不断提高。定安县在海南乡村振兴和经济社会发展中扮演着重要的角色，为海南的发展贡献了积极力量。

2. 发展经验

定安县十六届人大三次会议提出了促进城乡融合发展的计划，旨在通过多种方式深度融入海口经济圈，实现区域协同共进和城乡一体化发展。为实现这一目标，定安县建立健全区域协同联动机制，并围绕 8 个一体化发展重点任务展开工作，包括空间布局、基础设施、产业发展、旅游文化、市场、开放合作、公共服务和生态环保等。定安县积极承接海口的辐射带动功能，以海口经济圈为牵引，通过镇域经济多点突破推动整体经济跃升，建设海口都市圈的卫星城。在现代基础设施网络方面，推进交通基础设施项目，包括服务保障海口羊山大道至定安母瑞山公路项目、仙沟互通改造项目等。还实施城乡供水一体化 PPP 项目和智能电网示范项目，推进水厂建设和燃气管网延伸，提升供水和能源保障能力。定安县积极推动乡村振兴战略，发展特色农业和乡村旅游，提高农民收入和生活品质，推动乡村经济发展①。同时，定安县加快 5G 通信网络扩容升级，推动城乡一体化网络建设。在城市更新方面，改造老城区基础设施，进行综合整治和棚改工程，开工建设安居房等。此外，着力提升医疗、健康和教育服务水平，建设健康镇村和优质教育资源，满足居民的基本需求。推进创文创卫和健康镇村、健康细胞建设工作，实施智慧停车场项目，加快城区环卫一体化和垃圾中转站项目进度，以提升城市的特色、活力和宜居性。

（二）三亚市"农业＋旅游"发展模式

1. 基本情况

近年来，三亚市坚持以产业兴旺、生态宜居、乡风文明、治理有效、生活富裕为目标，积极推进乡村振兴战略，在种业振兴、农业高质量发展、农村高质量建设和农民收入高质量增长等方面取得显著进展，为乡村的可持续发展注入了新的活力。在乡村振兴战略的号角声中，三亚市农业农村局积极促进农旅融合发展，致力于培育新型农业产业。三亚市已经建设了 30 个常态接待游客的休闲农业园区，其中包括 5 个全国级休闲农业示范点、4 个全国五星级休闲农业与乡村旅游示范园区、3 个四星级示范园区、1 个三星级园区，此外，还有 11 个海南省级休闲农业示范点。这一系列举措让三亚市越来越多的村庄走上乡村振兴的快车道。村民们在享受现代休闲旅游带来的红利的同时，也收获了满满的幸福感。通过农旅融合发展，乡村地区焕发出新的活力，促进了农业产业的多元化发展，也推动了农民收入的提高，为全面推进乡村振兴注入了强劲的动力。

2. 发展经验

三亚市在推进农旅融合、促进城乡融合方面，采取了一系列做法。

（1）建设休闲农业示范点。三亚市积极发展休闲农业，打造一批示范点，吸引游客前来观光体验。这些示范点不仅展示了现代化的农业生产方式，还结合乡村特色文化和旅游资源，提供丰富多彩的农事体验和乡村旅游项目，为城市居民提供了一种亲近自然、放松身心的休闲方式。

---

① 黄水木. 中国沿海发达地区城乡协调发展模式与调控机制研究［D］. 福州：福建师范大学，2007.

（2）打造乡村旅游景点。三亚市充分挖掘乡村旅游资源，将传统的农村景观、农村特色元素与现代旅游设施结合，打造具有吸引力的乡村旅游景点。这些景点不仅吸引了外地游客，也为当地村民提供了发展旅游业的机会，扩大了农民的收入来源。

（3）推动乡村民宿建设。为了满足游客对乡村旅游的需求，三亚市鼓励和支持农民兴办民宿业务。通过提供培训和资金支持，帮助农民改造农房，打造具有乡土特色的民宿，为游客提供舒适的住宿体验，同时增加了农民的收入。

（4）加强乡村基础设施建设。为提升乡村的整体环境和服务水平，三亚市加大了乡村基础设施建设的力度，包括改善道路交通条件、提供饮用水和卫生设施、完善电力和通信网络等，提高农村生活质量，为乡村旅游的发展提供有力支撑。

（5）引导农民参与旅游业。三亚市积极引导农民参与旅游业，鼓励他们积极参与旅游产品的开发和经营管理。通过培训和扶持政策，提升农民的服务意识和管理水平，使他们成为乡村旅游的积极参与者和受益者。

（6）加强宣传推广。为吸引更多游客前来体验乡村旅游，三亚市加强了宣传推广工作。通过各种媒体渠道和旅游展会，宣传乡村旅游的特色和优势，提高其知名度和美誉度，吸引更多游客来到乡村地区。

总的来说，三亚市在发展农旅融合、促进城乡融合方面，通过建设休闲农业示范点、打造乡村旅游景点、推动乡村民宿建设、加强乡村基础设施建设、引导农民参与旅游业和加强宣传推广等做法，取得了显著成效。这些经验做法为其他地区促进城乡一体化发展提供了有益借鉴。

第四节　乡村振兴进程中城乡融合发展存在的问题

一、城乡二元结构依然突出

海南农村的发展面临着多方面的挑战，如农村经济收入相对较低，教育、医疗和文化水平相对落后，城乡收入差距较大等。相关统计数据显示，自2012年以来，海南城市人均可支配收入较农村人均可支配收入高出约3.29倍，农村人均可支配收入仅为城市人均可支配收入的1/3左右。尽管城乡居民收入都有所增加，但城乡收入差距仍然十分明显。农村收入较低导致农村人口减少以及社会治安问题等，这些问题都是城乡融合发展面临的困难。应注重加强教育、医疗和文化建设，改善农村基础设施，提高农村居民的生活品质，逐步消除城乡之间的发展差距。通过全面推进城乡融合发展，努力提高城乡发展的均衡与充分程度，促进海南乡村的全面发展和社会的稳定繁荣。

在文化领域，城乡差距在海南表现得相当明显。城市拥有先进的文化设施，为居民提供了多样化的文化服务，丰富了人们的生活体验。海南在农村文化建设方面取得了一些进展，不断努力建设各种文化娱乐设施，以丰富农村居民的精神文化生活。然而，与城市相比，尽管政府致力于推动农村文化建设，但在资源投入、设施建设和文化服务方面仍面临挑战。一方面，农村文化设施的建设相对滞后。尽管一些文化娱乐设施如农家书屋、文化广场等得到了一定程度的兴建，但与城市相比，农村仍缺乏多样化、高质量的文化设施，难以满足农村居民的多样文化需求。另一方面，文化资源不均衡。城市拥有更多的文化资源，如图书馆、博物馆、剧场等，而农村地区面临着文化资源匮乏的问题。这导致了农村居民接触到的文化内容有限，难以享受到丰富多彩的文化体验。另外，农村文化服务水平有待提升。虽然政府鼓励文化惠民活动，但由于资源有限和覆盖范围不足，农村文化服务的普及程度相对较低。这使得农村居民难以充分享受文化娱乐的乐趣，也缺乏创新的文化交流和体验平台。由于农村文化建设滞后，一些农村居民可能会寻求更多文化活动和就业机会，选择外出流向城市。这导致了农村劳动力外流现象，也加剧了城乡之间的差距。因此，为了实现农村文化建设的均衡发展，政府需要进一步加大对农村文化设施和服务的投入，提高农村居民的文化满足感和幸福感，从而减缓劳动力流向城市的趋势，促进城乡平衡发展。为了弥补城乡差距，海南需要更多地关注农村文化建设，加大投入力度，提升农村文化设施的质量和数量。同时，应该鼓励和支持乡村文化创意产业的发展，挖掘农村特色文化资源，打造具有吸引力的乡村文化品牌。

在教育领域，海南城乡教育的失衡问题主要体现在基础教育方面。尽管近年来在教育方面取得了一些进展，但城乡之间的教育资源分配仍存在明显差异。一方面，城乡基础教育师资力量不均衡。城市地区拥有更多优质的教育资源和高水平的教师队伍，而农村地区的教育师资相对匮乏。这导致了城乡教育师资力量的不均衡，农村学生在教学质量和教育机会上可能会受到限制。另一方面，城乡基础教育设施条件不平衡。城市地区的学校通常拥有更好的教学设施、图书馆、实验室等，而农村学校的硬件设施可能相对简陋。这会影响到农村学生的学习环境和教育体验，限制他们的发展机会。另外，教育资源配置不均衡也是一个问题。城市地区的学校更容易吸引优质教师和资源，而农村地区的学校可能面临教育资源的匮乏。这种不均衡导致了教育质量的差异，可能会影响到农村学生的学习成果和未来发展。海南城乡基础教育的失衡问题不仅影响到农村学生的受教育机会，也可能加剧城乡教育差距，导致一些农村学生选择离乡去到城市以接受更好的教育。

在医疗领域，城乡医疗资源的不均衡是海南面临的另一个突出问题。尽管近年来在医疗卫生领域取得了一些进展，但城乡之间的医疗资源分配仍然存在明显差异。城市地区拥有更多高水平的医疗机构和专家资源，而农村地区的医疗资源相对不足。这导致了城乡医疗服务的质量和水平不平衡，很多疑难杂症只能在城市得到确诊和治疗。城乡医疗设施和设备条件存在差距，城市医疗机构通常拥有更先进的医疗设备和诊疗技术，而农村医疗机构可能设备有限，难以满足居民的医疗需求。城市地区的医疗机构吸引了大量的医疗人才和资源，而农村地区可能面临医疗资源的匮乏，不仅影响了农村居民的健康就医，还可能加大城乡医疗差距，导致一些农村居民不得不迁往城市就医。

为解决城乡教育和医疗失衡问题，海南需要着重关注农村教育和医疗设施的改善。应加大对乡村学校和卫生院的投入，提高教育和医疗设施的质量和数量，吸引更多优秀的教师和医生前往农村服务，提升乡村教育和医疗水平。同时，还应加强对乡村学生和患者的扶持，提供更多的教育和医疗资源，助力他们享有与城市居民均等化的教育和医疗服务。通过积极的政策引导和资源调配，希望能够逐步缩小城乡教育和医疗差距，实现城乡发展的均衡与融合。

二、乡村基础设施配套不健全

在海南，乡村基础设施建设难免受到本地特点所带来的困境影响。由于海南地理位置独特，山区、海岛等特殊地形使得乡村基础设施建设难度较大，资源配置面临一定的局限性。当前海南乡村基础设施的管护问题也面临一些困难。目前，乡村基础设施的管护并没有专设机构，原本由村集体来管理，但村集体没有固定的收入来源，无法组织人员进行有效的设施管护和维护。乡村产业在海南尚未拥有完善的配套设施。为了提高农产品的集散能力，海南已着手推进一系列农产品冷库建设项目。2021年海南印发《海南省"十四五"冷链物流发展规划》，将在"十四五"期间新增冷库总容量约1 445万立方米，在全省打造52个冷链物流规划项目，建设服务国内大规模市场的"国家冷链大仓库"。尽管如此，但农产品冷库的数量仍远远无法满足产业发展的需要。同时，物流信息设施仍存在与生产需要难以匹配问题。

在生活设施方面，农村电力设备老化且性能较差，电线存在锈蚀等现象，农村自来水压力不足，水泵数量较少，农村超市网点数较少，农贸市场和批发市场距离较远等。乡村生活设施的配套问题涉及电力、自来水、超市和市场建设以及污水和垃圾处理等方面，需要加强投入和规划，以满足乡村居民日常生活的需求。

三、乡村优质资源流失现象突出

在城乡融合的进程中，农村土地权的使用受到严格限制，限制了农村资源的自主配置和开发能力；农村缺少优质的教育工作者，导致大量学生涌向城镇求学，农村教育资源短缺，限制了农村人才的培养和吸引。农村产业环境需要各方面的人才，由于人才的分配、激励和保障制度不完善，使得吸引和留住人才成为一大挑战。

在农村地区，土地权益受到严格限制，特别是涉及农村集体土地的发展时。在城镇化建设过程中，城市房地产可以自由上市流通，但农村宅基地的使用权则受到多种限制。农村集体建设用地的盘活也存在问题，难以有效利用。由于城市拥有完善的公共服务配套、市场体系和就业机会，吸引了大量乡村人才前往。近年来，农村人口不断流入城市，农村务工人员数量持续增加，导致农村人才培养基数减少。在农村中掌握实用技术的人才愿意留在城市，而那些拥有专业技术职称的人才也不愿意留在乡村，只有少数人愿意为乡村发展作出贡献。大多数从乡村走出来的毕业生更倾向于在城市工作，而不愿意回到家乡。因此，乡村人才流向城市成为普遍现象。农村教育资源与城市之间的落差巨大，农村人才流失严重，这给乡村教育和农村发展带来了严峻挑战。为了实现乡村教育的可持续发展和留住人才，需加强对乡村教育的投入，改善教师待遇和工作环境，同时加强乡村公共服务配套建设，创造更多就业和创业机会，使乡村成为人才追求事业发展的有吸引力的地方。

四、乡村现代农业产业带动能力较弱

随着海南经济的快速发展和城市化进程的推进，城乡差距逐渐减小，海南热带现代农业产业的发展被寄予厚望，但目前海南热带现代农业产业的能力并未完全实现城乡融合，尚存在不少问题和挑战。①资源配置不平衡。海南作为热带岛屿，拥有丰富的自然资源和气候优势，对于发展热带现代农业产业具备得天独厚的条件。然而，资源配置不平衡导致了城乡融合能力不高。大部分热带现代农业产业主要集中在城市周边地区，而农村地区缺乏现代农业技术和资源支持，使得农村与城市之间的差距进一步拉大。②农业生产方式落后。海南热带现代农业产业在生产方式上较为传统，技术含量不高。由于农村地区投入有限，农民的生产技术水平相对较低，难以满足现代农业产业发展的需求。而城市地区则依赖进口农产品，没有与农村地区形成有机融合的农业产业链，限制了城乡融合的深度。③农民收入较低。农民收入较低也是影响城乡融合能力的关键因素。由于农业产业发展有限，农民的收入主要依赖于传统农业和劳动力输出。与城市相比，在农村就业收入水平较低，缺乏吸引力，使得农村人才流向城市，加剧了城乡人才资源的失衡。④城乡产业协调不足。海南热带现代农业产业与城市产业的协调发展不足，也制约了城乡融合能力。现代农业产业主要以种植业和养殖业为主，而城市产业主要以服务业和制造业为主，两者之间缺乏有效的衔接和协同发展，使得农村地区无法融入城市产业链，形成恶性循环。综上所述，海南热带现代农业产业尽管拥有独特的自然资源优势，但在城乡融合能力方面仍然存在不少挑战和问题。要实现城乡融合，需要加大农村现代农业产业的发展，完善农村基础设施，提高农民收入水平，加强城乡产业协调，培育乡村人才，努力实现城乡融合的可持续发展。

五、城乡制度融合存在差距

城乡融合是中国现代化建设的重要战略目标之一。在城乡融合进程中，制度融合是至关重要的一环。然而，目前在海南的城乡融合中，制度融合存在差距，阻碍了城乡融合的顺利推进。①土地制度差异。在海南的城乡融合进程中，土地制度差异是一个较为明显的问题。城市地区的土地流转和开发较为灵活，土地产权相对清晰，有利于吸引投资和推动城市产业的发展。然而，在农村地区，土地集体所有制和农村宅基地使用权等制度限制了土地的流转和开发。农村土地流转难、产权不明确，导致了农村地区产业转型升级难度大，限制了农村经济的发展。应加快农村土地制度改革，推动土地集体所有制改革，明确土地使用权和经营权，鼓励土地流转，促进农村土地资源的有效利用，为农村产业发展提供更多的空间和动力。②教育制度差异。海南的城乡教育制度差异明显，城市地区拥有较好的教育资源，教师队伍相对较强，学校条件较好，而农村地区则面临教师短缺、学校设施简陋等问题。农村地区教育质量相对较低，学生教育机会有限，导致城乡学生的教育机会不平等，阻碍了农村人才的培养和城乡融合进程。应加大对农村教育的支持力度，提高农村教师的待遇和改善其工作环境，改善农村学校设施，加强教育资源的均衡配置，让农村学生享有优质的教育资源，培养更多优秀的农村人才，推动城乡教育制度的融合。③医疗保障制度差异。医疗保障制度差异也是影响城乡融合的重要问题。

城市地区的医疗资源较为丰富，医院设施和医疗技术相对先进，而农村地区医疗条件较差，医疗服务不足，医生和药品供应紧缺。农村居民在看病就医时面临较高的经济负担，医疗保障不完善，导致了城乡医疗服务的差异。应加强对农村医疗保障制度的改革，完善农村医疗保障政策，增加医疗资源投入，提高农村居民的医疗保障水平，让农村居民能够享受到与城市居民均等的医疗服务，促进城乡医疗保障制度的融合。④社会保障制度差异。社会保障制度差异是影响城乡融合的重要因素之一。城市地区的社会保障体系相对完善，覆盖范围广，保障水平较高；而农村地区社会保障水平较低，覆盖范围有限，农村居民的社会保障待遇相对较低，增加了农村居民的生活负担，限制了城乡居民的社会保障权益平等。应加大对农村社会保障制度的改革力度，完善农村社会保障政策，提高农村居民的社会保障水平，加强农村居民的社会保障权益保护，推动城乡社会保障制度的融合。⑤农村产权制度问题。农村产权制度问题也是影响城乡融合的重要因素之一。农村产权权属不清、流转不畅，限制了农村产业发展和资本流动。同时，农村集体经济组织相对薄弱，缺乏有效的组织机制，制约了农村经济发展和城乡产业的有机结合。应推进农村产权制度改革，明晰乡村土地、农村企业和资源的产权归属，促进城乡产业融合和互动。总体来讲，海南在城乡融合进程中，制度融合存在差距，需要加大对农村制度改革的支持力度。只有在制度融合方面取得重要进展，才能推动城乡融合的全面发展，实现海南城乡共同繁荣的美好愿景。

第五节　城乡融合发展的路径选择

一、加快制度创新

随着海南自由贸易港的建立，海南在经济发展中应寻求多元化的发展模式，不再将转口外贸和加工制造业作为发展的重心，而是将发展旅游业、现代服务型产业和高新科技工业作为主体。这一转变将为海南经济的多元化发展开辟新的道路，使其在全球市场中具有更大的竞争力。为了实现经济的现代化，海南应坚决贯彻新发展理念，构建社会主义现代化经济体系。通过推动现代服务业的优化升级，建立以服务型经济为主体的现代产业结构，实现经济高质量发展。同时，海南要建立有全球深远影响的国际旅游与消费中心，这将吸引更多的国际投资和游客，促进旅游业的快速发展，带动相关产业的发展。另外，保护自然环境也是海南发展的重要任务。在经济发展的同时维护自然环境，走一条人与自然和谐发展的健康道路，这对于保护海南的独特生态环境，提高环境质量，保障可持续发展至关重要。在推进城乡融合的进程中，乡村转移人口的城市化进程也需要得到重视。通过全面改造附属于农村户口的社会福利制度系统，让符合法律规定的农村转移人口在城镇落户，有利于推动城乡融合进程。此外，充分发挥自由贸易港建设的机制集成与创新优势，积极协调深化乡村"三块地"改革，守好耕地红线，在"多规合一"的框架内有序开展改革试点工作，盘活乡村储备数量与建设新土地力度。还要吸纳人力资源和社会资金进入乡村科技创业，增强农村活力，提高农村经济的发展潜力。为了促进乡村经济的发展，需要完善乡村财税和金融机构。通过建立健全财税体系和金融机构，可以为乡村经济提供更多的资金支持和政策支持，推动乡村经济的健康发展。综上所述，习近平总书记"4·13"重要讲话精神为海南的城乡融合进程提供了具体的指导。通过转变发展模式、加强创新、推动服务型经济发展、保护自然环境和促进乡村经济的发展等措施，海南能够实现城乡融合的目标，推动经济高质量发展，建设现代化经济体系。这也将为中国城乡融合的发展提供有益的经验和借鉴。

二、做优做强热带高效农业

随着海南自由贸易港的建立，海南在产业定位方面有了更明确的规划。从宏观层面看，国务院在相关文件中明确了海南要建成全方位深化改革开放试验区、全国自然资源试验区、全球最大旅游消费中心和全国重要战略发展保障中心的战略定位。这意味着海南在全国乃至全球的经济地位和发展定位都将得到提升。从中观层面看，海南确定了以开发旅游业、发展现代服务业和建设高新科技产业为导向的产业发展方向。这些产业的发展将带动海南经济的提升和转型。在具体的产业层面上，海南制定了更为细致的部署。其中，热带现代农业成为海南地区农村经济最发达的领域，也是海南自由贸易港现代化经营体制的重要组成部分。发展现代农业需要在特色产业上下大功夫，构建一个市场经济导向、以农村资源为基础、以农业产品为核心的现代农业产业体系。这样的产业体系不仅承载着城乡发展的共同价值，还有助于开展创新创业活动，密切相关利益关系，为城乡融合打下坚实基础。

为了实现这一目标，海南需要立足于本地特有的自然、环境和人文资源优势，寻找产业缝隙，与不同行业交叉发展，避免出现"千人一面"的产业格局。海南要做强品牌特色农业，以农产品供给侧结构性改革为主线，调整优势农产品内部结构，大力发展名牌农产品，逐步形成中国农产品区域公用名牌、国内知名品牌和地方特色农产品名牌，提高地方农产品的竞争力。在推进南繁科学城、世界动植物种质资源进口及中转基地、琼海农产品开放联合实验区等重大工程建设的过程中，海南吸引了一大批全球农产品巨头落户海口，有效推动了海南区域农产品国际化竞争和全产业链发展。此外，海南还在推进国家农产品开放合作综合实验区建设，加快培植一大批全国农产品加工龙头企业和农业外向型集团，建设一大批全国农业产品展示基地和地方特色农产品品牌特色。综上所述，海南自由贸易港的建立为海南的产业定位提供了明确的战略方向。海南将以发展旅游业、现代服务业和高新科技产业为导向，大力发展热带现代农业，推动城乡融合的动能进一步提升。海南需要立足本地资源优势，寻找产业缝隙，发展特色农产品，提高农产品的竞争力。通过实施各项重大工程建设，吸引全球农产品巨头，加快培育农产品加工龙头企业，海南能够实现经济的全面发展，推动城乡融合进程，实现全方位的发展目标。

三、补齐城乡基础建设和公共服务短板

通过科学合理地建设和布置农村银行网点、农村公共传统文化教育设施和体育设施场所、农村便民商店等各项配套服务设施，为农村居民提供更便捷的服务，进一步改善农村居民的生活条件。在城乡融合发展的进程中，这些配套服务设施的建设不仅满足了农村居民的基本生活需求，还促进了城乡资源的共享和优势互补。农村银行网点的建设为农村居民提供了更加便利的金融服务，帮助他们更好地管理财务和开展经济活动。同时，农村公共传统文化教育设施和体育设施场所的建设，丰富了农村居民的文化生活，提升了他们的文化素养和身体健康水平。而农村便民商店的建设，为农村居民提供了日常生活所需的各类商品，满足了他们的购物需求，方便了他们的生活。

在推进现代物流配送系统建设方面，着力破解"最后一公里"问题，对于促进城乡融合发展具有重要意义。通过积极构建"县有管理中心、镇有店面、村社有站点"的现代速递物流配送系统，加强农村速递站点、速递连锁店、智慧速递柜等业务网络终端工程建设，使城乡之间的信息技术基础设施互联互通，实现城乡物流的高效对接。这不仅可以为城市居民提供便捷的商品采购和服务配送，也使得农村居民能够更便利地获取城市商品和服务资源，缩小了城乡之间的差距。

在自由贸易港建设中，这些举措更是发挥着桥梁的作用。现代物流配送系统的建设，促进了自由贸易港内外的商品流通，推动了自由贸易港的国际化进程。通过加强城乡物流的衔接，提升自由贸易港的物流效率和服务水平，使得

自由贸易港更具竞争力，吸引更多的国内外企业和投资，实现自由贸易港的开放发展目标。总体而言，科学合理地建设和布置乡村服务设施以及推进现代物流配送系统建设，不仅能改善农村居民的生活条件，而且能促进城乡资源的共享和优势互补。这些举措在城乡融合发展中发挥着重要的作用，为自由贸易港的建设提供了坚实的基础。海南将在这些方面持续发力，加强城乡一体化发展，实现经济高质量发展和全方位的城乡融合。

四、打造海南生态"大花园"

科学合理的城市空间布局是城市融合发展的关键基础和前提条件，也是海南自由贸易港建设开发的重要支撑。在城市规划方面，需要加强对城市规划的控制，通过加快对省域内"多规合一"的改革，健全各类城市发展范围内的整体规划和控制性详细规划，科学制定辖区村镇格局与范围，严密划定村镇界限，并将农宅兴建、危房改建等纳入村镇整体规划管理，确保城市空间的有序发展。在乡村景观方面，应强化对乡村景观的整体控制，注重将乡村传统景观与城市现代化建筑有机融合，维护好乡村人文生态景观和传统人文名胜古迹，保护乡村的地理特点。同时，应注重将旅游发展与原有资源结合，保护乡村生态保护、生态景观构建和传统村落文化，使乡村成为更具有海南传统特色的景观体系，实现田野变公园、农家变酒店、劳作变生活体验的转变。为保证对乡村规划的严格执行，应建立健全包括市、县、乡镇三级的乡村规划组织、队伍管理和村委会报建机制。通过这样的机制，可以有效推进乡村规划的实施，保障城市融合发展取得实质性成果。同时，要进一步提高百乡千村规划能力，特色乡镇要与都市和农村联系起来，这是促进城市融合发展的关键着力点和支撑点。特色乡镇的规划和发展，将为城市和乡村的互动提供动力，促进城市和乡村的有机融合。通过发挥特色乡镇的功能和优势，促进乡村资源的合理开发和利用，实现乡村振兴和城市融合的良性循环。总体而言，科学合理的城市空间布局是城市融合发展的基础和前提。在海南自由贸易港建设开发中，需要注重城市规划的整体控制，保护乡村景观，建立健全规划组织、队伍管理和村委会报建机制，提高特色城镇规划能力。通过这些措施，可以推动城市融合发展，实现城乡资源的优势互补和共同繁荣。海南自由贸易港将在城市空间布局方面不断创新，推动城乡融合发展走向更加广阔的未来。

五、促进城乡社会治理现代化

在城乡融合发展过程中，提升治理能力和完善治理体系对于实现城乡社会治理现代化至关重要。城乡社会治理是城乡一体化高质量发展的重要任务，而现代化的社会治理则是城乡融合发展的重要保障。海南第八次党代会报告强调了推进治理体系和治理能力现代化，建设平安法治、文明和谐的自由贸易港的重要性。近年来，海南治安形势持续改善，社会建设和治理能力也得到提升。在自由贸易港建设的关键时期，要进一步完善海南的社会治理体系，推进政治引领、法治保障、自治强基、德治教化、智治支撑的"五治融合"社会治理模式建设。

为了加强城乡社会治理与服务体系，海南需要进一步加强机制体制建设，更加科学规范地管理社会治理工作，提高治理效能。同时，应加强对基层网格员的培训和支持，落实基层网格员的责任和待遇保障，提升基层社会治理能力，为社区居民提供更加优质的服务和管理。在社会治理过程中凝聚各方力量，尤其是广泛动员社会各界参与精神文明建设，具有重要意义。海南要不断推进法治建设，构建更高水平的法治海南，增强人民群众的法治观念和法律意识，推动社会治理的法治化。同时，要加强平安海南建设，增强社会治理的安全保障。在自由贸易港建设中，为了应对潜在的风险和压力，海南需要构建有效的社会治理体系，确保自由贸易港建设的稳步推进。

实现城乡社会治理现代化，需要全社会的共同努力。政府应加强政治引领，推动社会治理工作顺利推进。法治保障是现代社会治理的重要基础，需要进一步完善法律体系和法律执行机制，确保法律的有效实施。自治强基是社会治理的重要特点，需要依靠基层群众自治的力量，推动社会治理的自我调节和自我管理。德治教化是社会治理的重要内容，需要加强公民道德教育，培养良好的社会公德和职业道德。智治支撑是社会治理的重要手段，需要充分发挥信息化和智能化技术的作用，提高社会治理的科学性和效率。

在城乡一体化发展的过程中，海南要不断加强城乡社会治理现代化的建设，做好社会治理的各项工作。通过完善治理能力和治理体系，推动城乡融合发展，实现海南自由贸易港建设的目标，让全省人民共享更美好的未来。

第六节 小结与探讨

本章从城乡空间发展现状、城乡经济发展现状、城乡社会发展现状三个层面对海南城乡融合发展现状进行了分析，构建了海南城乡融合评价指标体系，包含了 17 个变量，从不同层面测算海南城乡融合发展程度。运用熵值法对 17 个指标的权重进行了测算，得到 2012—2021 年海南城乡融合发展水平综合指数计算结果。海南城乡融合综合指数在 2012 年为 0.039 5，发展到 2021 年该指数达到了 1.661 1。海南城乡融合整体水平处于稳定增长阶段，且目前在海南自由贸易港建设背景下，各种政策大力支持海南全面发展，海南城乡融合水平将更进一步得到提高。海南城乡融合发展的三个层面中，城乡空间融合指数从 2012 年的 0.004 8 发展至 2021 年的 0.266 9，该指数增长了近 55 倍；城乡经济融合指数的发展水平也呈现上升趋势，2021 年的城乡经济融合指数约为 2012 年的 91 倍；发展较缓慢的为城乡社会融合指数，城乡社会融合指数从 2012 年的 0.022 5 提升到 2021 年的 0.283 9，提升了约 12 倍。

　　通过总结国内外城乡融合发展的先进经验，指出海南城乡融合发展主要存在城乡二元结构依然突出、乡村基础设施配套不健全、乡村优势资源流失现象突出、乡村现代化农业产业带动能力较弱、城乡制度融合存在差距等一系列问题。提出海南应通过加快制度创新、做优做强热带高效农业、补齐城乡基础设施建设和公共服务短板、打造海南生态"大花园"以及促进城乡社会治理现代化等措施，推动城乡融合发展，实现城乡资源的优势互补和共同繁荣，实现经济高质量发展和全方位的城乡融合，为海南自由贸易港建设提供坚实的基础。

参 考 文 献

安明友，贺东航，刘伟，等，2020. 乡村治理现代化（笔谈二）［J］. 湖北民族大学学报（哲学社会科学版），38（2）：1-27.

毕素梅，金侠鸾，盖玉洁，2023. 海南农产品地理标志品牌建设研究——基于海南 42 项农产品地理标志的分析［J］. 热带农业科学，43（2）：123-129.

曹马志，2022. 模范村的二次创业［N］. 海南日报，12-04.

陈跃，2022. 乡村振兴背景下积分制管理在基层治理中的作用［J］. 南方农业，16（10）：152-154.

党国英，2017. 农村集体经济制度研究论纲［J］. 社会科学战线（12）：67-78.

邓大才，2021. 积极公民何以形成：乡村建设行动中的国家与农民——以湖北、山东和湖南的五个村庄为研究对象［J］. 东南学术（1）：85-94.

丁波，2020. 乡村振兴背景下农村集体经济与乡村治理有效性——基于皖南四个村庄的实地调查［J］. 南京农业大学学报（社会科学版），20（3）：53-61.

方晓萍，李洋，熊曦，2021. 湖南省经济社会高质量发展水平评价与障碍因素研究［J］. 统计理论与实践（11）：55-62.

方志权，2023. 发展壮大新型农村集体经济之我见［J］. 上海农村经济（1）：30-32.

冯留建，王宇凤，2020. 新时代乡村治理现代化的实践逻辑［J］. 齐鲁学刊（4）：86-95.

付伟，2022. 激活村民参与乡村建设的内生动力［N］. 光明日报，01-18.

傅人意，2020. 以制度集成创新壮大农村集体经济［N］. 海南日报，10-16.

高强，2020. 农村集体经济发展的历史方位、典型模式与路径辨析［J］. 经济纵横（7）：42-51.

高懿，2021. 引能人回乡创业 带乡村共同致富［N］. 海南日报，11-11.

郭晓鸣，张耀文，马少春，2019. 农村集体经济联营制：创新集体经济发展路径的新探索——基于四川省彭州市的试验分析［J］. 农村经济（4）：1-9.

韩松，2012. 新农村建设中土地流转的现实问题及其对策［J］. 中国法学（1）：19-32.

贺雪峰，2019. 乡村振兴与农村集体经济［J］. 武汉大学学报（哲学社会科学版），72（4）：185-192.

侯媛媛，金丹，金琰，等，2023. 海南农业产业集聚水平和区域比较分析［J］. 农业展望，19（6）：45-52.

黄水木，2007. 中国沿海发达地区城乡协调发展模式与调控机制研究［D］. 福州：福建师范大学.

黄延信，2015. 发展农村集体经济的几个问题 [J]. 农业经济问题，36（7）：4-8.

金丹，赵松林，张丽英，2022. 海南乡村建设调查研究 [M]. 北京：社会科学文献出版社.

劳宝兴，白洁，羊章业，2022. 乐东不断深化"四访五帮"工作 推动未成年人保护和犯罪
预防走深走实 [J]. 今日海南（3）：45-46.

李道亮，2021. 我国数字乡村建设的重点、难点及方向 [J]. 国家治理（20）：21-26.

李海金，焦方杨，2021. 乡村人才振兴：人力资本、城乡融合与农民主体性的三维分析
[J]. 南京农业大学学报（社会科学版）（6）：119-127.

李嘉琨，2020. 精准扶贫中的农民参与研究 [D]. 太原：山西大学.

梁海兵，2022. 乡村产业高质量发展的困境与优化：一个嵌入机制的分析框架 [J]. 学海
（5）：72-81.

梁琦，2022. 从国家义利观到国家福利观：地方政府强发展逻辑下农民的国家观变迁——
基于南京市溧水区转型社区的治理经验 [J]. 中国农村观察（3）：76-93.

林芳兰，2019. 深入系统推进农村人居环境整治 [N]. 海南日报，09-05.

刘鹏凌，万莹莹，2020. 农村集体经济：历程、现实矛盾与路径选择——基于安徽省 973
个行政村调查资料的分析 [J]. 当代经济管理，42（1）：47-55.

刘夏，2015. 利益驱动下的农民参与：从动员型到自主型 [D]. 武汉：华中师范大学.

卢琨，李国胜，2010. 中国槟榔产业现状及其发展对策分析 [J]. 热带农业工程，34（3）：
34-37.

吕德文，2019. 乡村治理 70 年：国家治理现代化的视角 [J]. 南京农业大学学报（社会科
学版），19（4）：11-19，156.

马桂萍，赵晶晶，2020. 习近平关于乡村治理论述的科学内涵 [J]. 科学社会主义（1）：
50-57.

麦迪娜·热皮卡提，2022. 新疆城乡融合发展对经济增长的影响研究 [D]. 乌鲁木齐：新
疆师范大学.

毛高杰，2020. 大数据赋能乡村治理的约束条件与发展路径建构 [J]. 河南牧业经济学院学
报，33（3）：29-34.

彭海红，2014. 农村集体经济的巩固和发展关系社会稳定和发展 [J]. 中国集体经济（36）：
2-3.

蒲晓磊，2023. 补齐短板加快农业农村现代化步伐 [N]. 法治日报，03-28.

邱俊丹，金丹，2022. 乡村振兴视角下治理组织的协同性研究 [J]. 农业农村部管理干部学
院报，13（1）：90-95.

曲直，刘照亭，王敬根，等，2008. 乡土人才开发的途径、制约及对策——镇江农科所开
展科技服务和乡土人才培养工作的实践 [J]. 江苏农村经济（11）：60-62.

邵安，2022. 纵深推进社会治理共同体建设 [N]. 人民公安报，11-26.

邵惠敏，2022. 海南农业产业集群发展现状、存在问题及对策研究 [J]. 现代化农业（9）：

55－57.

沈晓明，2022. 解放思想 开拓创新 团结奋斗 攻坚克难 加快建设具有世界影响力的中国特色自由贸易港——在中国共产党海南第八次代表大会上的报告 [J]. 今日海南（5）：4－10.

苏会，胡乃元，赵敏，2018. 乡村振兴视野下贫困地区村级集体经济发展路径——基于山西省 32 个贫困县 185 个村的调查 [J]. 中南林业科技大学学报（社会科学版），12（4）：63－68.

苏庆明，邱江华，2022. 开出百姓暖心剂 改革发展暖人心 [N]. 海南日报，03－08.

孙前路，2019. 西藏农户参与农村人居环境整治意愿的影响因素研究 [J]. 生态与农村环境学报，35（8）：976－985.

孙铁玉，林宇环，于志华，2019. 海南热带特色高效农业与精准扶贫融合发展研究 [J]. 当代农村财经（3）：2－14.

唐慧玲，2012. 对理性公民政治参与的思考——基于消极公民和积极公民理论 [J]. 内蒙古大学学报（哲学社会科学版），44（1）：44－49.

唐丽霞，丁悦，2021. 为什么动员农民参与乡村振兴这么难？ [N]. 新京报，10－29.

唐敏，刘盛，2020. 农村集体经济"抱团飞地"发展新模式研究——关于黄石市王英镇的实践探索及启示 [J]. 湖北师范大学学报（哲学社会科学版），40（5）：52－55.

汪旭，2020. 国外激励农民参与农村基层治理的实践经验与中国借鉴——以美国、日本和韩国为例 [J]. 山东农业工程学院学报，37（9）：12－17.

王家文，2007. 昆明市城乡经济一体化动力机制初步研究 [D]. 昆明：云南师范大学硕士.

王杰，2017. 村庄社会关联视角下农民参与乡村治理行为研究 [D]. 武汉：华中农业大学.

王景新，彭海红，老田，等，2015. 集体经济村庄 [J]. 开放时代（1）：11－73.

王琴，郭锐，2022. 城乡融合视野下乡村振兴的价值意蕴、逻辑机理与实现路径 [J]. 黑龙江社会科学（4）：30－36，132.

王瑞峰，李爽，2022. 乡村产业高质量发展"十大典型"案例研究 [J]，农业经济与管理（2）：24－36.

王少伯，2020. 新时代乡村治理现代化研究 [D]. 北京：中共中央党校.

王维友，2017. 充分调动农民参与基础设施建设积极性 [J]. 农村经营管理（5）：1.

王亦宁，张海涛，2019. 农村环境保护中的农民参与和自主治理问题研究——以农村饮用水源保护为例 [J]. 发展研究（3）：90－95.

王逸飞，陈燕，2023. 乡村振兴战略下人才振兴的实施路径 [J]. 今传媒，31（10）：5－8.

王勇，2019. 支持多方主体参与乡村治理 [N]. 公益时报，06－25.

武凤平，2023. 新型农村集体经济发展的现实困境与制度破解 [J]. 山西农经（13）：74－76.

谢大强，陈柏青，陈创森，2019. "党建＋调解"筑牢稳定的"第一道防线" [N]. 海口日报，05－10.

邢东伟，翟小功，2022. 施茶："三治融合"打造乡村振兴"样板村"［N］. 法治日报，
　　07 - 17.

徐勇，赵德健，2015. 创新集体：对集体经济有效实现形式的探索［J］. 华中师范大学学报
　　（人文社会科学版），54（1）：1 - 8.

杨冬梅，2010. 构建和谐社会：新形势下社会治理模式的探新［J］. 前沿（1）：142 - 147.

杨华，2021. 陌生的熟人：理解 21 世纪乡土中国［M］. 桂林：广西师范大学出版社.

杨曼琳，2019. 乡村振兴背景下四川特色农产品网络营销模式创新研究［J］. 经济师（12）：
　　15 - 16，19.

杨娱，2022. 农村人居环境整治中农户参与意愿影响因素研究——以天津市为例［J］. 天津
　　农业科学，28（5）：43 - 48.

佚名，2021. 强化党建引领 创新网格治理——浙江省温岭市推动基层治理和为民服务不断
　　延伸［J］. 农村经营管理（1）：19 - 20.

于洋，2017. 村民自治中农民参与行为形成过程研究［D］. 石家庄：河北经贸大学.

余小艳，李佳，王家专，2020."新农人"带来新气象［N］. 海南日报，07 - 06.

袁宇，2022. 新奇特水果变身创收"黄金果"［N］. 海南日报，05 - 01.

约翰·克莱顿·托马斯，2010. 公共决策中的公民参与［M］. 北京：中国人民大学出
　　版社.

曾凡军，韦锦银，2019. 乡村振兴中的农民参与：现实困境与实现策略［J］. 湖北行政学院
　　学报（3）：35 - 40.

张成林，2020. 激发农民参与自贸港建设热情［N］. 海南日报，01 - 09.

张国磊，张燕妮，2019. 新时代乡村振兴主体的角色定位［J］. 农村经济（12）：47 - 56.

张利明，2021. 乡村建设行动中农民声音的有效表达与责任效力［J］. 探索（4）：49 - 58.

张录全，2019. 全面建成小康社会进程中的农村思想政治工作研究［D］. 天津：天津师范
　　大学.

张天健，孙守相，2019. 乡村振兴战略规划中的农民参与研究［J］. 社科纵横，34（4）：
　　58 - 63.

张翼，2022. 我国成世界经济增长第一动力［N］. 光明日报，10 - 02.

张应良，徐亚东，2019. 农村"三变"改革与集体经济增长：理论逻辑与实践启示［J］. 农
　　业经济问题（5）：8 - 18.

郑军南，2022. 融合化 组织化 品牌化 数字化——"四化联动"促进乡村特色产业高质量发
　　展［J］. 中国农民合作社（7）：51 - 52.

朱雅妮，高萌，2020. 乡村治理现代化：治理模式、关键问题与实现路径——第四届中国
　　县域治理高层论坛会议综述［J］. 华中师范大学学报（人文社会科学版），59（2）：
　　42 - 47.